本书由
中央高校建设世界一流大学（学科）
和特色发展引导专项资金
资助

中南财经政法大学"双一流"建设文库

中|国|经|济|发|展|系|列

基于会计信息的
反倾销调查应诉与倾销预警研究

Research on Anti-dumping Investigation Responding and
Dumping Warning System from the Perspective of Accounting Information

张敦力 著

中国财经出版传媒集团

经济科学出版社
Economic Science Press

图书在版编目（CIP）数据

基于会计信息的反倾销调查应诉与倾销预警研究/
张敦力著 . —北京：经济科学出版社，2019. 12
（中南财经政法大学"双一流"建设文库）
ISBN 978 - 7 - 5218 - 1136 - 0

Ⅰ. ①基…　Ⅱ. ①张…　Ⅲ. ①反倾销法 - 研究 -
世界　Ⅳ. ①D912. 290. 4

中国版本图书馆 CIP 数据核字（2019）第 287487 号

责任编辑：杨　洋
责任校对：杨　海　王苗苗
版式设计：陈宇琰
责任印制：李　鹏　范　艳

基于会计信息的反倾销调查应诉与倾销预警研究
张敦力　著
经济科学出版社出版、发行　新华书店经销
社址：北京市海淀区阜成路甲 28 号　邮编：100142
总编部电话：010 - 88191217　发行部电话：010 - 88191522
网址：www. esp. com. cn
电子邮箱：esp@ esp. com. cn
天猫网店：经济科学出版社旗舰店
网址：http: // jjkxcbs. tmall. com
北京季蜂印刷有限公司印装
787 × 1092　16 开　15. 25 印张　250000 字
2019 年 12 月第 1 版　2019 年 12 月第 1 次印刷
ISBN 978 - 7 - 5218 - 1136 - 0　定价：60. 00 元
(图书出现印装问题，本社负责调换。电话：010 - 88191510)
(版权所有　侵权必究　打击盗版　举报热线：010 - 88191661
QQ：2242791300　营销中心电话：010 - 88191537
电子邮箱：dbts@ esp. com. cn)

总　序

　　"中南财经政法大学'双一流'建设文库"是中南财经政法大学组织出版的系列学术丛书，是学校"双一流"建设的特色项目和重要学术成果的展现。

　　中南财经政法大学源起于 1948 年以邓小平为第一书记的中共中央中原局在挺进中原、解放全中国的革命烽烟中创建的中原大学。1953 年，以中原大学财经学院、政法学院为基础，荟萃中南地区多所高等院校的财经、政法系科与学术精英，成立中南财经学院和中南政法学院。之后学校历经湖北大学、湖北财经专科学校、湖北财经学院、复建中南政法学院、中南财经大学的发展时期。2000 年 5 月 26 日，同根同源的中南财经大学与中南政法学院合并组建"中南财经政法大学"，成为一所财经、政法"强强联合"的人文社科类高校。2005 年，学校入选国家"211"工程重点建设高校；2011 年，学校入选国家"985"工程优势学科创新平台项目重点建设高校；2017 年，学校入选世界一流大学和一流学科（简称"双一流"）建设高校。70 年来，中南财经政法大学与新中国同呼吸、共命运，奋勇投身于中华民族从自强独立走向民主富强的复兴征程，参与缔造了新中国高等财经、政法教育从创立到繁荣的学科历史。

　　"板凳要坐十年冷，文章不写一句空"，作为一所传承红色基因的人文社科大学，中南财经政法大学将范文澜和潘梓年等前贤们坚守的马克思主义革命学风和严谨务实的学术品格内化为学术文化基因。学校继承优良学术传统，深入推进师德师风建设，改革完善人才引育机制，营造风清气正的学术氛围，为人才辈出提供良好的学术环境。入选"双一流"建设高校，是党和国家对学校 70 年办学历史、办学成就和办学特色的充分认可。"中南大"人不忘初心，牢记使命，以立德树人为根本，以"中国特色、世界一流"为核心，坚持内涵发展，"双一流"建设取得显著进步：学科体系不断健全，人才体系初步成型，师资队伍不断壮大，研究水平和创新能力不断提高，现代大学治理体系不断完善，国际交流合作优化升级，综合实力和核心竞争力显著提升，为在 2048 年建校百年时，实现主干学科跻身世界一流学科行列的发展愿景打下了坚实根基。

"当代中国正经历着我国历史上最为广泛而深刻的社会变革，也正在进行着人类历史上最为宏大而独特的实践创新"，"这是一个需要理论而且一定能够产生理论的时代，这是一个需要思想而且一定能够产生思想的时代"①。坚持和发展中国特色社会主义，统筹推进"五位一体"总体布局和协调推进"四个全面"战略布局，实现"两个一百年"奋斗目标、实现中华民族伟大复兴的中国梦，需要构建中国特色哲学社会科学体系。市场经济就是法治经济，法学和经济学是哲学社会科学的重要支撑学科，是新时代构建中国特色哲学社会科学体系的着力点、着重点。法学与经济学交叉融合成为哲学社会科学创新发展的重要动力，也为塑造中国学术自主性提供了重大机遇。学校坚持财经政法融通的办学定位和学科学术发展战略，"双一流"建设以来，以"法与经济学科群"为引领，以构建中国特色法学和经济学学科、学术、话语体系为己任，立足新时代中国特色社会主义伟大实践，发掘中国传统经济思想、法律文化智慧，提炼中国经济发展与法治实践经验，推动马克思主义法学和经济学中国化、现代化、国际化，产出了一批高质量的研究成果，"中南财经政法大学'双一流'建设文库"即为其中部分学术成果的展现。

文库首批遴选、出版二百余册专著，以区域发展、长江经济带、"一带一路"、创新治理、中国经济发展、贸易冲突、全球治理、数字经济、文化传承、生态文明等十个主题系列呈现，通过问题导向、概念共享，探寻中华文明生生不息的内在复杂性与合理性，阐释新时代中国经济、法治成就与自信，展望人类命运共同体构建过程中所呈现的新生态体系，为解决全球经济、法治问题提供创新性思路和方案，进一步促进财经政法融合发展、范式更新。本文库的著者有德高望重的学科开拓者、奠基人，有风华正茂的学术带头人和领军人物，亦有崭露头角的青年一代，老中青学者秉持家国情怀，述学立论、建言献策，彰显"中南大"经世济民的学术底蕴和薪火相传的人才体系。放眼未来、走向世界，我们以习近平新时代中国特色社会主义思想为指导，砥砺前行，凝心聚

---

① 习近平：《在哲学社会科学工作座谈会上的讲话》，2016 年 5 月 17 日。

力推进"双一流"加快建设、特色建设、高质量建设，开创"中南学派"，以中国理论、中国实践引领法学和经济学研究的国际前沿，为世界经济发展、法治建设做出卓越贡献。为此，我们将积极回应社会发展出现的新问题、新趋势，不断推出新的主题系列，以增强文库的开放性和丰富性。

"中南财经政法大学'双一流'建设文库"的出版工作是一个系统工程，它的推进得到相关学院和出版单位的鼎力支持，学者们精益求精、数易其稿，付出极大辛劳。在此，我们向所有作者以及参与编纂工作的同志们致以诚挚的谢意！

因时间所围，不妥之处还恳请广大读者和同行包涵、指正！

中南财经政法大学校长

前　言

2019 年 6 月，在日本大阪召开的二十国集团领导人峰会上，习近平主席指出，当前，世界经济再次来到十字路口，保护主义、单边主义持续蔓延，贸易和投资争端加剧，世界经济运行风险和不确定性显著上升。中国愿进一步推出若干重大举措，包括进一步自主降低关税水平、努力消除非关税贸易壁垒、大幅削减进口环节制度性成本等，加快形成对外开放新局面，努力实现高质量发展。与中国积极倡导国际贸易合作的决心形成鲜明对比的是，2018 年以来，以美国为首的西方国家为达到降低贸易逆差的目的，频频挑起贸易争端，试图通过一系列反倾销措施遏制中国产品出口。从历史的角度看，这种"贸易战争"具有示范与传染效应，其萌芽以及扩大往往伴随着世界性的经济衰退，不利于世界经济的持续发展。事实上，中国加入世界贸易组织（WTO）后，对外贸易的发展取得了举世瞩目的成就，与此同时中国遭遇反倾销调查的数量也呈逐年加速上升的趋势，尤其随着美国次贷危机导致全球经济危机的爆发，不少国家、地区和经济体将反倾销作为国际贸易保护主义的工具，作为拉动世界经济复苏的全球第二大经济体，中国更容易受到反倾销调查和诉讼。因此，中国倾销预警及反倾销调查应诉工作任重而道远，在很长一段时间内将在艰难曲折中前进。

目前，中国是世界范围内受到反倾销诉讼最多的国家，同时，从诉讼结果来看，中国是最终裁定反倾销数目最多、比重最高的国家。数据统计显示，1995 年 1 月 1 日至 2018 年 12 月 31 日期间，中国共接受 1 327 次反倾销调查，占据全球反倾销立案调查总数的近 1/4。频发的反倾销调查已经成为困扰中国出口企业的顽疾，不仅使中国企业在国际贸易中蒙受巨额经济损失，而且使相关产业处于不利地位，经济发展受到制约。中国已经成为世界上最大的反倾销诉讼受害国。

各国贸易中的摩擦，不仅属于经济问题，同时也是政治和法律问题。反倾销调查应诉不是一项普通的法律诉讼，它将涉及复杂的国际贸易、政治、经济背景下适用特定法律程序的会计纷争等问题，是政治问题的经济化表现。在倾销预警与反倾销调查应诉中，除政治法律问题之外，会计信息支持系统发挥着重要的作用，这就决定了我国在应诉反倾销调查时，必须做到于法有理，于诉有据。因此，迫切要求进行会计理论、方法创新，为中国政府和企业有效实施倾销预警和成功应对反倾销调查提供决策支持。

本书从会计学和法学相结合的角度对会计信息在反倾销调查应诉中具有的法律地位进行研究，并进一步探讨会计信息与倾销预警以及反倾销调查应诉之间的相互关系，为会计信息发挥其应诉证据力提供法理基础。

会计信息只有在特定的法律背景下才能发挥其应诉反倾销的证据力，会计标准（具体表现为会计准则或会计制度）的发展又影响着国际反倾销法的制定和修改，因此会计信息的证据力来源于其法律地位，随之也产生了反倾销诉讼中会计标准的适用问题，各国会计标准的国际话语权决定了其法理基础。

从应诉反倾销实务的角度来考察，会计信息发挥证据力的决定权在反倾销调查当局手中，因此会计信息被采信是会计证据发挥证据力的关键，而会计信息披露的质量决定了会计信息的被采信程度，也决定了会计信息的证据力。会计信息作为一种国际通用的商业语言要起到法理证据力作用，其本身必须具备的必要条件，即会计信息的内在质量特征和反倾销应诉法律实务中的成本追溯还原问题。在会计实务的沟通方面，应诉方应该充分发挥会计提供的信息所具有的反倾销事实举证及抗辩功能，通过不断提升会计信息的披露质量，获得调查当局信任，为会计信息发挥证据力提供有力的保障。

本书创新之处在于，结合当前复杂的国际经济形势，在贸易保护主义抬头的背景下，基于会计学、法学等跨学科的交叉研究对中国应对国际反倾销中存在的问题进行探讨，以会计语言解读应诉反倾销法律问题，探讨会计信息的法律地位和二者的相互关系，指出了各国会计标准的国际话语权在应诉反倾销中的重要性；同时在提升会计信息证据力方面，从法理和实务两方面构建了应诉反倾销的会计维权支撑体系，具有一定程度的理论创新意义。

本书作为"全国会计名家培养工程"的阶段性成果，感谢江新峰博士、汪佑德副教授、李保婵副教授、罗翠英老师为本书作出的贡献，一并感谢经济科学出版社对本书顺利出版的大力支持。

目　录

第一章
导　论

2017 年，纳入世界经济合作与发展组织（OECD）监测范围的 45 个经济体全部实现经济增长，全球货物和服务贸易实际增长速度达到 4.9%，是贸易增速在连续 5 年低于 GDP 增速后的再次反超。① 然而，世界经济持续增长的基础尚不稳健，2018 年全球性经济复苏的势头趋缓②。作为世界第二大经济体和第一大产品出口国的中国面临日益严峻的对外贸易形势。2019 年 6 月 28 日，在日本大阪召开的二十国集团领导人峰会上，习近平指出，当前，世界经济再次来到十字路口，保护主义、单边主义持续蔓延，贸易和投资争端加剧，世界经济运行风险和不确定性显著上升。中国愿进一步推出若干重大举措，包括进一步自主降低关税水平、努力消除非关税贸易壁垒、大幅削减进口环节制度性成本等，加快形成对外开放新局面，努力实现高质量发展。这不仅体现出中国对当前世界经济局势的态度，也符合学术界与实业界对未来世界经济发展的期望③。然而与中国积极倡导国际贸易合作的决心形成鲜明对比的是，以美国为首的西方国家为达到降低贸易逆差的目的频频挑起贸易争端，试图通过一系列反倾销措施遏制中国产品出口。基于历史视角进行分析不难发现，这种以提高关税作为主要反倾销措施的"贸易战争"具有强烈的示范与传染效应，将会引发全球性贸易保护主义的抬头，其萌芽以及扩大往往伴随着世界性的经济衰退，不利于世界经济的持续发展④。

提升关税壁垒等单边主义行为阻碍世界经济健康发展，其本质是反倾销的一种手段。随着中国在世界贸易舞台的崛起，20 世纪 90 年代以来，国外产品在我国市场的倾销（dumping）以及国外政府和组织对华反倾销（anti-dumping）的调查愈演愈烈，我国已成为国际反倾销浪潮中受害最深的国家。数据统计显示，1995 年 1 月 1 日至 2018 年 12 月 31 日期间，中国共接受 1 327 次反倾销调查，占据

---

① 王一鸣：《美国打贸易战改变不了我国所处的历史机遇期》，载于《求是》2018 年第 19 期。

② 据 IMF 分析，2018 年日本、英国以及欧元区多数国家经济增长速度呈下滑状态。JP 摩根全球制造业采购经理指数和经济合作与发展组织（OECD）成员制造业信心指数等先行指标均开始回落，其背后一个很重要的原因是主要发达经济体产出缺口已经由负转正。2016 年以来，日本、英国和欧元区经济稳健复苏，但由于潜在劳动供给和劳动生产率的增长情况并不理想，主要发达经济体未能扭转潜在经济增速的下降趋势。

③ 德国弗劳恩霍夫应用研究促进协会亚洲智库顾问、企业家沃尔夫拉姆·莱布尼茨认为，各国应摒弃贸易保护主义，努力实现全球经济的共同增长。参见国际在线，https：// article. xuexi. cn/articles/index. html? art_id =5521055429079674135&study_style_id =feeds_default&showmenu =false&source =share&share_to =wx_single。

④ 譬如 20 世纪 20 年代，出于保护本国经济和就业的目的，美国采取单边行动大幅提高进口关税。1922 年美国国会通过《福尼特—迈坎伯利关税法》（Fordney–McCumberTariff Act）后，1922～1929 年平均关税率达到38.2%。1929 年，美国国会通过《斯姆特—霍利关税法》（Smoot–Hawley Tariff Act），针对上千种产品征收平均高达 47% 的关税。该行为在全球范围内迅速扩散，加拿大、意大利、西班牙、瑞士、英国、法国、德国竞相提升本国关税，加速全球性经济危机。

全球反倾销立案调查总数的近 1/4[①]。各国贸易中的摩擦，不仅属于经济问题，同时也是政治和法律问题。反倾销调查应诉不是一项普通的法律诉讼，它将涉及复杂的国际贸易、政治、经济背景下适用特定法律程序的会计纷争等问题。

在倾销预警与反倾销调查应诉中，除政治法律问题之外，会计信息支持系统发挥着重要的作用，这就决定了中国在倾销预警和反倾销调查应诉时，必须做到于法有理，于诉有据。因此，迫切要求进行会计理论、方法创新，为中国政府和企业有效实施倾销预警和成功应对反倾销调查提供决策支持。

第一节　研究背景

反倾销的目的是限制外国商品在本国低价倾销，保护本国产业健康发展。它是世界贸易组织（WTO）允许采用的，用以抵制外来不公平竞争的贸易保护措施。作为一种获得权威组织认可的合法贸易政策，各个国家的反倾销手段不断完善，成为国家贸易救济和贸易政策的重要一环。然而在一些国家、地区和经济体，特别是发达国家，它们往往假借"反倾销"之名，行"打击、排挤"国外产品之实，以达到限制进口、提高本国经济竞争力和国际地位的目的，反倾销已经在一定程度上成为国际贸易保护主义的工具，中国更容易受到反倾销调查和诉讼。

有研究表明，在经济发展处于低迷时期，政府更倾向于变本加厉地使用反倾销之类的经济保护措施。自加入 WTO 以来，随着双边关系的发展，欧美等国已是我国主要的外贸出口国。源于美国次贷危机的全球经济危机自 2007 年爆发以来，我国在国际政治经济舞台上的作用逐渐凸显，但我国外贸面临的形势并不乐观，各国都将拉动外需作为缓解经济危机的重要手段，金融危机过后，欧美等国经济深陷低迷期。欧洲主权债务危机使其本已脆弱的经济复苏乏力，而近年来的美国国债危机又使美国本已低迷的经济雪上加霜。在后金融危机时代，

---

① 世界贸易组织官方网站，https：//www.wto.org/english/tratop_e/adp_e/adp_e.htm。

欧美经济复苏缓慢，国际市场竞争激烈，于是，这些国家的对外贸易摩擦愈演愈烈①。作为拉动世界经济复苏的金砖国家之一和全球第二大经济体，中国遭遇反倾销诉讼不但没有减少，反而成为某些国家缓解国内经济压力的手段，中国目前仍然是世界上的头号反倾销目标国。来自商务部的数据表明，2009 年我国出口额在全球总额中的占比为 9.6%，而遭受的反倾销案在全球占比高达 40%。2010 年中国遭受贸易救济调查 66 起，涉案金额 77 亿美元。据统计，从 1995 年 1 月 1 日到 2018 年 12 月 31 日，全球共发起反倾销调查 5 725 起，而同期中国遭遇的反倾销立案调查数量便达 1 327 起，占比 23.2%，中国已经连续 24 年成为全球遭受反倾销调查最多的国家，远远高于第二位韩国的 428 起②。在被提起反倾销调查的企业中，应诉率较低，年应诉率最高只有 60% ~ 70%，在应诉案件中，绝对胜诉率不到 40%。我国企业对反倾销案放弃应诉或应诉不力成为其被迫接受反倾销调查的主要原因③。因此对于中国企业而言，当务之急是建立起完善的反倾销预警系统，特别是在容易遭受反倾销调查的重要出口行业。相关研究对中国出口贸易量的进一步提升以及相关行业中企业应对反倾销调查、诉讼能力的培养具有重大意义。

与遭受出口反倾销形成鲜明对比的是，各国生产商（尤其是西方强国）为摆脱 21 世纪以来整个世界经济持续低迷的影响，利用中国逐渐降低贸易壁垒之机，通过倾销等手段强占中国需求相对旺盛的国内市场，使国内企业的反倾销形势更加严峻，但针对国外产品在中国低价销售，损害相关产业发展的倾销行为，却鲜有中国公司提起反倾销调查。数据表明，自 1997 年颁布《反倾销和反补贴条例》④并于当年 11 月 10 日中国首次对进口新闻纸发起反倾销调查以来，截至 2018 年 12 月 31 日，中国对进口商品反倾销立案共 277 个⑤，仅占中国同期遭受反倾销调查案件数量的 20.9%，但自加入 WTO 以后，中国对外反倾销立案的数量逐步增加，仅 2002 年，反倾销立案数量就达到 30 起，对外反倾销立案、调查和裁决的力度进一步加大。2019 年以来⑥，我国已对 10 起反倾销案件进行

---

① 2009 年全球反倾销案多达 437 起。商务部认为，罪魁祸首就是全球 GDP 的下降。
② Anti-dumping, http://www.wto.org/english/tratop_e/adp_e/adp_e.htm, 2019 年 6 月 29 日。
③ 李炼：《关于我国反倾销对策的法律分析》，载于《中国社会科学》1998 年第 1 期。
④ 该条例于 1997 年 3 月 25 日由国务院发布，但其中关于反倾销的规定因 2002 年 1 月 1 日起施行的《中华人民共和国反倾销条例》而同时废止。修订后的《中华人民共和国反倾销条例》于 2004 年 6 月 1 日施行。
⑤ 中国贸易救济信息网，cacs.mofcom.gov.cn。
⑥ 2019 年 1 月 1 日到 2019 年 6 月 30 日。

了立案调查。产业损害调查局①于 2001 年底成立以后，我国反倾销进程加快，主要体现在重点行业产业损害预警机制的建立和以汽车行业为突破口的产业损害预警监测体系的建设等方面。其后，在产业损害调查局的带领下，中国氮肥协会和中国钢铁工业协会等机构相继启动了化肥、钢铁等行业的产业损害预警系统②。

因此，国家有关部门和企业需要切实落实反倾销预警工作，依法依规对反倾销案件进行起诉、立案、调查、裁决，维护国内进出口的有序运行，实现保护国内产业和企业的合法权益及其可持续发展的目的。

根据世界贸易组织反倾销协议等国际惯例和各国反倾销法律，一国企业在以进口国企业身份提起反倾销调查申请前，必须充分了解、掌握拟诉产品在其国内生产要素、产品的其他国家售价及其国际市场情况等方面的翔实资料，在证明被诉产品是以低于其价值的价格销售，会对进口国与该产品有关的产业造成不道德损害后，反倾销调查机关（如中国的对外贸易经济合作部、美国的商务部和国际贸易委员会）才能启动反倾销调查程序；另外，一国企业在以出口国企业身份接受反倾销调查时，需及时填写问卷，向国外反倾销调查机关提出应诉企业的意见并提供必要的材料和证据，接受并通过国外反倾销调查机关极为认真、细致、严格的实地核查后，才可能避免反倾销。由此可见，无论是提起反倾销调查申请还是进行反倾销应诉，均需提供必要的资料，这些资料是否具有证明力以及证明力的高低将直接影响反倾销调查机关的行动与结论。其中，会计资料是上述资料的重要组成部分。分析以往的反倾销调查或应诉案件，可以发现，真实、完整的会计信息已成为判断是否存在倾销及计算倾销幅度的关键性依据之一。尤其值得注意的是，会计信息也是倾销预警系统的重要信息来源之一。因此，会计系统在倾销预警、反倾销调查应诉中发挥着至关重要的作用。

各国贸易中的摩擦，不仅属于经济问题，同时也是政治和法律问题。在倾销预警和反倾销调查应诉中，除政治法律问题之外，会计信息支持系统常常发挥着重要的作用。仅以彩电为例，同样遭受欧盟的调查，日本、韩国企业的彩电价格实际比中国企业的更低，却没有遭受到反倾销的裁决，这除了政治制度

---

① 产业损害调查局的全称为中华人民共和国商务部产业损害调查局。2001 年底，国家经贸委撤销反倾销反补贴办公室，正式设立产业损害调查局，其主要职责为拟订有关反倾销、反补贴、保障措施等法律规范，负责该类案件的产业损害调查与裁决，建立产业损害预警机制，指导保护国内产业安全的宣传、咨询、培训工作等。

② 郑文华：《入世一年来中国在反倾销反补贴保障措施方面取得显著进展》，http：//www.china.org.cn，2007 年 1 月 8 日。

等因素外，他们高水平的会计核算和财务管理也是值得我们学习的①。

第二节 文 献 综 述

一、国外研究动态

18 世纪末期开始，国外学术文献中反倾销相关研究逐渐增多，其研究领域主要为经济法律相关问题，大多从反倾销管理的角度进行规范研究或实证研究，单纯从会计角度研究和探讨的较少，原因主要在于国外反倾销诉讼起源较早，因而像美国、加拿大、澳大利亚以及欧盟等具有丰富的反倾销经验的国家和经济体，其会计标准国际化程度较高，各国反倾销法中已经包含了详细的判定标准，再加上这些国家基本上都建立了专门负责解释和执行反倾销法的反倾销管理机构，因而并未将反倾销会计单独作为一个专门的领域进行深入系统研究。其他国家如南非则较少进行反倾销诉讼，故而与反倾销相关的会计研究自然也很少。在国际贸易等经济活动中，欧美等发达国家拥有的优势条件明显，它们不仅直接参与了 WTO 反倾销法律法规的制定，而且国内企业包括会计在内的各项管理较为先进。

（一）关于倾销的内涵及其影响

亚当·斯密（Adam Smith，1776）在《国富论》一书中首次界定了倾销行为的内涵。他将当时一国政府为从事出口贸易的企业提供官方奖励的做法定义为倾销。

雅各布·维纳（Jacob Viner，1923）的《倾销——国际贸易中的一个问题》

---

① 周友梅认为，同样是销往欧洲的彩电，日韩企业的价格甚至比中国企业的更低却可以免遭高税率的惩罚，主要原因就是中国这些企业的会计核算和财务管理水平不如日韩企业。

一书拉开了从经济学角度研究反倾销的序幕。他认为，倾销是一种价格歧视，表现在一种产品在不同国家市场上所存的不同的国际价格。

芬格（Finger，1982）在研究美国进口管理规则时，以反倾销、反补贴及例外条款机制等贸易救济方式为切入点，他从政治经济学的角度提出了影响反倾销的变量：即国际政治的影响、国内政治的影响、行业（或产业）的大小、相对成本、技术精度[①]，并用 1975～1979 年四年间的数据进行了实证分析。

萨米尔·库马尔·辛格（Samir Kumar Singh，2005）分析了反倾销政策在印度的影响，认为国家政策对被调查产品的数量和单位价格会产生重大影响，并且认为非经济因素才是调查发起的主要决定因素。

尼尔斯和凯特（Niels and Kate，1997）、特里比尔科克和豪斯（Trebilcock and Howse，2001）通过分析均指出，基于自由贸易协议框架，其各个成员国不必辅以竞争法进行替代，而是可以直接对反倾销法进行废除。

（二）会计信息在反倾销应诉中的作用

波伦和西蒙斯（Bollom and Simons，1990）从政府公共政策角度，对会计数据在反倾销诉讼案件中发挥的作用进行了分析，他们认为会计数据信息在应对反倾销诉讼案件中发挥了关键的证明力。

（三）反倾销预警指标体系的构建

克虏伯（Krupp C.，1994）分析了美国化工行业在 1976～1988 年提出的反倾销诉讼案件情况，他从产业损害的角度建立了包括下述 12 个指标的反倾销预警指标体系，并通过一个 Poisson 模型来分析这些指标与实质性损害的相关性：（1）边际价格—成本；（2）雇员总数量；（3）资本价值占发货价值的比率；（4）平均工资；（5）进口渗透率；（6）生产工人总数；（7）平均产量工资；（8）新资本支出/货币表示的发货量的比率；（9）化工及附属产品指数；（10）美国国民生产总值；（11）1980 年实施"贸易协定法案"的前后影

---

① 芬格指出，国际政治的影响这一变量包括美国出口他国所占的比例，这种比例是要与发展中国家的水平做比较的；国内政治的影响这一变量包括：管理当局重组的威胁、行业集中度水平、反倾销案例规模的大小；而行业大小这一变量包括：雇用状况、资本、产品增值等；相对成本这一变量包括：劳动资本率、平均工资、规模经济；技术精度这一变量主要包括产品数量。

响；（12）倾销幅度。他发现，雇员总数量、进口渗透率、生产工人总数、平均工资、平均产量工资、资本价值占发货价值的比率、倾销幅度、1980 年实施"贸易协定法案"的前后影响等指标与实质性损害相关性显著；而边际价格—成本、新资本支出/货币表示的发货量的比率、化工及附属产品指数、美国国民生产总值等指标与实质性损害的相关性不显著。

汉森和普鲁萨（Hansen & Prusa，1997）选取了具体行业的行业规模、市场渗透率以及进口和政治等方面的指标作为自变量，把美国国际贸易委员会（ITC）的反倾销裁定结果设定为因变量，以此来构建模型进行实证研究。他们的研究结论是，反倾销的裁定受经济和政治双重因素的影响；行业这一因素也会对政治产生压力，并且对政治产生压力的能力要大于对经济损害的影响。因此，必须充分重视行业的压力。

米哈尔和托马斯（Miehael & Tomas，2003）主要研究了反倾销和宏观经济之间的关系。他们通过研究频繁使用反倾销这一贸易救济措施的国家的汇率、GDP 的增长，以及他们进行反倾销调查的活动，分析得出汇率的波动、GDP 的增长对于反倾销的发生有着显著的影响[①]。

芬伯格和雷诺（Feinberg & Reynold，2006）通过 1995～2006 年数据研究反倾销行为如何影响报复行为，他们均认为，报复是解释反倾销在 1995～2006 年间增加的重要动机。研究还发现，在传统的反倾销使用国和新的频繁使用国之间，报复这一因素对各自影响的程度有所不同。

二、国内研究动态

中国关于反倾销的研究起步较晚，但近年来，随着越来越多的中国企业遭受反倾销（或反补贴）的调查，理论界日益关注这一领域的研究，并已形成了较为丰硕的成果。

目前关于反倾销应诉的研究主要集中在法学、经济学、管理学及其整合方

---

① 他们主要选取了澳大利亚、加拿大、欧盟、美国这 4 个历史上频繁使用反倾销贸易救济措施的国家和地区从 1980～1998 年间的汇率、GDP 的增长与启动反倾销调查数量的数据，研究反倾销行为和宏观经济之间的关系。

面（即法经济学），日益重视从会计的视角来研究应对反倾销的会计支持体系、应对反倾销的会计联动机制、反倾销预警机制等问题。

（一）反倾销与会计的关系

周友梅（2003）指出，反倾销会计是一种会计应诉、规避、调查和鉴定活动，它可以为反倾销中的问题提供会计支持。他在这一定义的基础上，将反倾销会计进一步细分为反倾销应诉会计、反倾销规避会计和反倾销调查会计。

颜延（2003）认为，研究反倾销的会计问题，具有重要的理论与现实意义。反倾销调查机构与相关产品供应方在反倾销调查发起之后将进行关于产品成本与销售价格的会计争论。反倾销法中包含"可比""公允"等理念，这是会计基本原理所重点强调的内容，因此，会计方法是反倾销法得以构建的重要基础。从一定意义上来说，反倾销诉讼并不等同于普通法律诉讼，它是发生在既定法律程序之下的会计制度层面的纷争。

王仲兵（2007）的研究表明，会计在反倾销应诉中具有重要地位，它可以为产品的公允价值和出口计价提供依据，并且能够为企业市场经济地位认定过程提供标准。

刘爱东、赵金玲（2010）通过分析指出，只有建立基于会计联动机制的有效协调模型才能实现中国企业反倾销应对的突破。

迟铮（2017）指出，一国发起反倾销诉讼抑或应对反倾销调查均需要以成本与价格的合理对比作为基础，而成本核算与价格确定是会计研究领域的重要内容。

（二）反倾销会计支持体系的构建

周友梅（2004）认为，中国反倾销会计信息平台应基于由三方面内容进行设计，包括企业反倾销会计信息系统、会计师事务所反倾销会计信息系统、行业商会反倾销会计信息系统。另外，还应该构建起出口产品成本管理模块化组织，该组织应基于应诉反倾销需求，具体实施模块化管理策略（张亚连、孙凤英，2009）。

吕艾维（2010）的研究结论表明，在后金融危机时代，中国面临的反倾销形势严峻，并从会计制度设计、内部控制制度设计、公允价值应用调整等三个方面提出了反倾销的会计应对策略。在会计账簿方面，应重视设计备查账簿；在会计报告方面，企业可根据实际情况以灵活的方式设计专项报告来应对反倾销；在公允价值应用方面，需要通过提高公允价值计量的可操作性来增强调查部门对我国企业公允价值计量的认可程度。

（三）关于反倾销会计信息质量特征研究

齐炳忠、梁劲（2002）界定了会计计量的公允性的定义、前提以及要求，认为公允性是符合国际会计准则和国际惯例，其实现的前提是透明度，通过会计准则、会计制度和会计方法体现出来，同时要求其符合市场经济规律，具有相关性和可靠性的特征[1]。袁磊（2003）认为，针对用户的信息质量要求是可采性，用于应诉目的的质量要求是可靠性和相关性，但其内涵与一般财务会计不同；反倾销会计信息的次要质量特征是及时性和一致性[2]。

朱燕敏（2004）进一步指出了会计信息在反倾销抗辩过程中的重要性，认为除了可比性外，公允性也是反倾销会计信息的核心质量要求[3]。徐柯芝（2005）则认为，相关性要求会计信息与待证事实密切相关；可靠性表现为证据的可靠；可比性则是具有"一定共同质量特征"，并详细列举了这三个特征在反倾销诉讼中的具体表现，其中以可靠性为核心[4]。

金静、汪燕敏（2017）分析指出，反倾销会计需要具备客观性、可采用性、相关性等信息质量特征，有效提升反倾销会计信息质量是提高反倾销应对效率的手段。

（四）成本的确定及其会计准则国际趋同问题研究

周友梅（2003）认为，只有在销售价格不低于成本的前提下确认正常价值，但并非必要条件，除了按照SA&G的成本标准确认成本外，还可以采用边际成本法。

徐柯芝（2005）从影响成本的主要因素出发，基于非货币性资产的计量属

---

[1] 齐炳忠、梁劲：《反倾销中会计计量公允性的思考》，载于《重庆建筑大学学报》2002年第8期。
[2] 袁磊：《论反倾销法的历史局限性》，载于《财经研究》2003年第3期。
[3] 朱燕敏：《会计视角下对反倾销的本质认识》，载于《财会月刊》2004年第21期。
[4] 徐柯芝：《会计信息质量特征在反倾销会计举证中的表现》，载于《财会月刊》2005年第7期。

性、支出资本化或费用化的处理、损益和权益选择及折旧和摊销的方法等方面对国际会计准则与中国会计准则之间的差异进行了分析，并进一步探讨了二者间的差异将会如何影响我国反倾销应诉活动，认为我国会计准则与国际会计准则的协调势在必行。

财政部 2006 年 2 月 15 日发布了新的《企业会计准则》（包括 1 项基本准则和 38 项具体准则），新会计准则在整体框架、内涵和实质上与国际会计准则基本实现了趋同。2014 年初，在借鉴国际财务报告准则的基础之上陆续发布了公允价值计量、财务报表列报、职工薪酬、长期股权投资、合并财务报表、合营安排、在其他主体中权益的披露等七项新企业会计准则，并要求企业自 2014 年 7 月 1 日起施行。

刘长青（2006）认为，2006 年发布的新准则广泛采用国际标准，实现了中国会计准则与国际会计准则之间的趋同，成本核算方面的指引对核算范围进行了规范，有助于企业清楚了解自身存货状况，减少成本漏记、少计的可能性，提高了会计信息的通用性和可靠性[1]，减少了被诉反倾销的风险。

刘爱东（2009）调查分析了我国应诉反倾销会计准则与国际会计协调的现状，提出新会计准则与应诉反倾销的协调思路。[2]

金静、汪燕敏（2017）认为，当前我国会计准则与发达国家会计准则之间尚存在一定差异，且我国会计规章制度尚需完善，这是制约我国企业进行反倾销应对的重要原因。

（五）关于会计信息在反倾销诉讼中的作用及话语权方面

1. 反倾销会计信息平台

周友梅（2003）认为，出口企业有必要建立一个出口反倾销会计信息平台，以便搜集和保存大量的会计信息资料，以应对各种突发的反倾销诉讼，这个信息平台不仅包含企业自身的成本信息，而且包含进口国相同或同类产品的相关成本信息资料，即在建立自身反倾销数据库的同时，还要建立竞争对手会计信息数据库，启动竞争对手会计[3]。吴国灿（2004）对反倾销会计信息系统应收集

---

① 刘长青：《新企业会计准则对反倾销应诉的积极影响》，载于《财会月刊》2006 年第 12 期。
② 刘爱：《应诉反倾销视角下的会计准则协调现状调查分析》，载于《国际贸易问题》2009 年第 2 期。
③ 周友梅：《如何实施反倾销规避会计》，载于《财会通讯》2003 年第 7 期。

和分析的信息做了分类表述，认为建立反倾销会计信息系统是建立反倾销预警机制的重要基础。李建航（2004）对反倾销会计的信息平台进行了定位，他强调，除了自身财务信息，反倾销会计信息平台同时能够提供竞争对手的有关成本结构、产品开发以及市场份额等方面的信息，有助于决策者进行高效反倾销决策[①]。任景欣（2018）认为，建立高效的信息处理系统是应对国外反倾销调查的重要手段。

2. 建立健全会计举证制度

有别于基于企业自身核算的一般会计信息系统，反倾销会计举证信息平台为满足应诉反倾销特殊目的的主体，其信息需要在一般会计信息系统的基础上进行拓展和延伸。一方面，从实务上保证建立起符合应诉反倾销要求的及时、完善的会计信息，另一方面，需要构建完善相关举证制度，为会计信息的收集和举证提供法理依据和保护。因此，为保证反倾销应诉举证和抗辩取得成功，应通过确立会计信息与相关辅助信息相结合的综合信息系统，为反倾销应诉提供更为全面的材料支撑。

崔国萍、宋晶（2009）论证了建立会计举证信息平台和构建会计举证信息制度的必要性。严涌（2009）界定了反倾销应诉过程中会计发挥作用的形式主要在于调查问卷和实地核查两个程序，会计信息发挥作用的关键点在于基于倾销行为确定和反倾销裁定的成本信息的提供。陈秀霞、陈斌（2009）从替代国、边际成本、会计信息通用性、单独税率以及行业无损害等角度，提出反倾销应诉中会计举证抗辩的具体方法。

3. 有关会计信息话语权的研究方面

王仲兵在其著作《应诉反倾销会计——理论框架与运作实务》中，构建了一个独特的研究视角，分析了反倾销诉讼中两大不同语境下会计信息话语权争夺的由来，并提出了两大语境的沟通内容、平台和机制[②]。孙放（2009）首次探讨了会计规则的"话语权"，从制定权、解释权、监管权和司法权进行阐述，提出了我国会计规则的话语权的范围和配置，指出由于归属和配置之间的矛盾冲突从而导致在实践中的低效。从目前会计规则的法律性质来看，会计规则的话语权还只是一种行政解释权，人民法院作为司法裁决机构虽然具有裁决法律争

---

① 李建航：《反倾销会计研究》，载于《天津财经学院学报》2004年第8期。
② 王仲兵：《应诉反倾销会计——理论框架与运作实务》，经济科学出版社2006年版。

议的权力，但是并不会对会计规则的技术解释进行介入，而只是对会计话语权主体及其会计语言做事实上的认定①。

反倾销预警方面，中国参照美国的"扣动扳机机制"、欧盟的"大宗产品进出口检测机制"等世界其他国家和地区的做法初步建立了石油化工、纺织、轻工、农产品、化肥等行业的产业损害预警机制。譬如，从 2001 年启动了重点行业进出口监测系统。

（六）关于反倾销应诉会计预警体系构建方面

卓骏、胡丹婷、单晓菁（2002）提出，警兆指标应该包括失业率、经济增长率、贸易收支、通货膨胀等②。通过向专家学者咨询各指标的重要性，依据作出重要性判断的专家学者人数占全部被咨询专家学者的人数比重，来作为指标的权重，即由专家学者进行打分，每个指标评价标准为"很重要""重要""一般""不重要""最不重要"，而这些标准换算成分值，依次为 9、7、5、3、1。权重 $= P_i/(\sum p_i)$，P_i 为某因素 i 的得分。以此对警兆指标的重要程度做了分析，主要是从警兆指标的重要性、层次性进行研究。

这一理论的不足之处在于：首先，随着反倾销预警理论的深入发展，这些警兆指标的选取，尚不够科学，有些指标的预警作用并不明显。其次，缺少了进口国国内产业的价格水平因素这一重要的指标，而这一指标与倾销行为的裁定息息相关，在反倾销预警系统中，是必不可少的。最后，通过问卷调查的结果，来确定各指标的权重，这一方法的科学性和合理性值得斟酌。在问卷调查中，被调查者容易仅仅是机械地被动地对已经罗列的因素进行评价。如果让被调查者对问卷中缺乏的因素进行补充，鉴于被调查者的积极性不足，以及限于当时特定的场合，时间短促，一时难以有效回想起所需添加的因素等，从而导致问卷调查的质量不高。这些不足，导致这一预警研究方法的合理性有所欠缺。

杨林岩（2007）定义了反倾销预警系统的下属子系统，并对各个子系统的

---

① 孙放：《我国会计信息话语权的法律完善路径再思考——以权力的配置为中心》，载于《审计与经济研究》2009 年第 10 期。
② 卓骏、胡丹婷、单晓菁（2002）在文章中指出，详细的警兆指标应该包括失业率、经济增长率、贸易收支、通货膨胀、发达国家出口总额、发达国家进口总额、中国出口额、中国出口增长率、双边贸易额、中国从对方进口额、中国向对方出口额、双边贸易差、对方贸易条件、中国出口占对方进口的比重、中国向对方出口额占中国出口总额的比重等。

具体功能与作用进行了具体解读①：产品筛选子系统的目的是缩小监测产品种类和地区，突出出口预警重点。在产品筛选子系统阶段，通过汇总国内企业数据、国内海关统计局数据、国外行业数据，将一个行业中有可能遭受反倾销的产品筛选出来，以进行进一步的预警研究。筛选子系统所包含的警兆指标，包括月出口产品数量同比变化率、月出口产品价格同比变化率、进口国同类产品的月市场份额变化率、关税变化幅度的大小等。

筛选出来的产品进入下一个子系统即反倾销调查申请子系统。反倾销调查申请子系统，主要监测国外企业是否会对监测产品提起反倾销调查申请，以此来对已经筛选出来的产品进行预警。该子系统的警兆指标分为定性检测和定量检测两类指标。定量指标，需要预先构建数据模型，将搜集到的警兆指标信息输入模型中，依据模型来进行预测；定性指标，则是采用评审打分的方式由专家对指标进行评价。最后依据一定的预警准则，汇总所有指标的信息，依据不同的警戒阈值，作出综合预警评价。

裁定子系统主要监测进口国政府对起诉产品裁定的结果。裁定子系统所包含的警兆指标包括：出口国企业的反倾销应诉能力，进口国国内宏观经济周期，进口国国内该行业的失业率，进口国行业利润变化率，双边贸易摩擦程度。

该观点对警兆指标的选取，既考虑了定量指标，又考虑了诸如政治因素等定性指标，使得警兆指标的选择丰富多样，并且兼具一定的灵活性，有利于预警有效度的提高。该观点的缺陷在于，一是同样缺少进口国国内产业的产品价格信息指标；二是观点中涉及的进口国国内行业的盈利能力指标，相关信息难以顺利完整搜集。鉴于盈利能力信息，可以通过其他指标，诸如进口国国内产业的销售量以及市场份额、价格变化幅度等三个指标进行侧面反映，并且这三个指标更加具体详尽，更具有代表性。因此，进口国国内行业利润率指标可以予以删除；三是对于预警系统，该观点仅仅是从框架上进行较为宏观笼统的规划，缺乏具体翔实的阐述。此外，整个警兆指标体系，可以进行进一步的缩减以达到保持简洁之功效；四是采用赋值预警的方式，具有其固有的缺陷，详细

---

① 杨林岩（2007）认为，申请子系统的警兆指标主要包括：监测产品月出口价格变化率、监测产品月出口数量变化率、出口国原料或中间投入产品价格变化率、出口退税税率变动情况、出口国检测产品开工率、出口行业劳动生产率变化率、监测产品下游产业产量、监测产品行业就业变化率、进口国国内 GDP 增长率、进口国通货膨胀率、进口国同类产品市场占有率、进口国同类产品的开工率、中方向对方出口占中国出口总额的比重程度。

原因会在后续进行说明。笔者并未意识到这一缺陷，并且也未对赋值这一预警方式作细致展开。

张剑、朱相宇（2009）主要是从警兆指标的选取角度展开论述，认为出口反倾销警兆指标体系要从国家、行业、企业三个层次进行设定。每个层次下面设置众多警兆指标[①]。在此层次设定的基础上，他们进一步研究指出，将预警评估等级分为5级，即正常、较正常、低危、中危、高危。分别对这5个等级赋以数值10、8、6、4、2。运用层次分析法，确定各指标的权重，在此基础上，将模糊综合评判与层次分析法相结合并以此来分析综合评价结论值，选取最大的评价结论作为评价，并依据不同的风险状态作出不同的警讯警情，以此进行预警决策。这些警兆指标的选取，尽管其中有少数指标的合理性有待进一步研究，但就总体而言，指标的选取是比较详细完备的。其不足之处在于：一是对各指标之间，依据怎样的层次关系进行构建，有待进一步详细展开论述。二是单因素评价矩阵中，权重的赋予，依据的是持支持观点的专家学者的人数占总体人数的比例，来进行确定。这种权重赋予的方法，其合理性与科学性，文章中未做明确证明，也未做详细介绍。此外，进口国主管机关拥有较大的自由裁量权，往往容易受到政治因素的左右。这种自由裁量权，意味着遭遇反倾销调查的可能性具有弹性，其可能发生的概率，应该是一个区间，而精密的数学模型所输出的，是一个固定的数值。这种精密的数学模型，所输出的数字本身精确，但如果单纯依据这个精确的数字去进行警讯的判断，那就容易引起误报——单纯一个固定的数值，其本身是无法用来衡量和计量这种呈区间分布的概率的。"大概的正确，比精确的错误，更具有实践意义"，从这个角度出发，通过精密数学模型建立起来的预警系统，其有效性会大打折扣，难以完全让人信服。

刘爱东、陈林荣（2010）指出，应该建立一个多组织联动机制，由政府、企业和行业协会共同参与，政府在机制中的功能在于积极参加国际贸易规则的制定，促使国际贸易规则更加健全和完善；积极培育和协助行业协会的发展，与行业协

---

① 张剑、朱相宇（2009）研究指出，企业层面的警兆指标包括：出口产品价格及降幅、出口产品的数量及增幅、目标国市场占有率及变化情况等。行业层面的警兆指标包括：目标国同类产品行业平均价格、目标国本地厂商市场占有率及变化情况、我国出口产品在目标国市场占有率及变化情况、目标国同类产品设备闲置率和工人失业率等。国家层面的警兆指标包括：目标国失业率、目标国经济增长率、目标国贸易收支逆差、目标国通货膨胀率、中国与目标国的贸易额、中国从目标国的进口额、中国向目标国的出口额、中国与目标国的贸易顺差、目标国的贸易条件、政策，目标国国内宏观经济周期、中国出口占目标国进口的比重，市场集中度等。

会一起建立和完善反倾销预警系统；加强反倾销人才的培训，为反倾销人才储备做好基础工作等。行业协会在联动机制中的功能在于，加强信息库建设，协助政府建立反倾销信息系统；协调行业内企业开展反倾销应诉等工作；加强行业内生产，出口等相关信息的搜集，以及规范行业内企业自律行为。企业在联动机制中的功能定位在于，加强会计核算工作的规范性，在行业协会的协助下，积极应对反倾销应诉，以及积极配合协会和政府，及时报送相关生产和出口产品的信息。

此观点对政府、行业协会、企业等主体在预警系统中的功能定位做了较细致的规划，这种基于宏观角度进行的功能定位，具有一定的参考价值。但是，对于预警系统该如何有效运行，尚未予以详细论述。

张敦力等（2006；2011）提出，为避免我国企业遭受反倾销调查，可建立一个由政府、协会以及企业三方联动的反倾销预警机制。在综合考虑了预警指标的设置合理性和信息获取的可行性之后，认为反倾销预警系统的构建应分为倾销认定子系统与产业损害预警子系统，并依据我国的实际情况将后一个子系统细分了八个具体的指标，囊括了基础损害指标与辅助指标，并分析了达到预警的临界条件。

任景欣（2018）在分析中国反倾销会计发展过程中遇到的问题后，也基于反倾销应对的视角提出，需要建立行之有效的预警体系，对外积极推进中国会计准则的国际化，对内加强内部控制建设，有效整合国内平均成本、目标市场成本和国外市场中的政策变化等信息。

第三节　研究意义与研究创新

一、研究意义

综览中外相关文献，已有一些与倾销的认定、倾销幅度的计算、倾销预警、

反倾销调查应诉等方面有关的学术性成果或法律性文件，这些成果已经注意到
会计系统的倾销预警作用以及在反倾销应诉中的证明力作用，如探讨会计在应
诉反倾销中发挥的作用、针对反倾销的会计应诉策略和技巧、进行中国与国际
会计制度、会计实务的比较、反倾销会计体系和预警体系的构建等。这些研究
对中国应对反倾销诉讼具有极强的理论意义和实践指导作用，但现实却是中国
遭遇反倾销诉讼的次数和比例不但没有减少，反而呈逐年上升的趋势，这不得
不让我们再次反思，反倾销诉讼，我们究竟输在哪里？

问题的关键在于，现有文献尚未深入、系统探讨会计系统与倾销预警、反
倾销调查应诉之间的紧密关联性，也未展开研究会计信息在反倾销调查应诉中
发挥证明力作用的机理等重要问题。中国现行会计制度也只要求会计信息对一
般信息使用者予以"公允表达"，但并未解决会计系统如何为反倾销调查应诉提
供更多、更具证据力的法律证据问题。可以说，目前有关如何有效发挥会计系
统在倾销预警及反倾销调查应诉中的功能作用问题的研究仍处于一般性的专题
研究阶段，至今未有深入、系统的研究成果来指导实践，故急需梳理已有研究
成果，改革现行会计制度，充分发挥会计系统在倾销预警及反倾销调查应诉中
的功能作用。本书正是为探讨我国加入世界贸易组织后如何认识并有效发挥会
计系统在反倾销斗争中的功能作用而立定的，具有重要的现实意义和理论意义。

进入后经济危机时代，中国强有力的经济支持着世界经济的复苏，在国际
政治、金融、贸易、财会等方面的作为更加显著，对 2010 年中国在国际会计准
则委员会基金会（国际会计准则理事会的监督机构）中的任职情况进行分析可
知①，当前中国已在国际财务报告准则制定机构中占有一席之地。在此背景之下
就中国会计准则的国际话语权、会计信息在反倾销诉讼中的法理背景和法理地
位等问题进行探讨，对改变反倾销法中会计准则的适应问题将具有特别的意义。

（一）理论意义

反倾销诉讼不是普通的法律诉讼，而是在复杂的国际背景下适用特定法律

---

① 2005 年，中国注册会计师协会会长、原财政部部长刘仲藜被任命为受托人，并于 2008 年连任；同年，财
　政部副部长王军当选国际财务报告准则咨询委员会委员。2007 年 7 月，前中国证监会首席会计师张为国出
　任国际会计准则理事会理事。2008 年 1 月，时任财政部会计司司长刘玉廷当选国际财务报告准则咨询委员
　会委员。2009 年底，李飞龙同志代表中国担任解释委员会委员，任期从 2010 年 7 月 1 日至 2013 年 6 月
　30 日。

程序的会计纷争，因此决定了中国在应诉反倾销时，必须做到于法有理，于诉有据。

会计信息只有在特定的法律背景下才能发挥其应诉反倾销的证据力，反过来，会计制度（具体表现为各国会计准则）的发展又影响着国际反倾销法的制定和修改，因此会计信息的证据力来源于其法律地位，也因此产生了反倾销诉讼中会计准则的适用问题，各国会计准则的国际话语权决定了其法理基础。本书从法律角度探讨会计信息的法理化趋势，一方面，通过探讨国际反倾销法与会计证据之间的关系，指出二者之间是两大不同的话语系统，前者对后者起到法理支持作用，后者反过来影响前者的制定和执行，二者之间是两大话语系统的沟通，是相互制约、相互促进的过程。另一方面，探讨在应诉反倾销条件下，由于诉讼双方的地位及利益博弈导致双方的非合作性策略，在应诉方处于绝对劣势的情况下，要想争取应诉的主动权，必须掌握国际反倾销法中关于会计标准①选用的制定权，即争取国际会计标准的制定话语权。这对丰富反倾销会计的研究范畴具有一定的意义。

基于应诉反倾销实务操作视角进行分析，反倾销调查当局掌握有会计信息发挥证据力的决定作用，这隐含着会计信息被采信是会计证据发挥证据力的关键，而会计信息披露的质量决定了会计信息的被采信程度，也决定了会计信息的证据力。在会计实务的沟通方面，应诉方应该充分发挥会计信息的举证和抗辩功能，提高会计信息披露的质量，争取调查当局的信任，为会计信息发挥证据力提供有力的保障。

（二）现实意义

在全球经济危机大背景下，中国逐渐在国际政治经济舞台上发挥着举足轻重的作用，随着中国在国际舞台上的话语权的增加，中国长期作为世界头号反倾销目标国这一历史将被改写。在后经济危机时代，中国政府、企业以及会计界人士能否有力地把握机遇，有效实施各种措施，使中国会计标准能够在国际市场上"喊出"中国的声音，这将会是摆在我们面前的一个严峻的课题。因此研究探讨中国会计信息话语权对中国赢得反倾销诉讼的胜利，建立具有国际影

① 会计标准包括会计准则和会计制度，本书着重考虑会计标准，尤其是国际会计标准和各国会计标准。

响的会计标准以及国际贸易规则都具有十分重要的意义。

不正当的反倾销危害巨大。从企业角度而言，中国出口企业频繁遭遇反倾销调查，不利于企业进一步扩大全球市场占有率，不利于提升产品竞争力，也不利于提高企业的经济效益。从国家宏观层面而言，反倾销调查损害我国的出口贸易，加剧国内相关行业的就业压力，进而影响我国整体经济的健康平稳发展和综合国力的提高。因此，如何建立一套可行的反倾销预警系统，使得企业能够及早预测到可能遭受的反倾销调查，进而采取适当措施有效加以规避。这对于避免遭受反倾销带来的损失，提高出口产品的竞争力，规范中国企业会计工作流程，优化企业所披露的会计信息质量，以及进一步提高中国经济实力，都具有非常重要的意义。

二、研究创新

本书创新之处在于，结合当前复杂的国际经济形势，在贸易保护主义抬头的背景下，基于会计学、法学等跨学科的交叉研究对中国应对国际反倾销中存在的问题进行探讨，以会计语言解读应诉反倾销法律问题，探讨会计信息的法律地位和二者的相互关系，指出了各国会计标准的国际话语权在应诉反倾销中的重要性；同时在提升会计信息证据力方面，从法理和实务两方面构建了应诉反倾销的会计维权支撑体系，具有一定程度的理论创新意义。

第四节　研究思路与研究方法

一、研究思路

本书首先在导论中介绍了中国目前遭受国外反倾销的基本状况，尤其是自全球经济危机爆发以来世界反倾销的局面呈现出新特点，反倾销成为国际贸易保护主义的工具，作为拉动世界经济复苏的大国，中国将更容易遭遇反倾销诉讼，因此中国反倾销在很长一段时间内将在艰难曲折中前进，突出中国应对反倾销的必要性和迫切性。再阐述了倾销和反倾销理论的形成和发展，反倾销诉讼不是普通的法律诉讼，而是在复杂的国际背景下适用特定法律程序的会计纷争，因此决定了中国在应诉反倾销时，必须做到于法有理，于诉有据。

因此本书拟从会计学和法学相结合的角度，探讨会计信息的法律地位和二者的相互关系，为会计信息发挥其应诉证据力提供法理基础，同时探讨会计信息作为一种国际通用的商业语言要起到法理证据力作用，其本身必须具备的必要条件，即会计信息的内在质量特征和反倾销应诉法律实务中的成本追溯还原问题。

第二章探讨了反倾销会计问题的相关概念、倾销与会计之间的关系界定，并对反倾销中与会计相关的工作进行了细致介绍。同时指明了会计在反倾销应诉中的重要作用。

第三章探讨了中国企业在国际反倾销活动中的现实遭遇，通过现象介绍—危害分析—原因探讨的逻辑进行研究，为后文内容的展开奠定现实基础。

第四章探讨了倾销认定的体制基础与相关会计政策。主要内容包括市场经济地位及其对公认会计准则要求的介绍、替代国制度与其隐含的会计政策的介绍、正常价值估算与产品成本构成的介绍和会计信息在反倾销应诉中所发挥功能的介绍等内容。

第五章探讨了反倾销应诉对会计信息质量的特别要求。主要表现为会计信息的可采用性、相关性、可靠性、可比性、公允性、一贯性等内在质量特征。只有当企业提供的会计信息具备上述要求时，反倾销会计信息才具有说服力，才具有反倾销应诉的话语权。同时，本章内容从完善企业内控制度、细化企业会计核算工作、建立应对反倾销的会计概念框架等方面提出了提高会计信息质量的措施。

第六章探讨了反倾销应诉中会计证据的法理分析，首先从反倾销法程序规则、反倾销实体规则的会计解读和会计信息证据力的法律保障角度阐明反倾销调查会计证据的法理化趋势，进而分析了反倾销会计准则的法律地位问题，指出会计准则是否与国际等效在反倾销应诉中并不具有绝对意义，等效不是文字上或形式上的绝对等同，而是实质计量、记录、报告以及披露的真实、公允以及完整。

第七章讨论了增强反倾销应诉中会计信息证据力的对策，根据应诉反倾销特定的国际法律环境和经济背景，从法理和实务证据力两方面提出相应的对策建议。本章提出，需要从增强中国在国际反倾销立法中的话语权、提升自身会计信息披露质量、建立健全成本会计核算体系、建立适当的反倾销会计预警体系和完善反倾销会计运行相关工作等方面入手，强化中国企业会计信息在国际反倾销案件中的证据力。本章内容为后文反倾销会计信息预警体系的构建提供了指引。

第八章与第九章是具体的反倾销预警系统构建的探讨。第八章研究如何构建基于会计信息的反倾销预警系统；第九章研究如何构建基于会计信息的产业损害预警子系统。

第十章探讨了有关基于会计信息的反倾销预警体系的应用问题。首先对典型案例进行分析，其次对反倾销预警指标体系进行评价，最后归纳总结了在中美轮胎特保案中会计信息的作用与启示。

第十一章是对厦门姚明织带饰品有限公司成功应对反倾销调查的案例介绍与会计策略分析，姚明织带饰品有限公司通过调拨转款应对调查、向有经验的企业或组织学习以及研究调查当局的核查方法对反倾销调查进行及时应对，本书针对案例对有借鉴意义的启示进行了归纳。

最后，结语部分对全书内容进行总结和展望。

二、研究方法

本书从研究微观的企业入手，通过剖析倾销与会计之间的联系，把握反倾销的会计学内涵和会计信息的支持功能，并在此基础之上提炼出我国企业在应对国际反倾销的会计策略体系，最后通过分析案例公司的应对措施，提出适合某些行业的有针对性的会计应对策略。

本书主要研究的是反倾销会计，由于其学科的交叉性，规范研究方法和比较分析法是文章主要使用的方法。并且，本书通过逻辑演绎和推理，对相关学科知识进行综合运用，采取理论分析和案例研究相结合的手段，对二者进行了研究分析。

本书拟从会计学和法学相结合的角度，探讨会计信息的法律地位和二者的相互关系，为会计信息发挥其应诉证据力提供法理基础；同时运用新制度经济学和博弈论的相关理论方法，研究中国应诉反倾销诉讼中会计信息话语权的权力解构，并就两大语境之间的沟通提出自己的见解。

第二章
WTO框架下的倾销与反倾销

倾销行为的确定是实施反倾销措施的前提，《关于实施 1994 年关税与贸易总协定第 6 条的协定》是对世界贸易组织成员具有约束力的文件，它确立了成员间发起反倾销调查的法律依据。世界贸易组织成员关于反倾销的国内法，必须符合《反倾销协定》的规定。

第一节　对倾销的不同解读

一、经济学意义上的倾销

倾销一词发端于北欧，受亚当·斯密《国富论》的影响，国际贸易中的倾销最先是与政府的出口奖励相关联，具体是指政府对出口企业的奖励行为。

倾销的概念出现在商业文献中是从 1903 ~ 1904 年的英国关税争论开始，它特指企业在国际出口贸易中以较低的价格销售商品。国际联盟在 1922 年的一份备忘录中定义倾销为"出口价格低于进口国价格或生产成本的销售行为"。该定义引起了广泛的批评，因为根据经济学原理，在不同的竞争市场，企业在利润最大化目标下，完全可以根据商品的弹性进行不同的定价政策。后来，美国经济学家雅各布·维纳于 1923 年将倾销定义为"同一产品在不同国家市场上的价格歧视"①，首次从经济学角度明确了倾销的非正当竞争性特征，可以说是经济学意义上的倾销。

二、法学意义上的倾销

《关税及贸易总协定》一般被认为是法学意义上倾销的定义依据，其对倾销

---

① 雅各布·维纳（1923）在其著作《倾销：国际贸易中的一个问题》中最早给出了倾销的经济学解释。

的定义如下："将一国产品以低于正常价值的方法进入另一国市场，如因此对某一缔约国领土内已建立的某项工业造成实质性损害或产生实质性损害威胁，或者对某一产业的兴建产生实质性阻碍，这种倾销应该受到谴责。"颜延（2003）指出，考虑到倾销会对进口国市场中企业间公平竞争产生重要影响，是一种具有非效率特性的价格策略，应通过贸易补救方式（反倾销）进行制止①。

根据 WTO 反倾销协定，各国反倾销法普遍将倾销定义为，出口商以低于正常、公允价值的价格向进口国销售产品，并因此给进口国产业造成损害的行为。因此，倾销包括三个基本要件：（1）出口产品价格低于正常价值或公允价值。正常价值或公允价值通常指出口国或原产国的国内市场销售价格，在特定情况下也可以是该国向第三国出口的市场销售价格等。（2）进口国的产业受到这种低价销售活动的实质性损害或进口国的新建工业受到实质性阻碍。法律意义上的倾销基于行为后果角度，并非单纯以差价销售或其动机、目的为判断标准，而是只有当它对进口国的经济发展与贸易秩序造成了实质性的损害，才会被采取法律意义上的反倾销措施。（3）损害与低价之间具有因果关系。因果关系的判断较为简便，根据实践经验，只要被控产品存在倾销及进口数量大幅度增加，一般很容易被认定为倾销与损害存在因果关系。

若上述三个条件同时存在，那么出口商的低价销售行为就被判定为法律层面上的倾销行为，受害方即可依据反倾销法采取反倾销措施，如对出口方征收反倾销税。

在一般的情况下，一项产业受到损害，既可能是倾销造成的，也可能是其他原因造成的，因此要求进口国主管部门必须进行认真调查、审议其他方面的因素并分析对该产业的影响，如果需求萎缩、国内外生产企业之间的竞争、生产率的差别等，这些因素造成的产业损害不能归咎于倾销。

三、倾销的会计学考量

世界各国进行的反倾销实践中，确定倾销行为需要基于价格标准，对进口

---

① 　颜延：《反倾销司法会计》，北京中信出版社 2003 年版。

产品的低价销售行为是否满足上述三个条件进行判断。只有在三个条件同时满足的情况下，该产品的低价销售行为才被认定为倾销，进而被确定为反倾销法的调查对象。基于会计学的分析，判断进口产品是否是倾销行为需要对产品正常价值、产品出口价格和二者之间的差异进行比较分析。

上文所述情况只是一般情形，当存在产品出口国的国内市场中不存在该产品的销售，或由于产品出口国国内该产品销量较低而不允许对此类销售进行适当比较时，将适用成本倾销标准①。

第二节　与倾销认定有关的五个重要概念

倾销实质上是基于出口价格与可比价格之间对比的比较结果，反倾销具有跟普通诉讼一样的特质，就是双方证据的较量②。赢得诉讼的关键在于提供充足的证据并且经得起查证。而在反倾销的调查程序中，填写调查问卷、应对实地核查、无损害举证以及辩护都需要会计信息发挥作用。出口价格、正常价值、倾销幅度、市场经济地位和替代国制度是在整个反倾销调查程序中所涉及的五个重要概念，并且与会计信息紧密相连。

一、出口价格

出口价格是正常贸易中出口产品在两个国家之间交易产生的成交价格。若存在易货贸易、补偿贸易特殊情况，或由于出口商与进口商或第三者之间的联合或补偿性安排致使出口价格不具备可靠性，则出口价格可根据推定原则，在

---

① 伴随西方贸易保护主义的加剧，出现了成本倾销概念，即被控产品价格若低于其单位固定成本和可变生产成本加管理费用、销售费用和一般费用及利润总和也构成倾销。
② 从《关税及贸易总协定》（The General Agreement on Tariffs and Trade，GATT）的第6条对倾销认定的规定（一国产品以低于该产品正常价值的价格销往他国，以致对进口国的某一产业造成实质损害或有实质损害之威胁，或者实质阻碍某一产业的建立，则应当认为构成倾销）来看，必须有充足的证据证明对进口国某一产业造成了实质的损害，是确认造成倾销的前提条件。

进口产品首次转售给一独立购买者的价格基础上确定；若出口产品未转售给一独立购买者或未按进口时的状态转售，则可在主管机关确定的合理基础上推定。

二、正常价值

不论是在 WTO《反倾销协定》还是各国规定的反倾销法律法规中，正常价值（国内市场价格）均被作为一个关键概念来判定倾销成立与否。同时，它也是确定反倾销幅度的重要依据，因而成为整个反倾销应诉中的重要性指标。尽管企业在通常设计账簿科目时，并不直接涉及正常价值科目，但是正常价值这一关键概念却与会计紧密相连。在会计学中，也有着与正常价值类似的一个非常重要的概念：公允价值。国际上如此定义公允价值：熟悉情况的当事人在公平交易中，自愿据以进行资产交换或债务清偿的金额[1]。而美国认为，公允价值是会计主体所在市场的参与者之间进行的有序交易中，出售一项资产所收到的价格或转移一项负债所支出的价格[2]。中国的《企业会计准则》也有对公允价值计量属性的定义，与国际会计准则类似，即在公平交易中，由熟悉情况的交易双方自愿进行资产交换或者债务清偿的金额。

很明显，正常价值与公允价值相似却并不完全相同。从国际来看，无论是 WTO 还是各国相应的法律法规，对正常价值的界定，都是从公开市场上来确定的，即在公开市场上由活跃交易形成的价格，而并非某些交易主体对商品价格的认定。市场价格如果是在所有参与者没有受到任何干扰的情况下，即在公开、透明、平等的市场环境下达成的，那么此时的价格就是公允价值。一旦生产要素的价格并非完全由市场本身的供给和需求决定，即存在着国家干预、不公平透明的交易等情况，要确定正常价值就不能采用公允价值而必须选择其他方法。最理性的状况就是产品所采用入账的公允价值能为进口国所承认，但是实际情

---

[1]　国际会计准则委员会（International Accounting Standards Committee，IASC）在 1995 年 6 月发布的第 32 号国际会计准则中，这样定义公允价值：在公平交易中，熟悉情况的当事人自愿据以进行资产交换或债务清偿的金额。

[2]　美国财务会计准则委员会（Financial Accounting Standards Board，FASB），在 2006 年 9 月 15 日，就公允价值发布了一项新准则，即所谓的第 157 号财务会计准则公告——公允价值计量，认为公允价是出售一项资产所收到的价格或转移一项负债所支出的价格，其前提是该价格为会计主体所在市场的参与者之间进行有序交易的价格。

况往往并非如此。

正常价值的使用还有着严格的条件，如 WTO《反倾销协定》就规定，使用出口国"国内市场价格"作为正常价值就必须符合以下三项条件：第一，国内销售价格须具有代表性，具体而言，产品在国内市场的销售需占该产品出口的5%以上。第二，所采用的国内售价应为在独立交易商户之间达成的价格。第三，正常价值不能低于成本。并且，采用"国内市场价格"作为正常价值的国家必须是市场经济体制国家。非市场经济体制国家的出口产品正常价格需以替代国价格、替代国结构价格和替代国出口价格等进行衡量。替代国价格，是一个与出口产品国家的经济发展水平相当国家中该产品的销售价格。替代国结构价格以出口国为生产产品而投入的生产要素数量与替代国对应生产要素价格的乘积作为基础，加之出口企业的管理、销售和一般费用及合理的利润得到的价格。替代国出口价格，是替代国向其他国家出口该产品的销售价格。有关正常价值的确定，如表 2 - 1 所示。

表 2 - 1   **正常价值的确定方法**

正常价值	市场经济国家	国内市场价格
		结构价格
		第三国价格
	非市场经济国家	替代国价格
		替代国结构价格
		替代国出口价格

资料来源：于楠楠：《企业应对国外反倾销的会计策略研究》，山东农业大学博士论文，2010年，第 33 页（表格内容略有改动）。

通过以上分析，可以看出正常价值强调的是活跃的市场价格，而公允价值则强调的是公平交易中体现的价格。正常价值的内涵包含着会计概念上的公允价值。正常价值的确定，首先考虑的是没有干扰的公开、透明和平等的市场环境中的市场价格；如果不符合，则采用与出口国经济水平相当的，处于类似市场环境中国家的产品价格或者其要素价格来计算正常价值；若存在无法找到符合条件的替代国以及找到的替代国具体情况不适合计算正常价值的情形，则采用成本加上一定费用和利润所组成的结构价值。上述衡量方法确定的正常价格均要求建立在没有干扰的或者事先安排的市场价格基础之上，这种做法与会计学中所规定的公允价值计量条件具有同质性。因此，能够推出反倾销法律中所规定的正常价值计量与会计学中所规定的公允价值计量在概念、内涵等方面具有一致性，也即能够体现市场中正义的公开交易价（颜延，2003）。

确定正常价值可以采用如下三种方法：（1）以出口产品在出口国国内的销售价格、对第三方国家出口产品的价格或者出口方出口产品的结构价格为依据进行确定。（2）若存在出口产品或同类产品未在出口国国内市场中销售，或存在其他无法进行出口产品与类似产品价格进行比较的情形（如出口产品在出口国内销量较低）则需比较该出口产品或同类产品在某一可比第三国的具有代表性的出口可比价格进行确定，或比较出口产品在出口国国内生产成本加合理金额的管理、销售和一般费用及利润确定。（3）若同类产品以低于生产成本加管理、销售和一般费用的价格在出口国国内市场或第三国进行销售，则需要在主管机关基于销售数量、收回成本价格的考量，做出由于价格原因将其视为未在正常贸易过程中进行的销售，且可在确定正常价值时不予考虑的决定。

三、倾销幅度

倾销幅度是在确定倾销行为的基础上，基于产品出口价格与其正常价值之间差异测算的二者之间的差额。倾销幅度的测算过程需要通过对一些影响因素进行调整以保证产品出口价格与其正常价值之间的可比性。

1. 正常价值和出口价格的调整

由于产品出口价格与其正常价值产生方式存在差异，确定两种价格时需要综合市场环境、价格条件、运输成本等因素进行相应调整。反倾销法通常会对价格调整规则进行说明，反倾销调查机构在对正常价值和出口价格的调整过程中通常拥有较大自由裁量权。

2. 倾销幅度的计算

倾销幅度是反倾销调查机构征收反倾销税的重要依据。倾销幅度通常为产品正常价值与其出口价格之差在出口价格中的占比。在美国的反倾销实践中，若倾销幅度小于 2% 则不征收反倾销税，若倾销幅度大于 2% 则根据实际倾销幅度征收反倾销税。通常而言，美国采用船上交货价（FOB）的价格基础进行公平比较。

3. 正常价值和出口价格的比较方法

给定反倾销调查持续时间较长的特性，被调查产品可能存在在被调查期间持续出口的情形。不同批次产品的正常价格和公平价格可能存在差异。在进行倾销幅度的计算时，若以不同批次的正常价值和出口价格作为衡量标准，会存在下列几种测度方法：（1）加权平均的正常价值对加权平均的出口价格。该方法以调查期间全部产品为对象，通过获得正常价值的平均值与出口价格的平均值，进而测度倾销幅度；（2）每项交易的正常价值对该项交易的出口价格。该方法分别比较每项交易产品的出口价格与正常价值，仅考虑存在倾销可能的交易进行判定；（3）加权平均的正常价值对每项交易的出口价格。对未倾销交易的进行归零，然后计算倾销幅度。上述三种计算方法得到的结果可能存在较大差异，因此出口价格与正常价值比较方法的确定通常称为反倾销诉讼中的争议点。表2-2具体对上述三种计算方法进行了说明。

表2-2 反倾销幅度计算三种方法列式

	交易数量（件）	单位正常价值（元）	交易正常价值（元）	单位出口价格（元）	交易出口价格（元）	交易倾销幅度（元）	交易倾销税率（%）
交易一	1	400	400	250	250	150	60
交易二	2	300	600	250	500	100	20
交易三	1	200	200	250	250	-50	-20
交易四	1	100	100	250	250	-150	-60
加权平均		260		250			
反倾销税率	加权平均比加权平均法：（260-250）/250=4%						
	个别交易比个别交易法：分别是60%、20%、0%、0%（对倾销进行归零）						
	加权平均比个别交易法：（150+100+0+0）/（250+500+250+250）=20%						

资料来源：孙铮、刘浩：《贸易救济会计——理论与实务》，经济科学出版社2004年版，第45页。

一般而言，世界贸易组织和欧盟国家使用第一种计算方法进行测度，结合交易特征，特殊情况下（如产品为大型产品且批量较少），使用第二种计算方法进行测度。美国商务部通常使用第三种计算方法。因为该方法能够比较容易地发现倾销行为，但是归零调整的做法忽视了负倾销比率，提高了倾销幅度，扭曲了真实的倾销水平。

四、市场经济地位

市场经济地位是经济学术语，它反映了某一国家的市场经济的状况。基于对某国市场经济在全国经济中的重要程度和政府干预经济程度的判断，一国可以被划分为完全市场经济国家和非市场经济国家。

通过对正常价值概念的解读，能够看出市场经济地位这一概念的地位十分重要，倘若出口国取得了市场经济地位，其可以国内市场价格作为正常价值的首选，因而在正常价值的认定中也就掌握了话语权。

源于中国商务部的统计表明，中国的市场经济地位已被俄罗斯、巴西、新西兰、瑞士、澳大利亚等 81 个国家承认。尽管美国、日本等国并未承认中国的市场经济地位，但是根据中国在加入世界贸易组织时签订的议定书第十五条规定，2016 年 12 月，中国自主获得完全市场经济地位。中国是社会主义市场经济国家，但在 WTO 中，一些发达国家出于自身利益的考虑，对中国是市场经济国家与否提出质疑，并设置了保护性条款。目前中国的主要贸易国家是美国和欧盟，均未将中国列入市场经济国家，但对于承认市场经济地位也列出了其所需的会计要求。通过分析其要求可以发现，欧盟所列的会计需求比美国明确。美国尽管有列明市场经济地位取得的条件，但是关键界定点并未列明，采用的是模糊的标准，故而其商务部可以根据美国自身的经济利益权衡定夺。

以欧盟为例的国家（地区），其所制定的认定市场经济国家地位的标准本质上来说是会计上的标准，如对企业会计账簿的要求有三条：符合国际公认的会计准则要求、会计账簿明晰和经过了独立审计，又如企业生产活动是否独立、独立程度等这些信息是否反映到财务报告中，其财务报告是否体现了市场价值。由此可见，欧盟的申请标准是基于会计的标准，具体考察企业是否独立经营、自负盈亏以及做账是否规范。

欧盟和美国均对市场经济地位设置了严格而难以达到的标准，国内的大部分企业离其标准尚有距离。就非市场经济是否对企业财务数据进行过干扰是欧盟承认市场经济地位的重要步骤，该步骤中若发现存在干扰情形，则需进一步考察当前该干扰是否已被剔除。而中国在过去的计划经济体制中，有不少企业直接接受了国家划拨的土地厂房等物资，多是无偿或者价格偏离市场价值。这一现象的存在，很容易扭曲被调查企业的成本，就难以达到市场经济的标准。申请美国的市场经济地位国家，要求更严格苛刻。其标准中，有一条是企业产品出口活动是否在法律和事实上受到了政府控制。这一标准对处于转轨过程中的中国而言难度较大。即使获得美国的"市场导向型行业测试"（market oriented industry test）资格①，其满足标准也近乎苛刻，因为"行业测试"要求的是整个行业，而不只是单个的企业，有时企业甚至被要求提供那些已经退出该领域的公司的相关资料②。由此可见，想获得这两个贸易伙伴的市场经济地位的认可，中国企业需要在财务等各方面付出巨大的努力。

五、替代国制度

替代国制度（surrogate country system）是反倾销调查中最具争议性的问题，中国是受害国之一。该制度要求当一国被视为非市场经济国家时，需要基于其他具有市场经济地位国家的产品价格对调查国出口产品的正常价值进行确定，这一过程中被采用的具有市场经济地位的国家就是替代国。尽管各国对于替代国制度都有着比较明确的规定，但是由于替代国家的非唯一性，在贸易摩擦普遍存在的时代，调查的发起国就可以选取对裁定倾销幅度最有利的国家作为替代国，其结果往往是替代国制度的滥用，人为造成对国际贸易扭曲的一种救济手段。由于 WTO 和关税及贸易总协定（GATT）对此仅有模糊的规定，只明确了对于非市场经济国家，其产品的价格和成本资料不可靠，不能用来计算被调查产品的正常价值，并未表明应采取何种方法计算正常价值，这就等于变相认可了各国制定替代国制度存在的可能性。

分析欧盟和美国对替代国制度制定的具体标准，不难发现，它们制定的替代国制度认定标准，侧重点不同。欧盟比较注重产品的可比性与合作关系，而美国则比较注重替代国的生产规模和经济发展水平与被调查国相当。欧盟有一

---

① 只有当一个非市场经济国家的企业（行业）能够证明其产品价格和生产原料的价格几乎完全由其所在的市场决定时，美国商务部才可能会运用 MOI 测试法确认该行业是否为市场导向型行业，并按生产商的实际成本和价格来确定该产品的正常价值。
② 在美国对中国出口的淡水小龙虾尾肉的反倾销一案中，美国商务部要求被诉企业提供每个潜在的生产商（出口商）的相关资料，甚至包括那些已经不再生产经营淡水小龙虾尾肉的所有公司。

条标准为考察替代国生产商与欧盟的主管机关合作的程度；美国的标准则一再强调所选国家应与被调查国家的发展水平相当。

欧盟和美国的标准初看之下均合情合理，但仔细分析不难发现，其标准的相对模糊，给予了两国政府相应职能部门很大的自由发挥的空间。两国的标准都很宽泛，一家被诉企业的替代国基本上都有很多个，而最终选取哪个国家作为替代国，则可以由政府自由操作，自然对裁定倾销成立最有利的国家就成为首选。替代国制度，就好比在高速公路上行驶而被警察以超速之名拦下，行驶者并不知道这条高速路的具体限速，而警察就以其他高速公路的最低限速对其进行惩罚，究竟行驶者有没有超速，或者超速多少，没有人清楚。警察所需要做的就是先拦下，再判断哪条高速的限速最有利。

在选取替代国时，如何判断哪国作为依据最为有利，就需要用到美国常用的"生产要素替代法"[①]。该方法利用非市场经济国家投入要素数量与该要素在替代国中价格的乘积与相关费用和利润之和获得所谓的正常价值。这里所说的生产要素，主要包括原材料、人工、资本等。该方法的运用就涉及多项会计信息。

第三节　反倾销的法律依据

一、反倾销的界定

反倾销（anti-dumping）也称反倾销措施[②]，是指进口国反倾销调查当局依

---

① 生产要素主要包括原材料、人工、资本、燃料等，除非涉诉企业能够证明其采用的生产要素来源于市场经济国家或者是以非市场经济国家的完全市场价格购买而得，否则调查当局就认为企业的生产要素价格不能作为计算价值的依据，因为其价格并非是在高度竞争的条件下获取的。

② 与反倾销类似的措施还有反补贴。反补贴指一国反倾销调查机关实施与执行反补贴法规的行为与过程。其中的补贴是指一国政府或者任何公共机构向本国的生产者或者经营者提供的资金或财政上的优惠措施，包括现金补贴或者其他政策优惠待遇，使其产品在国际市场上比未享受补贴的同类产品处于有利的竞争地位。世界贸易组织反补贴协议将补贴分为三种基本类型：禁止性补贴、可诉补贴和不可诉补贴。针对前两种补贴，一是向世界贸易组织申诉，通过世界贸易组织的争端机制经授权采取的反补贴措施，二是进口成员根据国内反补贴法令通过调查征收反补贴税。

法对进口国产业造成了损害的倾销行为采取征收反倾销税等措施以抵销损害后果的法律行为。

倾销与反倾销对应存在，若出口产品构成倾销，则进口国政府就会对该进口产品进行反倾销调查。屈广清（2004）从法学的角度，将反倾销概念界定为，进口当局依据国际反倾销法或国内反倾销法，对因违反正常国际贸易秩序而对进口国国内相同或相关产业已经或将要造成损害的倾销行为，有权采取各种措施和手段①，其目的是保护国内产业，抵制进口产品的倾销行为。

与倾销行为相比，反倾销措施在世界范围内的出现相对较晚，主要有两个原因：第一，重商主义时代，各国政府对进口产品征收高额关税，这在实质上起到了反倾销的作用；第二，自由竞争和垄断资本主义时期，资本主义国家之间以互补性贸易作为主要贸易形式，某一贸易参与方对另一贸易参与方出口产品的单方面反倾销制裁可能导致自身生产、生活资料匮乏。同时，当时的进口贸易中，各个国家均采取了从价税、从量税和附加税等措施，这在一定程度上起到了反倾销的作用。当倾销发展到一定阶段，各种矛盾主体之间开始寻找倾销的解决对策的时候，世界各国才开始赋予反倾销以法律地位。

二、反倾销法的制定与实施

1903 年，加拿大制定了《海关关税法》②，其中第 19 条关于反倾销的条款赋予其海关税务署对进口产品是否构成倾销或受到政府补贴进行调查并实施制裁的权利，被认为是世界上最早的反倾销法。1948 年 1 月，《关税及贸易总协定》第 6 条生效，国际性反倾销法案由此产生。这一条款规定通过确定倾销行为应该受到谴责，缔约方均享有对倾销的抵制权等原则使得反倾销成为关税及贸易总协定的一项基本原则。1986 年 9 月到 1994 年 6 月的乌拉圭回合多边贸易谈判中达成了《关于实施 1994 年关税与贸易总协定第 6 条的协定》解决了这一问题。其后，澳大利亚、新西兰、美国等国家相继制定了各自的国内反倾销法。

---

① 屈广清：《反倾销法律问题研究》，北京法律出版社 2004 年版。
② 1903 年，加拿大在修改其 1897 年的关税法时增加了反倾销规定。此后，加拿大又制定了相关的反倾销条款实施细则，成为世界上最早的、比较完备的反倾销法体系。

1994 年 5 月 12 日颁布、自当年 7 月 1 日起施行的《中华人民共和国对外贸易法》① 可以看作我国第一部反倾销法，1997 年 3 月 25 日颁布了《中华人民共和国反倾销和反补贴条例》，其中关于反倾销的规定因 2001 年 11 月 26 日颁布、2002 年 1 月 1 日起施行的《中华人民共和国反倾销条例》同时废止。经 2004 年 3 月 31 日修订、自当年 6 月 1 日起施行的《中华人民共和国反倾销条例》是现行准则，该条例由总则、倾销与损害、反倾销调查、反倾销措施、反倾销税和价格承诺的期限与复审、附则共六章五十九条组成。

　　反倾销法是调整进口国反倾销调查当局在对倾销进行调查、裁定和采取反倾销措施过程中所发生的各种权利和义务关系的法律规范的总称。其立法宗旨在于保护本国（进口国）经济及其生产者的利益，维护正常（或公平）的国际经济贸易秩序及其进口国市场的竞争秩序。

　　反倾销法作为一种对倾销行为采取反倾销措施的法律依据，是将实体法与程序法融合为一体的法律规范。作为实体法，反倾销法主要体现在对倾销成立条件、损害裁定标准和反倾销制裁措施的规定。作为程序法，则主要确立了一些反倾销中的程序问题，包括反倾销调查申请、立案、调查取证、裁定及司法审查等。因此，一项贸易行为被采取反倾销措施，需要满足反倾销法所确立的判定倾销行为的原则，并服从反倾销法所规定的立案调查程序。

第四节　反倾销的一般程序及其相关会计工作

一、反倾销的一般程序

　　反倾销开展的前提是判定倾销是否成立。世界贸易组织对反倾销措施的实

---

① 该法于 1994 年 5 月 12 日第八届全国人民代表大会常务委员会第七次会议通过，2004 年 4 月 6 日第十届全国人民代表大会常务委员会第八次会议修订，修订后的《中华人民共和国对外贸易法》公布，自 2004 年 7 月 1 日起施行。

行做出了细致规定，具体包括四个步骤：（1）申诉人申诉；（2）进口国开始反倾销调查，并相继做出初裁和终裁；（3）实施反倾销措施；（4）可能的价格承诺协议谈判。

为了保证《反倾销协议》的有效实施，WTO 下设反倾销委员会，其主要职责是监督反倾销实施情况。在反倾销具体实施过程中，各个 WTO 成员可以在不违反《反倾销协议》的前提下，根据具体情况制定适合自身的程序。表 2 - 3 以美国和欧盟为例，列出了具体的反倾销裁决程序。

表 2 - 3 　　　　　　　美国、欧盟的反倾销负责机构及其裁决程序

	美国	欧盟
机构	美国国际贸易委员会（International Trade Commission，ITC）和美国商务部（Department of Commerce，DOC）	欧盟委员会（European Commission）、部长理事会（Council of Ministers）、咨询委员会（Advisory Committee）
职能	国际贸易委员会负责调查和裁决外来的倾销产品是否对本国同类产业造成了损害；商务部负责调查和裁决外来的进口产品是否低于公平价值在美国市场上倾销，并计算出倾销的幅度；最终由商务部发布征收反倾销税的命令，由海关（The General Customs Administration）执行	欧盟委员会有权开始和结束调查、征收临时和固定反倾销税，还有权接受出口商提出的价格承诺；部长理事会主要负责制定规章和通过最终裁决；对于倾销和倾销幅度的计算、损害的存在和范围、倾销和损害的因果关系以及拟采取的措施，欧盟委员会应当征求咨询委员会的意见
程序	（1）起诉（petition filed）及立案调查（initiation of investigation）。根据美国反倾销法规定，对倾销提出申诉分为反倾销机构提起和申诉人提起两种。起诉书必须同时提交给商务部和国际贸易委员会，商务部接到申诉书后 20 天内要做出是否立案调查的决定。商务部通常要在宣布后的 1 ~ 2 周内向有关出口商和进口商发出调查问卷，并要在 30 天内交回问卷。国际贸易委员会在开始调查时，也同时要发出调查问卷，并在 7 ~ 14 天收回问卷。 （2）初裁（preliminary determination）。首先是国际贸易委员会做出是否损害的初步裁决。在国际贸易委员会初步裁决之后进行商务部的初裁。	（1）起诉和立案。任何自然人、法人以及没有法人资格的法人社团都可以共同体产业的名义提出书面申请。欧盟委员会经与咨询委员会商议后如立案将发动反倾销调查程序。 （2）调查。一般是以填写反倾销调查表的方式进行。欧盟委员会可要求成员国提供信息，并可要求它们对出口商、进口商以及生产商进行核实和取证，必要时甚至可要求它们到第三国进行调查。 （3）初裁。倾销及其对共同体产业的损害也已基本确认，并且从共同体利益出发也有对之进行干预的必要，由欧盟委员会经与咨询委员会商议后做出征收临时反倾销税的决议。

续表

	美国	欧盟
程序	（3）核查（on-site verification）及终裁（final determination）。商务部和国际贸易委员会举行听证会，商务部派人到出口国进行实地核查，最后做出终裁。 （4）上诉（judicial review）。如对反倾销案的仲裁不服，可以先上诉至美国国际贸易法院（Court of International Trade，CIT）。如仍不服，再上诉至美国联邦巡回上诉法院（Court of Appeal Of Federal Circuit，CAFC）。 （5）行政审查（administrative review）及日落审查（sun-set provision）过程。当某种商品被征收反倾销税满一年开始，每年都对上一年度的被征税商品的倾销幅度进行行政审查，另外被征收反倾销税的商品在反倾销令满5年时可以进行日落审查过程	（4）价格承诺（price undertaking）。如果出口商自愿提供对共同体市场的出口价格，欧盟委员会经商议后对其感到满意，就可以在不征收临时或最终反倾销税的情况下终止调查。 （5）终裁。欧盟委员会与咨询委员会商议后认为有必要征收最终反倾销税，就向理事会提交商议结果并提出终止诉讼的建议。理事会在一个月内没有做出其他决定，诉讼即为最终结束。征收最终反倾销税的决议由理事会根据委员会建议，经特定多数同意后做出。 （6）上诉。对于不服欧盟委员会裁决的出口商来说，可以上诉至设在卢森堡的初审法院（court of first instance）

资料来源：孙铮、刘浩：《贸易救济会计——理论与实务》，经济科学出版社2004年版。

二、反倾销调查和应诉中与会计有关的工作

根据WTO《反倾销协定》的规定，应诉方应通过填答问卷、接受实地核查等程序进行举证和抗辩，使调查当局确信企业没有进行倾销。在反倾销立案调查至结束的各个环节中，调查机构和涉案企业与会计有关的工作如表2-4所示。

表2-4 反倾销各环节与会计有关的工作

工作环节	调查机构的工作	涉案企业的会计行为	贸易制裁的应诉阶段
立案阶段	接受申诉国申请，对申诉方进行资格审查，决定是否立案	加强日常管理搜集会计证据	立案前

续表

工作环节	调查机构的工作	涉案企业的会计行为	贸易制裁的应诉阶段
初裁阶段	发放问卷	回答问卷	审核中
	选择替代国	提供替代国相关资料	
	确定是否给予市场经济地位	会计举证	
	确定是否存在贸易违规行为	会计举证	
	认定贸易违规与损害之间的因果关系	会计举证、会计抗辩	
	初裁	争取较低税率	
终审阶段	实地核查	对会计流程和会计政策进行说明；完善内部控制制度	
	召开听证会	进一步进行会计抗辩	
复审阶段	终裁，执行反倾销、特保等贸易制裁措施	会计信息跟踪反馈	审核后
	年度复审		
	日落复审		

资料来源：刘虹：《我国化工业反倾销会计支持体系分析》，河北大学硕士学位论文，2009 年。

通过表 2-4 可以看出会计信息在反倾销等贸易诉讼中的重要性，几乎每个环节都需要会计资料，会计不仅能够提供正常价值、出口价格有关的信息，还直接为"市场经济地位"的认定提供会计标准，只要会计资料充分具有说服力，贸易制裁发生的可能性就比较小，进而保护国家经济安全免受损害。因此，会计应当为企业提供基于信息提供的制度保障，以应对企业可能受到的反倾销调查与国外产品的倾销威胁，从而最终达到提升企业国际竞争地位的目的。具体而言，当企业需要接受反倾销调查时，能够立刻启动反倾销会计应诉防护机制，准确提供调查机构所需的会计资料，并应对其现场核查与听证；当企业受到国外进口产品的倾销威胁时，能够立刻启动反倾销会计调查防护机制，准确提供提起调查申请所需要的资料以对商务部公平贸易局的反倾销调查进行协助。会计的上述功能体现了对利益相关者的决策有用性。

倾销和反倾销的相关定义大多出自专家学者的理解，实际上作为反倾销法制定主体的 WTO 并未对反倾销的相关概念进行过定义，正因为其理解上可能存在歧义，所以在应诉反倾销时诉讼双方才会需要对某些问题达成共识，由于诉讼中的双方的特殊地位和目的，决定了申诉方的优势地位，使得反倾销措施的实施存在不确定性。WTO 的《反倾销协定》也只是各种力量相互妥协下的一种折中结果，各国依据《反倾销协定》制定的反倾销法成为应诉实务的直接指导，因此，本书在 WTO 相关法规和各起诉国国内的反倾销法框架下探讨反倾销会计问题。

会计作为一个提供信息的支持系统，在反倾销的应诉与申诉过程中均占据重要地位。周友梅于 2003 年首次阐释"反倾销会计"这一关键概念，将其界定为"特定主体运用会计知识、反倾销法知识和国际贸易知识，就反倾销中的问题提供会计支持，进行会计规避、会计举证、会计调查、会计鉴定活动。反倾销会计是确保自由贸易条件下的一个公平竞争的会计保护机制"。

特定主体在反倾销诉讼中应基于对会计、反倾销法和国际贸易等知识的运用，就反倾销过程中的问题提供会计支持，譬如进行会计规避、举证、调查、鉴定[1]。对自身有利的反倾销诉讼裁决可以通过利用会计信息进行适当会计抗辩来获得。国际上公认的会计支持有效性，应当建立在以下内容的基础之上。

1. 企业会计准则已经得到有效执行

只有基于一国公认会计准则或国际会计准则进行的财务核算和编制的会计报表所生成的成本资料才能被反倾销调查机构认可与接受。被调查的企业需要证明其成本核算机制是在符合国际惯例的基础上运行，并且会计记账制度符合国际会计准则要求，这样企业财务数据才能够被认定为确定产品正常价值的基础。

2. 企业销售和成本数据公允可信

被反倾销调查机构调查的企业需要对其会计账簿体系的完整、规范性进行说明，证明其会计账簿体系能够基于国际通用的会计准则进行账务处理与成本核算，且其会计报表应当经过注册会计师审计。进而从会计学角度阐述企业成本核算具有可信性，涉诉产品的生产成本和销售成本均具有公允性与可采性[2]。

三、反倾销调查问卷的会计解读

反倾销调查程序中，对被认为有倾销嫌疑的企业进行问卷调查是一项重要

---

① 周友梅：《试析反倾销对会计的挑战及要求》，载于《财会月刊》2003 年第 7 期。
② 所谓可采性，是指应诉企业的财务会计数据为反倾销法律所容许，具有可信性，可用于证明反倾销的待证事实。

工作。调查问卷是在反倾销调查过程中由申诉方所在国的反倾销调查机构向应诉企业发放的书面问题单。应对反倾销调查的前提是对调查问卷进行细致解读，将认定倾销行为所必需的法律要件分解到调查问卷中，通过被诉讼方的答复获取相关证据。

（一）反倾销调查问卷的内容

反倾销调查问卷的内容存在案件发生时间与国别层面的异质性，但多数国家的调查问卷具有类似的基本结构，问卷内容主要为企业整体情况与财务数据，具体包括反倾销诉讼的品类、被诉讼企业一般情况、产品在国内市场和第三国市场销售情况、向申诉方所在国的销售情况以及生产要素方面的问题等，其中财务部分是关键。以美国为例，反倾销调查问卷的内容包括 A、B、C、D、E 五个部分（见表2–5）。

表2–5 美国反倾销调查问卷的内容

类型	调查问卷的目的及内容
调查问卷 A	被调查企业的一般情况，包括企业的结构、经营事业以及受调查产品的产量及在所有市场的销售价格等
调查问卷 B	产品在生产商本国市场销售或销售至第三国市场的交易内容对于非市场经济国家的问卷调查不包括该部分
调查问卷 C	在美国销售交易的清单，从而决定采用涉案产品的出口价格或推算出口价格，所调查的内容涉及进口到美国及在美国销售的资料
调查问卷 D	产品的制造过程和生产成本，非市场经济国家均需要回复本问卷，通常商务部会依据问卷 A 的回复内容分析是否需要用到问卷 D。两种情况下需要问卷 D 部分：一是决定采用结构价格；二是调查出口国市场低于生产成本的销售
调查问卷 E	产品在美国是否有进一步加工的行为，只有商务部分析过问卷 A 后认为有必要时才会要求应诉者回答该部分问卷
补充调查问卷	市场经济待遇问卷，它一般又被称为市场经济地位申请表，是应诉企业证明自己是按市场经济体制运营并符合市场经济地位要求的申请表。这份问卷是专门针对像中国这种"市场经济"地位有质疑的国家设计的

资料来源：吴迎康：《谈谈应诉反倾销的会计举证》，载于《对外经贸财会》2006 年第 3 期。

（二）填写反倾销调查问卷的会计要求

调查问卷的每个部分都涉及会计工作，但会计在不同部分中具有不同的参与程度。A 部分中，会计只提供与专业对口的基本信息。B、C 两个部分中，会计的主要作用是配合营销等部门对销售数据和调整数据进行收集与整理；E 部分中我国会计较少发挥作用；D 部分是会计发挥作用的主要部分，需要填写的会计内容主要有：（1）会计报表；（2）产品在生产国市场和在第三国市场销售的详细资料和会计资料；（3）在调查国销售的详细资料和会计资料；（4）产品在出口企业中生产成本的构成及其金额等。

反倾销调查问卷是反倾销调查当局判断中国企业市场地位和核准产品价格的主要信息来源，并且会被用作实地调查取证结果的参照。问卷结果与实地取证结果应保持一致，否则会被认定为证据缺乏可靠性进而调查当局会采用"最佳可获得资料"（best information available，BIA）作为数据基础。若调查当局选择以 BIA 为基础的数据，将大大提高中国企业败诉的可能性。

由此可见，为了在市场经济地位上取得突破，中国应诉企业应结合律师指导与申诉国法律规定，及时、准确地对企业生产经营在自由市场经济条件下运营的情况进行说明，还应细致介绍企业的组织结构、所有制、股东身份、经营机制、分配机制等基本问题。

第五节　会计在反倾销应诉过程中的作用

反倾销与会计密切关联。当反倾销调查当局发起反倾销调查时，调查机构与被调查方展开一场基于产品成本与产品价格的会计纷争。当事双方均需要通过会计数据获得可用信息。因此，基于会计学角度对反倾销活动进行分析具有重大意义。反倾销实体规则以及反倾销程序规则包含的会计思想、会计方法等会计因素决定了掌握这些会计思想、会计方法的会计人员对反倾销应诉的支持作用。反倾销应诉中会计的作用主要体现在以下六个方面。

一、为确定正常价值提供依据

不论是在 WTO《反倾销协定》还是各国规定的反倾销法律法规中，正常价值（国内市场价格）均被作为一个关键概念来判定倾销成立与否。正常价值又称为公平价值或外国市场价值，实践中针对市场经济国家和非市场经济国家，通常通过两个标准来确定。对于具有市场经济地位的国家而言，正常价值由产品出口国的国内市场价格、产品向第三国出口的价格以及产品的结构价格确定①。对于不具有市场经济地位的国家而言，正常价值由替代国产品价格②、替代国产品出口价格和替代国产品结构价格确定。当调查机关进行正常价值确认时，会计需以销售明细账、销售凭证等为营销资料提供佐证，同时为各项费用调整项目提供数据支持（见表 2－6）。

表 2－6 正常价值的确定

国家类型	出口国为市场经济国家	出口国为非市场经济国家
正常价值对应关系	出口国国内市场价格	替代国国内市场价格
	向第三国出口价格	替代国出口价格
	出口国结构价格	替代国结构价格

（一）市场经济国家正常价值的确定方法

1. 出口国国内市场价格

出口产品在国内市场上的价格，即一般交易中该出口产品或与该出口产品具有相似性的产品在国内市场销售、交易时的价格。在这种确定方法中，出口产品的"正常价值"由产品出口国在国内市场的"消费价格"决定。

2. 向第三国出口的价格

若出口产品在出口国国内市场不存在上述可以利用相同或类似产品判断正常价值的情形，则出口产品正常价值的确定需要利用向第三国出口的相同或相

---

① 即原产地国的生产成本加上合理的销售费用，一般费用和管理费用以及合理的利润。
② 选择一个市场经济第三国或者进口国的同类相似商品价格作为正常价值。

似产品的可比价格来作为依据。

3. 出口国结构价格

若出口产品同时存在无法满足上述两种判断方式的情形，需要利用结构价格对正常价值进行确定。结构价格通过对产品产地中该产品的生产成本、销售、管理费用和利润进行求和得到。

（二）非市场经济国家正常价值的确定方法

1. 替代国国内市场价格

替代国价格，是一个与出口产品国家的经济发展水平相当的国家中该产品的销售价格。非市场经济国家中出口产品的正常价值确定首选替代国价格。

2. 替代国出口价格

替代国出口价格，是替代国向其他国家出口该产品的销售价格。上述方法存在无法使用的情形时，非市场经济国家出口产品正常价值需要使用替代国向其他国家出口该产品时的销售价格进行正常价值的测算。

3. 替代国结构价格

替代国结构价格以出口国为生产产品而投入的生产要素数量与替代国对应生产要素价格的乘积作为基础，加上出口企业的管理、销售和一般费用及合理的利润得到的价格。替代国的结构价格是确定出口产品正常价值的第三种方法。

二、为确定出口价格提供依据

倾销确定过程中涉及的第二个核心裁定指标是出口价格。欧美在《反倾销协议》中规定出口价格的确认方法包括出口价格法[1]，会计能够在出口价格计算过程中提供可能涉及的调整项目数据。

由上文对"正常价值"确定方法的介绍可以看出，产品成本的准确计算在正常价值的确定过程中十分重要。成本产生于企业生产产品、提供劳务时耗费的各种资源。中国会计准则、国际会计准则以及不同国家制定的反倾销法中所

---

[1] 即非关联进口方在出口方所在地购买的价格。

规定的会计准则之间就成本确定问题均存在差异，这就决定了合理运用会计手段调整产品成本使其在倾销应诉过程中具有可比性的重要性。

中国会计准则所规定的产品成本计算方法为直接材料、直接人工和制造费用之和。

而国际反倾销法中所规定的产品成本计算方法为企业为生产产品耗费的生产费用、管理费用、销售费用和一般费用之和再加上企业销售产品获得的利润。

通过对上述两种计算方法的分析可知，国际反倾销法中所规定的产品成本测算方法中，生产费用与中国会计准则中规定的产品成本类似。而管理费用、销售费用和一般费用的合计则等同于中国会计准则中规定的期间费用（销售、管理和财务费用）以及除了期间费用以外的所有费用之和。国际反倾销法中所规定的产品成本计算方法基本与中国会计准则所规定的销售收入计算方法一致。产品成本确定要素层面的差异导致中国企业正常价值的测算结果显著低于国际测算方法的实际水平，进而增加中国出口产品被认定为倾销的可能性。因此，中国企业在接受反倾销调查时，需要严格依照国际反倾销法的规定，对自身产品的成本进行调整，计算过程如图 2 - 1 所示。

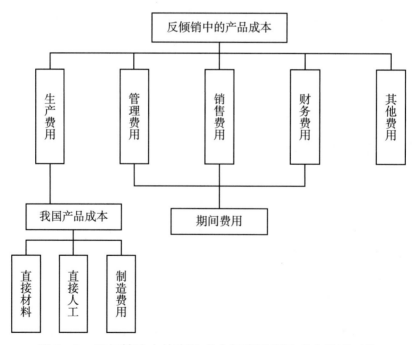

图 2 - 1　反倾销法中的产品成本与我国产品成本构成对比

资料来源：郑美玉：《反倾销会计研究》，南京航空航天大学硕士学位论文，2007 年第 18 页。

倾销是否成立基于对产品出口价格与其正常价值之差的衡量，出口价格的高低在一定程度上决定了倾销幅度的大小。计算出口到进口国商品价格的方法主要有两种：出口价格和结构出口价格。出口价格指的是在出口商或生产商销售产品给予其不存在关联关系的进口国买主时采用两者的交易价格作为出口价格。而当进口国中的买方与出口商存在关联关系时，需要使用结构出口价格，即利用该出口产品首次向无关联关系的进口商销售时的价格作为基础，扣除进口商转卖成本与利润推算出的价格。可以看出，两种价格使用与否的依据在于进口商与出口商之间是否有关联关系。出口价格的计算需要对出口商与进口商之间的交易价格进行调整，具体调整过程如表 2 - 7 所示（以出口到美国为例）。

表 2 - 7　　　　　　　　　出口价格与结构出口价格的计算

总销售价格
－ 折扣与回扣
＝ 出发价格
＋ 包装成本 ⎫ ＋ 进口税 ⎬ 加项 ＋ 反补贴税 ⎭
－ 运费 ⎫ － 出口税 ⎬ 减项 － 偿还的反倾销税 ⎭
＝ 出口价格
－ 结构出口价格减除 ⎫ － 进一步加工成本 ⎬ 附加减除 － 结构出口价格利润 ⎭
＝ 结构出口价格

资料来源：杨珊珊：《反倾销会计相关问题研究》，东北财经大学硕士学位论文，2006 年第 16 页。

1. 进行价格调整

所谓价格调整，是指对譬如商品价目表中所列示的名义价格进行的调整，需要对名义价格进行扣减折扣、回扣等处理，最终获得出发价格。

2. 对出发价格进行调整

出发价格与正常价值进行比较，需要通过会计调整以确定比较基础。

（1）加项。加项是指需要在出发价格的基础上增加的项目。主要包括以下内容：首先，包装成本。当存在对非关联方首次销售价格中不包括包装成本的情形时，应在出发价格中增加包装成本项目，具体指商品完成包装，达到可发出状态时的包装物费用及其他相关他费用。若包装成本发生在非市场经济国家，使用替代国包装成本替代。其次，进口税（退税）。对出口价格和结构出口价格进行计算时应在出发价格的基础上加计进口税，进口税是当涉诉产品包含进口原材料时，由于该商品向国外销售，出口国对进口原材料征收的进口税得到的退还或产品生产商未交纳的进口税。最后，出口补贴的反补贴税。对出口价格和结构出口价格进行计算时应在出发价格的基础上加计对相关商品征收的，用以抵销出口补贴的反补贴税。

（2）减项。减项是指需要在出发价格的基础上增加的项目。主要包括以下内容：首先，运费。对出口价格和结构出口价格进行计算时应在出发价格的基础上减去运费，具体来说，应当减去包含在价格中的所有附加成本以及各项费用，同时减去该产品从出口国的装运地到进口国交货地发生的进口税。若运费发生在非市场经济国家，应当使用替代国成本进行估计。其次，出口税。需要在出发价格中将产品从出口国出口到进口国过程中发生的出口税款进行减除。最后，偿还的反倾销税。

3. 对结构出口价格的附加减除

除了根据上述原则进行相应调整外，在对结构出口价格进行计算时还包括附加减除内容，具体包括结构出口价格减除、对进一步加工的调整和结构出口价格利润等内容。

三、为确定市场经济地位提供依据

根据欧盟的规定，一个国家中市场经济地位的认定需要满足以下五个条件：（1）企业决策（包括价格、生产、销售和投资等内容）的依据是市场信息而非国家干预，能够充分反映市场供求关系，能够以市场价格为依据计算重要成本投入。（2）企业所建立的会计账簿应当符合国际会计准则要求，并需经过独立第三方机构以国际记账基本原则为标准的审查。（3）企业的生产成本和财务状况不再受非市场经济制度影响。（4）企业应承认所有权法和破产法。（5）企业应按照市场汇率进行货币兑换。

四、为企业应诉反倾销进行举证和抗辩

在反倾销诉讼中，会计的最主要职能就是证明和抗辩。企业在遭受反倾销应诉调查时，完备的会计信息能够帮助其证明自己具有市场经济地位。当企业拥有确凿的会计证据时，即使涉诉企业所在国不是市场经济国家，也存在说服调查机构改变调查程序的可能。出于会计事实重于法律形式的考虑，调查机构在进行案件判定时可能给予涉案企业市场经济待遇，增加案件胜诉的可能性[1]。

当企业接受反倾销调查时，反倾销的举证由企业会计人员提供，主要根据调查机构的反倾销调查问卷来提供相应的会计资料，具体内容包含应诉前的准备、收集相关应诉材料、回答调查机构的调查问卷、进行抗辩陈述等。

涉诉企业需要填写的反倾销问卷中涉及大量销售和成本会计数据，内容与会计直接相关，需要会计举证。财务人员应该帮助被诉企业填制调查问卷中与会计相关的问题，帮助被诉企业及时的准备和整理相关会计资料。

在抗辩阶段，企业可以利用会计信息，从涉案产品入手，证明其出口产品与诉讼方提出的同类产品有明显区别，并不会对进口国产品产生冲击，或证明本国的出口产品并未对进口国某产业或者市场造成损害。最后，规范的会计信息的提供，也能够降低企业被判定倾销的幅度，从而减少因反倾销诉讼带来的损失。

就中国企业反倾销的抗辩而言，会计抗辩一般包括如下五个方面的内容：

（1）同类产品抗辩。从产品角度入手，证明出口产品与进口国受损害产品之间具有实质性的区别，出口产品不会对进口国的相关产业造成具有因果关系的影响。

---

[1]　文勐珑、刘凯旋：《试论反倾销中会计的诉讼职能》，载于《商业会计》2011 年第 4 期。

（2）比较优势抗辩。从涉诉产品的生产要素入手，利用会计证据证明该产品的某种生产要素与其他国家相比具有比较优势。这种优势能够体现在涉诉产品的成本当中，构成其主要成本优势，涉诉产品的正常价值应体现出这一比较优势。

（3）行业无损害抗辩。无损害抗辩以进口国涉及涉案产品的行业遭受损害这一倾销成立条件作为切入点，对调查机构所认定的行业损害进行抗辩，力求证明进口国行业损害与涉案产品间不具有因果关系。

（4）边际成本抗辩。为企业单位成本会在未来合理时期内降低提供证据，并证明随着企业的市场开拓进程加速，企业产品销量将提高，能够在合理时间内收回成本。

（5）替代国/替代价格抗辩。要想进行替代国/替代国价格抗辩，首先，需要证明替代国的选取具有不合理性，通过列举真实、提供全面准确的会计数据证明企业的生产经营过程严格依据市场经济原则进行。其次，需要就不同国家中规定的具体市场经济标准和替代国选择标准进行抗辩。最后，需要通过一系列准确数据驳倒产品进口国就替代国选择问题提出的主张与要求，提出对我国企业反倾销调查胜诉有帮助的替代国[①]。

世界贸易组织颁布的《反倾销协定》规定，只有同时满足三个条件（倾销行为存在、产品进口国国内产业确实受到损害、损害与出口国倾销行为相关）才能对进口国实施反倾销措施。会计止查职能主要是在受到反倾销诉讼时，企业可以利用完备的会计资料，证明自身的出口行为不满足至少其中之一，就能够达到终止反倾销调查机构调查的目的。[②] 当前而言，反倾销机构进行调查主要通过"反倾销调查问卷"进行，问卷内容包括产品原料来源、生产过程、成本分配方法及过程、职工薪酬的分配、产品定价等，填写项目复杂，需要在遭受调查时快速准确地调集本企业会计信息来证明其产品定价的合理性，以及证明生产成本并未高于出口价格。只有提供完备、规范的会计信息才能获取调查人员的信任从而停止调查。

然而目前就中国反倾销现状来看，出口企业的会计核算不规范，尤其是成本核算混乱，费用分配和成本核算方法随意变更，费用作为资产挂账，且这种不规范的核算方法的影响不仅对当期造成影响，因此在遭受反倾销调查时，会

---

① 范炜琪、郭志勇：《基于会计举证的反倾销会计抗辩》，载于《对外经贸实务》2008 年第 1 期。
② 敬文举、刘凯旋：《会计第三大职能：诉讼职能》，载于《会计之友》2011 年第 10 期。

计很难发挥止查功能。

五、为企业提供反倾销预警

企业一旦被提起反倾销诉讼，无论最终结果如何，都会给企业带来沉重的负担。因为反倾销应诉的过程是一个需要耗费大量人力、财力、物力的过程，在反倾销诉讼中，企业不仅要专门收集整理会计信息、填答调查问卷等，还要聘请有经验的专家和律师获取专业意见，高昂的费用甚至会使许多企业放弃应诉，结果却是被征收高额的反倾销税。为减轻反倾销诉讼给企业带来的负面影响与被控诉的可能性，中国企业应积极建立反倾销会计预警系统进行应对。反倾销会计预警系统能够归纳、整理、分析、监测、判断反倾销会计信息平台所提供的各种数据、信息，从而作出合理的预测和警示[①]。具体内容包括：制定正确的定价战略、加强出口产品数量控制和捕捉反倾销调查的早期信号。

（一）制定正确的定价战略

要想规避反倾销首先就必须制定正确的定价战略，因为低价销售容易被反倾销机构"盯上"。因此应发挥会计的控制作用，严格控制价格底线。可以根据前文中提到的价格信息平台所收集的国内外销售价格等信息，及时确定和调整出口价格，使其既不低于内销价格，也不高于国外目标市场同类产品的销售价格，将倾销幅度控制在 2% 之内。

（二）加强出口产品数量控制

作为引发反倾销调查的敏感因素之一，如果出口产品的数量过多，增长速度过快，就容易招来各方关注，不仅会使进口国同类产品的生产商怀疑中国企业存在倾销行为，还极有可能成为对进口国相关产业造成实质性损害的证据。所以，要加强对出口产品的数量和增长速度的控制和监督，实现反倾销的有效规避。

---

① 李传双：《应对反倾销诉讼会计预警系统构建》，载于《财会通讯》2008 年第 5 期。

（三）捕捉反倾销调查的早期信号

一个完善的反倾销会计预警系统应该像一架高速运转的雷达一样，通过跟踪和分析进口国反倾销机构和相关行业、企业的有用信息，及早捕捉反倾销调查的信号。一旦发现竞争对手大肆"诉苦"、进口国新闻报道中国产品对其本国企业造成威胁等诸如此类的消息，就应及时反馈这些信息，使企业提高警惕，做好应对反倾销的准备。

六、为企业应诉反倾销提供会计咨询

反倾销在某种程度上可以被看作是在世界贸易组织《反倾销协议》框架下的会计数据战争。譬如，欧盟的反倾销调查问卷通常包括一般信息、产品说明、运营统计材料、出口欧盟的有关产品、有关产品的内销、成本、补贴公平比较、要求提供的计算机信息、检查目录 9 部分内容。问卷内的关键部分问题的回答都需要会计资料进行支持。被诉企业需要向专业会计人员咨询，提供完整、真实、准确、可追查、可验证的会计数据，以解决一系列应诉过程中可能存在的问题。

第三章
中国企业遭遇反倾销的现实分析

中国于 1979 年遭受欧共体（European Communities）对出口糖精钠和机械闹钟的第一起反倾销调查。近年来，我国经济发展迅速，经济实力增强，对外贸易的迅速发展和出口产品的日益增加，尤其是各国贸易保护主义的重新抬头，对我国商品提出反倾销调查的国家和地区也日益增多，涉诉产品的范围越来越广，行业影响愈加深远，反倾销税征收幅度也越来越高，当前，我国成为当今国际反倾销的最大受害国[①]，主要体现在中国遭受的反倾销诉讼最多，最终裁定反倾销数目最多、比重最大等方面。

第一节　中国企业遭遇反倾销的现状

20 世纪 90 年代以来，中国每年遭遇的反倾销调查数量呈增加态势，反倾销涉案金额也越来越大，对中国出口经济造成了巨大损失。尤其是在 2008 年金融危机以后，世界经济形势持续低迷，各国贸易保护主义重新抬头，对中国的反倾销行为愈演愈烈，2009 年达到了阶段性顶峰，尽管后续几年针对中国反倾销的立案件数有所下降，但近年来又有抬头趋势，2016 年中国接受的反倾销调查高达 93 起。由于反倾销调查案件一般涉案金额较大，对中国相关产业的影响广泛，对中国的出口贸易形成了严峻的考验。

一、中国遭遇反倾销调查数量一直保持在高位水平

据统计，从 1995 年 1 月 1 日到 2018 年 12 月 31 日，全球共发起反倾销调查 5 725 起，而同期中国遭遇的反倾销立案调查数量已高达 1 327 起，占全球反倾销立案总件数的 23.2%，中国已经连续 24 年成为全球遭受反倾销调查最多的国家，是同期排名第二的韩国的 3.1 倍，是同期排名第三的美国的近 4.6 倍。1995 年 1 月

---

① 早在 2010 年 12 月 6 日，WTO 秘书处发布的报告就称，中国成为全球反倾销调查最大受害者。

1 日到 2018 年 12 月 31 日期间反倾销立案累计数排名前十的出口国如表 3－1 所示。

表 3－1　　　　1995～2017 年反倾销立案累计数排名前十的出口国　　　　单位：起

年份	中国	韩国	美国	印度	泰国	日本	印度尼西亚	俄罗斯	巴西	马来西亚
1995	20	14	12	3	8	5	7	2	8	2
1996	43	11	21	11	9	6	7	7	10	3
1997	33	15	15	8	5	14	9	7	5	5
1998	27	27	16	13	2	14	5	13	6	4
1999	42	35	14	13	19	22	20	18	13	7
2000	43	23	13	10	12	12	13	12	9	9
2001	55	23	15	12	17	14	18	9	13	6
2002	50	23	11	16	12	13	12	20	3	4
2003	53	17	21	14	7	16	8	2	3	8
2004	49	24	14	8	9	9	8	8	10	6
2005	53	12	12	14	12	7	14	4	4	14
2006	73	10	11	6	8	9	9	5	7	5
2007	61	13	7	4	8	4	5	6	2	7
2008	78	9	8	6	13	3	11	2	3	10
2009	78	8	14	7	8	5	10	4	12	7
2010	44	9	19	4	5	5	4	2	3	7
2011	51	11	10	7	8	5	5	3	3	2
2012	60	22	9	10	10	6	6	3	2	3
2013	76	25	13	11	14	11	7	5	6	9
2014	63	18	11	15	9	7	5	4	—	10
2015	70	17	5	13	3	8	6	7	7	3
2016	93	32	5	12	10	12	9	12	13	10
2017	55	19	7	10	12	8	10	7	6	10
2018	57	11	7	9	9	9	3	5	8	4
合计	1 327	428	290	236	230	221	211	167	156	152
排序	1	2	3	4	5	6	7	8	9	10
占比（%）	23.18	7.48	5.07	4.12	4.02	3.86	3.69	2.92	2.72	2.66

资料来源：http：//www. wto. org/english/tratop_e/adp_e/adp_e. htm，2019 年 6 月 30 日。

根据我国商务部、海关和 WTO 有关数据统计，中国企业近 40 年间外贸总额、外贸差额、遭遇的反倾销调查数量及其占比情况如表 3 - 2 所示。

表 3 - 2　　　　　1981～2017 年我国进出口总额及遭遇的反倾销数

年份	外贸总额（亿美元）	贸易差额（亿美元）	反倾销案件总数（起）	针对中国的案件数（起）	中国所占比例（%）
1981	440.2	-0.1	80	3	3.75
1982	416.1	30.4	170	5	2.94
1983	436.2	8.4	195	11	5.64
1984	535.5	-12.7	188	12	6.38
1985	696	-149	218	7	3.21
1986	738.5	-119.6	184	7	3.80
1987	826.5	-37.8	147	4	2.72
1988	1 027.8	-77.5	141	6	4.26
1989	1 116.8	-66	129	10	7.75
1990	1 154.4	87.4	128	11	8.59
1991	1 357	81.2	205	15	7.32
1992	1 655.3	43.5	254	26	10.24
1993	1 957	-122.2	339	32	9.44
1994	2 366.2	53.9	312	37	11.86
1995	2 808.6	167	157	20	12.74
1996	2 898.8	122.2	226	43	19.03
1997	3 251.6	404.2	246	33	13.41
1998	3 239.5	434.7	264	27	10.23
1999	3 606.3	292.3	357	42	11.76
2000	4 743.1	241.2	296	43	14.53
2001	5 097.7	225.4	372	55	14.78
2002	6 207.7	303.6	311	50	16.08
2003	8 512.1	255.3	234	53	22.65
2004	11 547.9	319.5	221	49	22.17
2005	14 221.2	1 018.8	198	53	26.77
2006	17 606.8	1 774.4	203	73	35.96
2007	21 738.3	2 622	165	61	36.97

续表

年份	外贸总额 （亿美元）	贸易差额 （亿美元）	反倾销案件 总数（起）	针对中国的 案件数（起）	中国所占 比例（%）
2008	25 616.3	2 954.6	218	78	35.78
2009	22 072.7	1 960.6	217	78	35.94
2010	29 727.6	1 831	173	44	25.43
2011	36 420.6	1 551.4	165	51	30.91
2012	38 667.6	2 311	208	60	28.85
2013	41 589.9	2 590.1	287	76	26.48
2014	43 015.3	3 830.6	236	63	26.69
2015	39 530.3	5 939.0	229	70	30.57
2016	36 855.6	5 097.0	298	93	31.21
2017	41 071.6	4 195.8	248	55	22.17

注：由于资料统计的滞后性，我国外贸总额数据的截止时间为 2017 年 12 月 31 日。

资料来源：1981～1994 年反倾销案件资料来源于 Zanardi M（2002）："Anti-dumping：What are the Numbers?"，1995～2017 年反倾销案件总数资料来源于根据我国商务部统计数据和 WTO "Statistics on anti-dumping" 整理而成。

根据表 3 - 2 中国遭受的反倾销调查案件数量及其比例，可以发现全球对华反倾销的基本趋势，如图 3 - 1 所示。

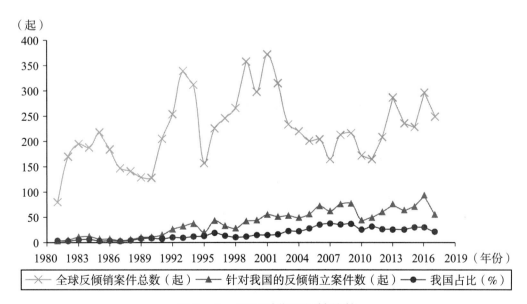

图 3 - 1　国际对华反倾销趋势

资料来源：根据表 3 - 2 数据绘制。

从表 3 - 1、表 3 - 2 和图 3 - 1 可以发现，全球反倾销立案件数呈起伏波动走势，第一个上升期在 1981 ~ 1985 年，其中 1985 年达到有记录以来的第一次高峰，立案数为 218 起，第二个上升期在 1989 ~ 1993 年，其中 1993 年达到有记录以来的第二次高峰，立案数为 339 起，第三个上升期在 1995 ~ 2001 年，1999 年的立案数超过了第一次峰值，上升到 357 起，立案数在 2000 年虽然略有下降，但 2001 年达到有史以来的最高值。自 2002 年以来，体现出先下降后上升的趋势，但未超过 2001 年峰值。

全球对华反倾销案件总数基本呈上升态势，1989 年之前年均 10 起以下，占全球反倾销案件总数的 10% 以下，1990 年后上升速度明显加快，根据 WTO 的统计，从 1990 ~ 2001 年的 11 年间，共发生了 384 起针对中国的反倾销案件，在相同期间内世界案件总数中的占比高达 12.16%。仅 2001 年，就有 17 个国家和地区对中国发起了共计 55 起反倾销和保障措施调查，涉案金额达 11.38 亿美元。

2002 年是中国加入 WTO 的第一年，中国对外贸易快速增长。但交易量快速增长背后却是钢铁、汽车挡风玻璃、打火机及部分农产品等出口产品接受了反倾销、保障措施调查。

近年来，中国经济并未受到世界经济不景气的影响，仍旧按照既定目标持续增长，而伴随着中国对外贸易地位的不断提高，中国成为反倾销的主要受害国。尤其是在 2002 年以来全球反倾销立案件数逐年下降期间，对华反倾销案件却在逐年增加，在 2006 ~ 2009 年以及 2016 年达到高潮。

2006 年，中国对外贸易总量位居世界第三。由于中国产品一般成本较低，在市场主要是依靠低价竞争策略占领他国市场。在国际市场竞争加剧，全球经济增长缓慢的情况下，进口国为了保护国内产业，通过各种途径试图达到对中国出口商品实施反倾销的目的。2006 年与中国相关的贸易摩擦明显增多。2006 年全球反倾销总的数量中，针对中国企业的占 35.96%，给中国出口企业带来很大压力。仅仅欧美 2006 年对中国发起的反倾销等措施就影响到我国 8 500 多家企业，50 多万名职工的就业①。

2007 年对华反倾销案件总数为 61 起，占当年全球反倾销案件总数的比例达到历史最高，为 36.97%，2016 年对华反倾销案件总数达到历史最高，为 93 起，

---

① 网易新闻，http://news.163.com/07/0312/12/39CRTIQI0001124J_3.html，2007 年 3 月 12 日。

占当年全球反倾销案件总数的 31.21%。

二、发展中国家和地区对华启动反倾销调查的态势日趋激烈

美国、欧盟一直是中国产品重要的出口市场，其对中国发起反倾销调查的数量居于前列。反倾销行为一般具有连锁反应，当中国某一产品遭受一个国家或地区的反倾销调查之后，其他国家或地区也会对中国的产品发起调查并建立预警机制。近年来，印度、阿根廷、巴基斯坦、巴西等发展中国家针对中国启动的反倾销调查数量持续增长，态势愈加激烈。

以立案件数最高的 2016 年为例，21 个对中国产品发起反倾销调查的国家（地区）中，有 5 个是发达国家，共发起 17 起反倾销调查；发展中国家 16 个，共启动 76 起反倾销调查。各国对中国发起反倾销调查的数量以及比重如表 3 - 3 所示。

表 3 - 3　　　　2016 年对中国启动反倾销调查国家（地区）排行榜

位次	国家（地区）	数量（起）	所占比重（%）
1	印度	20	21.51
2	美国	11	11.83
3	阿根廷	11	11.83
4	巴基斯坦	9	9.68
5	巴西	6	6.45
6	欧盟	5	5.38
7	土耳其	5	5.38
合计		67	72.06

资料来源：根据 WTO2018 年公布的"International Trade Statistics"整理而成。

三、反倾销调查对象由传统低附加值产品向高附加值产品扩散

历史上，中国出口产品所遭遇的反倾销调查，多集中在纺织品、服装、鞋类、玩具等传统低附加值产品上。随着中国出口贸易的壮大，出口产品的多元

化，2006 年以来，中国遭遇反倾销调查的产品范围开始向高附加值的行业，如向机电产品、化工、冶金产品等进行扩散。2014～2017 年，上述行业遭遇反倾销调查的数量分布如表 3-4 所示。

表 3-4　　　　　2014～2017 年我国遭遇反倾销调查主要行业分布

年份	化工（件）	轻工（件）	冶金（件）	占当年反倾销调查的比重（％）
2014	16	5	27	77
2015	13	8	33	75
2016	16	14	44	78
2017	11	8	23	75

资料来源：根据中国商务部和贸易救济信息网的数据搜集整理而成。

四、反倾销与反补贴合并调查案件持续增加，后续影响恶劣

按照中国加入世贸组织协议的约定，当中国加入世界贸易组织达到15年时，世界贸易组织的其他成员必须要承认中国是具有市场经济地位的国家。面对15年法定期限即将结束，以加拿大、美国、欧盟为代表的发达国家，开始将针对中国所启动的贸易救济方式扩大到"反倾销反补贴"双反调查，借此打压中国出口产品，对本国产业实施庇护。

由于西方国家大多都有不对"非市场经济国家"进行反补贴调查的传统，多年来，中国一直未曾遭受"反补贴"调查之害，但2004年加拿大对中国提起了首例反倾销反补贴调查，此后，我国出口产品遭受的反补贴反倾销调查日渐增加。

反补贴调查具有巨大的歧视性，企业的败诉率更高。在反补贴调查的实践中，启动调查的主管机关有着较大的自由裁量权。反倾销调查要求应诉企业在有限的时间内同时提供两份资料，应对两种程序，而且所用的相关信息、资料、证据等还需互相印证，这基本上"保证"了中国应诉企业的败诉结局，由此又导致被调查的中国企业被同时征收反倾销、反补贴两种高额税率，应诉企业在双重惩罚面前为了避免更大的损失，除了退出已经开辟的市场之外，别无选择。遭受"双反调查"的涉案企业，其屡屡败诉的遭遇，在客观促进了国外企业对中国产品出口

企业的反补贴调查申请，致使反补贴成为中国对外贸易摩擦中的焦点和难点问题，中国的出口企业因此深受反倾销、反补贴双重贸易保护的威胁。

五、中国企业反倾销应诉率低，胜诉率更低

虽然国外企业对中国企业发起了频繁的反倾销指控，但是中国企业的反倾销意识并未因此加强，这主要反映在中国企业的反倾销应诉率和反倾销胜诉率都较低两个方面。对已经发生的对华反倾销诉讼案件的统计结果表明，中国企业应诉比例过低，平均有50%的企业没有应诉，而对于应诉企业来说，胜诉率也仅不足一半。在美国对华聚酯短纤反倾销案中，应诉的19家企业中，只有江南化纤一家企业获得了本案中唯一的零税率，其他应诉企业分别获得3.47% ~ 4.84%不等的税率，这是中国企业近年来少有的在反倾销应诉中的一次大获全胜，由此可以想象到中国企业的应诉现状。

通过以上分析可以看出，就中国的反倾销现状和反倾销特点而言，相对于其他国家，中国所遭受的反倾销数量、向中国提起反倾销指控国家的数量、被诉讼产品的种类数量较高，而反倾销应诉率与成功率较低。由此中国成为受到反倾销危害最大、因为反倾销而损失最为严重的国家。面对当前严峻的反倾销形势，中国对外贸易中必须直面应对，以防止因该问题造成不可挽回的局面。

第二节　中国企业遭遇反倾销的危害

一、痛失进口国的市场份额，阻碍企业国际化发展的步伐

中国加入WTO议定书第十五条将中国有条件地定义为"非市场经济国家"，而且期限长达15年。15年后，WTO成员必须完全承认中国的市场经济地位。

在反倾销案例中，一旦中国出口企业的反倾销事实成立，如果进口国不承认中国的市场经济地位，依据 WTO 协议的相关规定，在计算倾销幅度时可以选用第三国（即替代国）价格对正常价值进行测定。现实中，由于很难找到一个原材料价格、消费水平、工资水平、工人素质、劳动力供给、产业配套协同能力相似的两个国家，致使中国出口企业很容易被裁定倾销事实存在并被处以不公平的高额反倾销税，而高额反倾销税的征收，使得中国出口产品的价格优势不复存在，最终被迫退出进口国市场。譬如 20 世纪 90 年代，欧盟以新加坡作为替代国并作为计算产品生产成本的依据对中国出口的彩电进行反倾销调查。而新加坡劳动力成本高出中国 20 多倍，以此为基础的成本测算导致中国出口彩电毫无疑问地被计算成倾销行为真实存在。2005 年，美国启动对中国产纸巾的反倾销调查，也是由于不公平的替代国制度，导致对中国出口到美国的纸巾产品征收高达 112.64% 的反倾销税，造成中国纸巾产品被迫完全退出美国，痛失美国市场。

二、影响中国企业出口创汇，阻碍中国经济实力的进一步壮大

根据中国商务部贸易救济调查局数据，1979 年至 2005 年 6 月底，34 个国家（地区）发起的针对或涉及中国出口产品的反倾销、反补贴、保障措施及特保措施调查案件共计 804 起，对出口贸易金额的直接影响约 200 亿美元，间接影响更是无法估量①。

如上文所述，反倾销行为一般具有连锁反应，当中国某一产品遭受一个国家或地区的反倾销调查之后，其他国家或地区也会对中国的产品发起调查并建立预警机制。对中国出口活动和出口产品造成不利影响。

2008 年次贷危机加剧后，世界上众多国家和地区普遍陷入流动资金短缺困境，全球资本市场流动性压力剧增。中国高达 2 万亿美元的外汇储备，为有效减少此次危机给中国带来的损害，加快国内经济恢复发展，发挥了重要的作用。而近年来，反倾销的涉案金额越来越大，严重影响到中国企业出口创汇的能力，阻碍了中国经济实力的进一步壮大，制约了中国综合国力的进一步提高。譬如

---

① 中国商务部贸易救济调查局网站，http：//gpj. mofcom. gov. cn/，2007 年 3 月 12 日。

2010 年 6 月 30 日，欧盟对中国数据卡同时发起反倾销及保障措施调查。该调查涉案金额约 41 亿美元，是迄今为止中国遭遇贸易救济调查案件中涉案金额最大的一起。由此可见，反倾销涉案金额越来越高，已经严重影响到中国出口企业的发展实力，也进一步制约中国经济实力的提高。

三、造成国内失业人数增加，加剧国内严峻的就业压力

由于反倾销涉案金额越来越大，一旦出口企业应诉失败，被征以高额的反倾销税，则出口企业往往被迫退出进口国所在市场。市场份额的缩小，造成或进一步加剧出口企业产能过剩的危机，出口企业往往被迫进行裁员，造成国内失业人数增加，加剧国内原本就已严峻的就业形势。以 2009 年中美"轮胎特保案"为例，此案影响到中国橡胶企业对美出口额高达 22 亿美元，直接造成中国国内 12% 的轮胎产能剩余，近 10 万名轮胎行业工人失业。

四、反倾销调查已成为进口国产业打击中国出口产品竞争力、谋求产业庇护的重要手段

与发达国家相比，中国企业具有低劳动力成本的比较优势，因此发达国家的跨国公司不愿退出劳动密集型产品在中国的生产，或尽可能延长退出时间。由于进口国主管机关在倾销行为确立上具有较大的自由裁量权，而有关替代国的制度设计又使得进口国主管机关在计算中国出口产品的正常价值时，非常容易裁定倾销事实成立。进口国国内企业往往以反倾销调查为借口来谋取本产业的不正当庇护。这直接导致中国出口产品在国际上频繁遭遇反倾销调查。

2004 年 5 月初，澳大利亚钢铁企业向海关提出针对中国出口的空心钢管进行反倾销调查的申请。经过详细审查，5 月 25 日，澳大利亚海关作出不启动反倾销调查的决议。一心希望借此机会打压中国出口产品的澳大利亚钢铁企业于 2004 年 12 月 23 日再次提出启动空心钢管反倾销调查的申请。经过中国出口企业积极应诉，2005 年 4 月 5 日，澳大利亚海关以调查期内中国出口空心钢管对

澳相关产业造成的损害可忽略不计为由，终止本案的调查并对中国出口涉案产品不采取任何反倾销措施。澳大利亚国内钢铁企业不满澳海关的决议，随后向澳大利亚贸易措施审议官提出再调查申请，压迫澳海关重新启动反倾销调查的程序。与进口中国空心钢管利益相关的澳大利亚国内各方不满贸易措施审议官的这一决定，遂向联邦法院提起司法诉讼。2005 年 10 月 5 日，澳大利亚联邦法院作出判决，判定澳大利亚海关终止对原产于中国的空心钢管调查的决定继续有效，停止就此案重启进行的一切调查。

而 2008 年 12 月，澳大利亚国内企业又再次申请对进口自中国的空心钢管启动反倾销反补贴的双反调查。2009 年 6 月 5 日，澳大利亚海关再次作出终止对中国涉案产品的反倾销反补贴双反调查。2009 年 6 月 27 日，原申请方再一次向澳贸易措施审查官提交申请，请求其对澳大利亚海关上述关于终止原审案件调查的裁定进行审查，再一次压迫澳海关重新启动反倾销反补贴调查的程序。2010 年 8 月 26 日澳大利亚海关发布公告，以没有证据证明自中国和马来西亚进口的空心结构钢材对国内产业造成实质性损害为由，再一次决定取消对原产于中国的空心钢管所启动的反倾销反补贴双反调查①。

在长达 7 年的过程中，面对澳大利亚海关多次终止立案调查的决议，澳大利亚国内产业仍旧反复提出高达 5 次之多的反倾销调查申请或上诉活动。这种以反倾销立案调查为借口，打击进口产品竞争力、谋求产业庇护的行径，需要引起中国企业的高度警觉。

第三节　中国企业屡遭反倾销指控和
应诉不力的原因分析

有关中国产品在国际市场面临反倾销的原因，下文从宏观、中观和微观三个方面进行系统深入分析。

---

① 根据中国商务部公布的文件整理归纳，http：//www. mofcom. gov. cn/。

一、宏观原因

（一）全球经济快速发展，国际市场竞争激烈

国际贸易保护主义受到中国经济高速增长和外贸出口迅速增加的刺激而有所抬头，是中国出口产品遭受反倾销诉讼的深层次原因。中国加入 WTO 后，在 WTO 框架内的贸易救济政策之一的反倾销措施也就成了遏制中国出口贸易的武器。20 世纪 80 年代末至 90 年代初，世界经济景气度下降，而中国经济自改革开放以来持续快速发展，出口贸易年均递增 13%，远远超过全球贸易同期增幅。中欧、中美贸易保持多年顺差，引起了世界的瞩目，也在很大程度上刺激了西方贸易保护主义。进口国市场因为中国出口贸易的快速增长而倍感压力，只有通过反倾销诉讼的途径进行应对。

（二）贸易总额增长过快，部分企业采取低价竞争策略

以往一些中国企业为应对国家宏观调控，曾不惜以低于成本的价格将商品出口来换取外汇。当今中国大力完善市场经济体制，针对外汇的管制已逐渐放松。但一些中国企业（尤其国有企业）仍然使用过去低价销售、低价进入市场的经营策略。这种做法不仅会扰乱外贸出口秩序，同时会带来与国内甚至国际企业的恶性竞争，甚至会引起国外市场中的企业和消费者对中国出口产品质量的质疑，使中国出口产品遭受反倾销指控。结合中国出口产品的现状，目前多数产品还很难形成品牌竞争，多数企业仍会选择价格竞争的方式争夺市场，而这必将带来国外反倾销诉讼和对外贸易的限制。

（三）出口市场过于集中，转口贸易缺乏有效管理

通常来说，中国的出口产品在进口国当地市场中份额占比高于 20% 时就容易遭受反倾销调查，而中国约有 75% 的出口产品（含中国香港地区转口）集中在西欧和北美[1]。此外，中国工业制成品的出口类别和数量增加的现状与一些国

---

[1]　邢宝华等：《中国企业反倾销机制分析》，载于《财经问题研究》2004 年第 3 期。

家鼓励进口原料型产品而限制进口工业制成品的经济政策存在矛盾，这就决定了中国出口产品被这些国家实施反倾销调查的概率增加。而由于对转口贸易管理不够重视，中国港、澳、台地区的出口产品厂商能够使用中国内地原产地证躲避国外反倾销和配额限制，增加了内地产品遭受反倾销的概率①。

（四）次贷危机爆发后，反倾销成为国际贸易保护主义的工具

源于美国 2006 年次贷危机的经济危机，在 2007 年以后席卷美国、欧盟和日本等国家和地区，已造成全球近 70 年来最为严重的一次经济衰退，世界经济持续低迷，美国、欧盟等发达国家和地区在这次危机中受损严重，甚至出现 GDP 负增长。许多国家居民生活水平普遍下降，失业率节节攀升，在严峻的就业形势下，各国贸易保护主义新抬头，频繁使用反倾销手段来实施产业保护，从而加剧了各国之间的反倾销贸易战。

原本作为各国限制外国商品低价倾销、保护本国产业和对付不公平贸易的反倾销，却被各国作为贸易保护的借口，尤其是经济危机爆发以来，以美国为首的西方国家试图通过扩大外需来拉动出口，进而刺激经济增长，增加就业和拉动经济复苏，这其中具有明显的国际贸易保护主义倾向。

世界贸易组织发言人罗克韦尔曾表示："金融危机并没有引发许多经济学家所担心的大规模贸易保护主义浪潮"②，尽管如此，但是根据相关统计数据显示，2009 年中国共遭受 78 起反倾销调查，总案值达 127 亿美元。世贸组织的数据也表明，中国已成为该组织中遭受反倾销和反补贴调查最多的成员。

全球经济的不景气不仅使中国很多中小型加工企业和以出口为主的公司无法生存，被世界各国滥用的反倾销更使得这些企业雪上加霜。自 2008 以来，尽管中国对外贸易整体上仍处于贸易顺差的状况，但这是国内居民真正储蓄力的转化，且从进出口的绝对数量来看，进口下降的幅度明显小于出口下降的幅度，整体上中国仍然处于国际贸易顺差状况。在经济危机形势下，尽管 2010 年以来国际经济有缓慢复苏的迹象，但在国际贸易中仍然保持贸易顺差的良好势头使得中国的出口更容易遭到来自进口国家的贸易保护。

---

① 很多国家做外贸统计采用原产地规则。
② 黄堃：《金融危机并没有引发许多经济学家所担心的大规模贸易保护主义浪潮》，财经频道，http：//economy. southcn. com/g/content/2010 - 03/04/content_9729475. htm，2010 年 3 月 4 日。

另外，很多以前很少涉及反倾销的行业近年来也开始受到国外企业的关注，新兴行业和有竞争力的行业将更容易受到反倾销调查，如2010年欧盟对通信产业发起了反倾销反补贴调查，2012年3月份美国宣布对中国光伏产品征收31.14%～249.96%的惩罚性反倾销关税，欧盟委员会随后也对中国光伏电池产品发起反倾销调查。

（五）反倾销法律自身有问题，给进口主管机关以过大的自由裁量权

世界贸易组织的反倾销协议将较大自由裁量权赋予产品进口国的商务部，而这种自由裁量权的使用往往容易受到政治因素的影响，会严重影响国际贸易的公平性。美国国家经济研究局于2003年4月发布的研究报告指出，当前的世界贸易组织反倾销规则赋予调查机构过多自由裁量权力，各成员方调查机关往往存在过分歪曲反倾销调查程序的倾向。2008年次贷危机加剧后，在全球经济低迷不振这一大背景下，迫于国内巨大的就业压力，许多国家出于政治因素的影响，滥用反倾销手段来对国内产业实施保护。

二、中观原因

（一）行业缺乏自律，企业间存在不规范定价和无序竞争现象

"薄利多销"是中国企业的传统观念，在对外出口中，中国企业存在低价销售、比拼价格的现象。在国内产品生产销售过程中，由于行业缺乏自律，管理规范程度较低，且行业内企业间的协调欠佳，这使得国内企业间存在竞价现象，违背公平竞争与公平贸易原则。

国内庞大的人口数量，使得中国的就业形势一直比较严峻，加之社会保障体系不完善，尽管国家陆续出台了众多刺激国内需求的财政政策和货币政策，但是国内需求一直得不到有效提高。在此大背景下，当国内某一产业的产能面临过剩之时，出口企业在国外竞相以低价进行恶性竞争。中国产品在国际上往往成为"廉价低质"的代名词。进口国国内行业整理搜集中国企业低价恶性竞争的相关资料后，将其作为出口产品倾销的事实，并要求征以高额反倾销税，

迫使中国企业丧失进口国市场。

（二）行业内部存在"搭便车"心理

反倾销调查通常是以行业为主体进行的，调查的对象一般是整个行业，而一旦胜诉，受益者也是整个行业。就反倾销会计的职能而言，它为行业中所有企业提供服务，而非某一单一报表主体，这就决定了反倾销会计职能带来的结果具有公共物品特征，包括消费的非竞争性、收益的非排他性等。公共物品的存在滋长了"搭便车"心理①，并且会影响执行反倾销会计企业的热情。

（三）行业内部缺少相应的反倾销预警系统

反倾销预警系统目前而言在中国并未建立起来，当企业遭受反倾销调查时，需要从现有会计系统中提取涉诉产品相关会计资料，这个过程难度极大。尤其是对于成本计算极其复杂而又容易遭受反倾销调查的制造业企业来说更是如此。

在企业的反倾销应诉中，会计预警功能是使用会计手段对一系列参数（包括产品出口数量、价格、市场及相关联经济指标、产品进口国的贸易政策）的情况进行跟踪、分析，计算得到具有动态属性的反倾销警戒线，在此基础上向企业及时进行反倾销报警并建议企业主动采取防范措施。会计应诉的首要功能就是预警功能，而当前中国会计系统所提供的信息并不足以支撑会计预警系统运行。

（四）会计准则国际趋同和等效的工作任重道远

中国会计制度中，各个会计要素的计量标准中带有一定的计划经济痕迹。当前中国正大力推动会计准则与国际会计准则之间的趋同，但是不可否认，二者之间仍然存在一些基于经济体制的差异。

（五）会计信息受非市场因素的影响

在中国的出口产品企业中，有较大比例的国有或国有控股企业。国有产权

---

① 这种现象产生的原因之一就是在反倾销应诉中，小企业应对反倾销获得的收益相对于大企业来说微不足道，诉讼的费用对于小企业来说也过于沉重。

企业中的一个重要特征是企业高管由政府任命，他们的行为、决策大多会反映政府意志，这会在一定程度上影响企业会计信息。

（六）注册会计师没有发挥应有作用

会计举证是反倾销诉讼中极其重要的环节，又是一个工作量大，时间短，专业性强的工作，因此要求参与其中的会计人员业务水平与素质突出。目前而言，中国注册会计师由于缺乏相关的国际贸易知识，不具备应有的外语水平，不了解反倾销相关法律等劣势，导致了在企业遭受反倾销诉讼时，得不到应有的协助和咨询，而注册会计师在协助企业填写问卷时，又不能结合自身会计技能与反倾销有关的其他知识，工作效果得不到体现。

此外，反倾销应诉过程是一个法律过程，需要在应诉中提供会计证据并进行举证，进行陈述和抗辩，利用会计专业知识并结合法律需要，以此配合律师争取胜诉。这同样需要会计人员不仅具有高水平的会计业务能力，还要通晓法律、英语、国际贸易等相关知识，而这种高水平的人才在国内极其缺乏。

三、微观原因

（一）企业内部控制制度不健全

缺乏健全有效的内部控制制度是中国出口企业反倾销会计信息质量低下的一个重要原因。受到中国整体环境的影响，如市场尚不完善、法制建设仍不健全、职业道德存在缺失等，中国企业缺乏必要的内部控制制度，财务管理混乱，会计信息失真情况普遍存在。根据世界贸易组织协定附件"反倾销协议"的规定，产品生产成本是其中的一个重要标准，而结合中国现状，企业对成本费用的操纵现象较为严重，这导致企业成本费用数据无法反映真实情况，导致了中国企业在产品反倾销应诉中的不利地位。

基于企业内部视角进行分析，中国很多出口企业日常管理混乱，缺乏有效的内部控制措施，或是具有内部控制体系，但是因流于形式或执行不力，使得内部控制不能发挥应有的作用。通常来说，企业内部控制包含五大要素，即控制环境、信息与沟通、风险管理、控制活动和监控。良好的内部控制能够有效地规避反倾销诉讼带来的危害，而中国企业在内部控制上的缺失主要表现为以下几点：

首先，中国大部分企业目前并没有配备专门的机构针对反倾销进行风险管理，在遭受反倾销诉讼前，缺乏专业人员对国外市场价格、自身产品出口数量及在国外出口市场占比等较为重要的数据进行收集和分析，这使得企业缺乏风险预警，进而在反倾销诉讼发生时，不能及时有效地规避和应对诉讼风险，或由于缺乏了解国际通用法和国际反倾销法的专业人士，无法对国际贸易知识进行及时掌握，缺少对国际市场的经济形势和市场信息，或对国际贸易的整体形势和海关估价没有充分的了解，这些都是企业风险管理缺失的表现，也直接导致了本企业的会计举证不能适应整个国际贸易体制以降低反倾销的侵害。

其次，企业缺乏风险管理的意识，直接导致了针对反倾销信息收集、分析、运用过程存在缺失，致使企业在对生产经营的管理过程中无法自上而下地进行信息传递，管理层缺乏对信息收集的意识，相应的财务部门就不能在核算中注重核算方式的规范性以及会计资料的妥善管理，不能制定合理的出口价格，销售贸易部门不能掌握合适的出口数量和出口国信息，进而导致整个企业针对反倾销的控制活动不到位，在遭受反倾销诉讼时，提不出合理的应对方案，也没有规范的会计证据作为应诉支持，而一旦收到反倾销起诉，则会对企业正常的生产经营造成很大的影响。

最后，以上这些不足之处是企业无法形成良好的内部控制环境的因素，而在细节方面，企业能否以反倾销为导向，做到完善文件记录，做好企业运营分析，在定价等方面健全授权审批制度，利用电子信息技术对整个企业进行控制都是至关重要的，只有不断完善才能建立健全以反倾销为导向的内部控制体系。

（二）产品成本方面的问题

成本的核算和确定是反倾销诉讼中一个十分关键的实际问题，并在判定是否倾销和确定倾销幅度中起到重要作用。从目前遭受反倾销的现状来看，中国出口企业中运用的成本核算体系还较为粗糙，并且企业产品成本的核算范围与国际惯例存在差异。中国企业的生产成本核算采用制造成本法，对期间费用和分摊不予考虑，而国际反倾销法中的规定与中国产品成本核算方法不同，能够被其承认的产品成本有两个部分，分别为"生产成本"和"销售、管理和一般费用"。值得一提的是国际成本核算方法通常还会将信用、环境等成本纳入计算范围，而这些成本在中国企业中通常被忽略，进而导致中国企业出口产品的成本与能够被国际反倾销法认可的产品成本之间存在差异，影响了会计举证的有效性，关系到企业能否在反倾销应诉中维护自己的权利。

首先，会计上的费用核算与反倾销法有一定的区别，中国企业日常核算中，也将费用划分为管理费用、销售费用和财务费用，但是这些费用只是作为企业在经营过程中产生的与组织管理企业生产活动而发生的，三项费用都不直接针对产品，不在产品上进行摊销，在损益表中单独列示。而 WTO 颁布的《反倾销协定》和《欧共体理事会关于抵制非欧共体成员倾销进口的第 384/96 号规则》的国际反倾销法均接受了国际上广泛采用的 "SG&A" 术语①来进行产品成本内容的确认。根据 SG&A 规定，费用的具体核算可以被划分为销售费用、管理费用和一般费用，这里的一般费用与期间费用中的财务费用也不尽相同，一般费用是指生产经营中除去管理费用、销售费用和生产成本之外的全部费用，而按照美国的规定，一般费用应占生产成本的 10%，在中国的成本核算中，产品成本主要指生产成本，与之相关的销售和管理费用是不能资本化计入产品成本或存货成本的，这些差异直接影响到了中国产品成本和正常价值之间的差异。

其次，从产品生产成本核算方法来看，中国所采用的方法和反倾销法认可的方法之间存在差异。中国企业的生产成本核算利用完全成本法，反倾销法中所规定的产品成本核算方法为变动成本法。这主要是由于中国企业的成本核算主要是为了满足企业内部的会计信息需求，为管理层提供信息支持，另外，企业为了成本效益原则，就不会进行十分细化和复杂的成本核算。而在反倾销法中，成本核算针对产品的真实成本，以确定涉诉产品的正常价值，中国企业并未针对产品采用变动成本法核算相关产品成本，在面对反倾销指控时不能提供有力的成本证据资料。

最后，中国企业存在成本管理混乱现象，费用随意挂账，成本核算方法和费用分配随意变更，使得与成本相关的会计信息缺乏一致性和可比性，致使成本或费用的核算不能体现产品的真实价值，歪曲了企业的财务状况。而在反倾

---

① 汪裕足：《关于反倾销会计的探讨》，载于《中国注册会计师》2011 年第 2 期。

销调查中，调查机构会随机抽取会计资料审核，一旦发现有操纵成本的现象，便会给企业贴上不合作的标签，并有可能怀疑企业全部会计资料的真实性，对企业反倾销应诉十分不利。

（三）会计档案保管制度不健全

一些中国企业之所以在反倾销诉讼案件中败诉，一个重要原因是无法提供恰当、完备的会计资料。会计资料的提供是建立在企业完善的会计档案管理制度基础上的。中国有许多企业没有对会计档案管理工作足够重视，没有建立会计档案保管制度，导致会计资料缺失，当企业遭受反倾销诉讼时，企业无法准确完成调查问卷，这将对反倾销应诉中的会计信息质量产生重大影响，进而影响会计举证。一方面，中国部分产品出口企业尚未制定科学合理的定价策略，没有合理分析产品成本信息，导致了在国际市场上盲目的低价竞争，从而遭受了反倾销诉讼；另一方面，一些企业的账务管理不够规范，业务往来单据没有进行恰当的保管，甚至缺少必要的明细账和原始凭证资料，致使在反倾销诉讼中，企业不能提供完整的会计资料以证明自己具有市场经济地位，甚至不能提供必要的产品成本核算，产品定价的会计信息进行抗辩，或减轻判定倾销的幅度。因此企业应强化日常管理工作，财务人员应对各种资料进行认真保管，以备遭受反倾销调查时进行举证。

（四）企业会计准则和制度的实施情况不理想

2005 年，财政部开启了中国会计制度与会计准则国际化改革的进程，中国会计准则与国际会计准则开始进行趋同。中国会计准则的合理性和规范性逐渐被国际上所认同和接受。但与此同时，出口企业自身的会计资料质量不高，成为引起中国产品频繁遭受反倾销调查的重要会计因素。部分出口企业会计工作不规范，会计资料不健全，弄虚作假现象严重，使得中国企业的会计资料在反倾销应诉中往往因为真实性不充分而遭到进口国主管机关的拒绝。一旦对中国的某类出口产品裁定倾销事实成立，又容易诱发其他国家对中国同类出口产品再次提起反倾销调查，陷入连锁反应的恶性循环。

中国涉案的制造业企业中，民营企业占据一定比例。中国的审计模式是部分强制审计，这类企业并不是强制审计的对象，会计报表没有经过严格审计，并没有严格执行企业会计制度。它们的会计资料建立与保管制度很不完备，成本会计信息核算系统仍需进一步完善，企业对自己的单位生产成本、劳动生产率不能做到计算清楚心中有数，而这些都是反倾销调查的重点。

（五）反倾销会计专业人才匮乏

专业性和复杂性是反倾销应诉中会计工作的特征，这就要求有相应的专门人才，运用他们的专业知识和技能为应对反倾销提供会计和法律服务。但是中国这方面的专业人才无疑是非常匮乏的。原因不外乎两点，一是反倾销会计人才属于外向型、复合型的专业人才，专业性和技术性很高，需要精通国际反倾销法律、WTO 规则及国际贸易活动的基本准则，国际法务会计和国际会计准则等知识和技能，还要求具有较高的外语水平，有国际跨文化沟通的能力，能够熟练运用现代信息技术，并非是一般会计师就可以胜任的；二是国家对反倾销会计人才的培养力度不够，众多高校也少有专门针对反倾销开设的会计专业和课程，人才培养跟不上现实需要。当前，中国经济快速发展，出口产品遭受的反倾销调查案件日益增多，出口贸易企业对反倾销会计人才有巨大的需求。加大人才培养力度是中国企业应对反倾销的重要措施。

第四章
倾销认定的体制基础与
相关会计政策分析

倾销是经济学和法学共同研究的一个国际贸易问题，具有法学和经济学的内涵，目前最常用的方法是经济学分析方法和法律分析方法。统计结果表明，涉及中国企业的反倾销案件胜诉率仅为30%左右[①]，产生这一现象的主要原因在于：第一，企业未能进行积极应诉；第二，企业无法在反倾销当局规定的时间内提供真实可靠、详细完整的会计资料，进而导致反倾销调查中出口价格与正常价值的会计争议。中国科研工作者自20世纪90年代开始就会计在反倾销中的作用这一问题进行探讨。因此从法学和会计学角度研究反倾销并建立一门新兴的交叉性学科具有一定的理论和现实意义。

第一节 市场经济地位及其对公认会计准则的要求

市场经济地位问题不仅属于反倾销中一个技术性的条款和概念，而且也是倾销认定的体制基础，一国市场经济地位的确立对其出口产品能否在反倾销调查中获得公平公正对待具有决定作用。若某国未获得国际承认的市场经济地位，其产品进口国在反倾销调查中就有可能使用或滥用反倾销的调查手段。中国在加入WTO之时仍是"转型经济"国家身份，中国企业的出口产品"相对容易"成为其他国家展开反倾销调查的对象。

近年来，我国在争取市场经济地位问题上不断取得进展。根据中国商务部的统计资料，截至2011年11月10日，在中国加入世界贸易组织十周年前夕，中国的市场经济地位已在全球81个国家中获得认可[②]。然而作为中国主要贸易对象的美国和欧盟却一直未能承认中国具有完全的市场经济地位，在反倾销调查时，对中国采用替代国标准，在对获得市场经济认定的国家进行反倾销调查时列出了所需的会计要求。通过分析其要求可以发现，欧盟所列的会计需求比美国明确。美国尽管有列明市场经济地位取得的条件，但是关键界定点并未列明，

---

① 在中国几十年的反倾销历程中，应诉率不足70%，胜诉率不足30%。
② 马艺文：《入世十周年"关键词"：81国承认中国市场经济地位》，财经中心，http://www.china.com.cn/economic/txt/2011-11/10/content_23870240.htm，2011年11月10日。

采用的是模糊的标准，故而其商务部可以根据美国自身的经济利益权衡定夺。

一、美国要求的市场经济待遇条件

（一）非市场经济国家

非市场经济国家（non-market economy，NME）是指调查机关认定该国成本或者结构价格未能根据市场原则进行运作，导致其境内产品销售价格在反映产品公允价值方面存在瑕疵。美国商务部在进行某一国家是否是非市场经济国家的判断时，以《1930 年关税法》为标准，其六条具体判断依据包括货币兑换、雇员谈判工资、外国投资准入、政府所有权或对生产资料控制、政府对资源分配控制与能否决定价格和产量、行政当局认为合适的其他因素等。这六条标准具体到中国外贸出口问题来说，其核心是市场机制，而非政府行政力量在配置资源中发挥基础性作用①。

中国与美国于 1999 年 11 月签订关于中国加入世贸组织的双边协议，其中包含将中国当作"非市场经济"国家对待的"反倾销和反补贴条款"以及"特殊保障条款"；其有效期分别为中国加入 WTO 后的 15 年和 12 年。这意味着美国针对非市场经济国家的反倾销法即使在中国加入 WTO 后的 15 年内依然适用，这往往造成中国企业在反倾销案件中败诉。

（二）市场导向产业原则

市场导向产业原则（market oriented industry，MOI）在应对美国的反倾销中具有很重要的地位。若一国某产业中所有企业均可以遵照市场原则进行生产销售活动，就可以适用市场导向产业例外情况，标准如下：

第一，产品售价和产量决策过程不存在政府干预的事实。例如，国家计划要求的生产以及商品的生产分配，不论是针对进口还是国内消费，都将被排除在 MOI 的范畴之外。

---

① 杨永华：《我国市场经济程度超过国际临界标准》，南方网，http：//www.southcn.com/，2007 年 1 月 8 日。

第二，产业中企业产权属性应为私有制（包括合伙制、股份制等具有私有性质的集体所有制）。要求企业的产权性质属于私人所有或者集体所有。生产被调查或复审产品的企业应为是个人或集体所有，否则将会对 MOI 的认定具有不利影响。

第三，所有为生产进行的重要投入的购买价格应当为市场决定的价格。例如，如果被调查或复审商品的生产商对某项投入支付的价格是国家制定的，或者投入给政府指导下的生产商，该投入价格将不被认定为市场导向的价格。而且，在生产投入的产业中如果某些生产是国家要求的，那么这些国家要求的生产必须是微不足道的。

上述标准中，由于第三条在企业举证层面困难较大，通常被反倾销调查方作为借口剥夺被调查方的市场待遇。另外据美国反倾销法规定，对具有市场经济地位国家中的企业进行反倾销调查时，侧重点在于考察该企业是否严格地执行了国际公认会计准则、该企业会计账簿是否完整准确反映经济业务情况以及该企业产品的销量、交易价格、成本等资料是否具有可靠性。

二、欧盟要求的市场经济待遇条件

欧盟委员会在判断市场经济国家时也有相似的规定。欧盟的第 905/98 号条例规定，中国企业遭遇反倾销起诉时需要主动申请市场经济地位并进行举证，欧盟委员会会基于个案处理基础，通过审查来确定应诉企业是否具有市场经济地位。规定中明确了五条市场经济地位判断标准。

（一）国家干预程度较低

国家干预程度较低是指企业为生产进行的投入及销售、投资等方面的成本基于市场供求关系形成，国家层面的干预不会出现在企业上述决策中。这一标准不仅适用于企业生产产品的构成要素和销售定价，同时涉及所有制问题。欧盟委员会所设计的问卷中会要求企业提供包括原材料供应情况、原材料供应商所有制及工人工资构成等内容，目的就是为了了解企业产品的构成要素是否是在市场机制下进行运作。

（二）账簿的编制和审计具有通用性

它是指企业需要使用按国际会计标准审计的、能够适用于所有场合的会计账簿[①]。该标准考查企业是否有一整套能够准确记录产品生产成本与投入的会计账目，并用于考查企业登记账簿的原则。《中华人民共和国会计法》是中国企业会计所要遵守的法律，《企业会计准则》和《企业会计制度》是规范中国企业的行政法规。

（三）所提供的资料具有公允性

它是指在市场经济法则下公正地反映生产成本、财务情况，且上述两方面的详细说明能够反映出市场经济关系。企业的财务管理过程需要与市场经济条件下的规则相符，不能留有基于计划经济体制的财产问题。该标准要求通过明确企业产权情况和资金账目往来情况来对企业是否承担债务进行确定。

（四）企业自主经营，自负盈亏

它是指企业生产经营活动是在法律保护下进行，破产法和企业财产法会对企业成立与关闭进行限制，政府干预在上述过程中不能发挥作用。这一标准通过强调企业存续与倒闭接受破产法和企业财产法的制约来确认其符合市场经济地位的要求。

（五）汇率方面遵从市场汇率

汇率方面遵从市场汇率要求，对外贸易发生时，如果市场汇率出现变化，其结果的测算应当以发生变化后的汇率计算。

欧盟要求的五条市场经济地位判断标准中，企业符合标准二与标准三难度较大，若企业未能获得市场经济地位认定，则在很大程度上会被选择替代国价格进行替代，而无法以国内的真实销售价格作为出口产品的销售价格。举例来说，在欧盟针对中国彩电的反倾销案中，欧盟委员会的评估结论是：之所以拒

[①]　在欧盟的反倾销规定中，要求中国企业的会计报表是符合国际会计准则规定并经过审计的。

绝授予一些企业市场经济出口商待遇，主要原因在于该产品在国内市场的销售过程中受到保护、国家层面的干预在企业决策中大量存在、企业会计账目未能得到适当审计、之前的国家干预使得企业成本扭曲、不少企业存在期货贸易行为（陶景洲，2001）。

从上可见，虽然中国市场经济的发展速度超出了绝大多数人的预料，但是不可否认的是流通体制、管理体制、外汇体制以及政府管理方面距离完全市场化还有较大程度的差距。在较长时期内（从 2001 年起至少 15 年）仍将被视为非市场经济国家。这决定了在反倾销过程中中国企业将首先需要努力争取市场导向产业（MOI）的个别待遇，但大部分企业还会遭到非市场经济待遇。

第二节　替代国制度与其隐含的会计政策

一、替代国制度的提出

就上述有关市场经济地位进行的分析可以看出，替代国制度是国际反倾销行为中针对非市场经济国家的一种歧视性政策。这种歧视性政策对于中国反倾销应诉而言，具有十分不利的影响，具体表现在涉案产品在进行正常价值的计算时不能采用本国成本价格，而需要使用替代国数据。就此而言，如何选择替代国成为判断倾销存在与否以及倾销幅度的关键问题。因此，在了解替代国制度规定基础上对反倾销进行应对十分重要。

二、替代国的选择标准

通常而言，反倾销调查机构基于两个标准进行非市场经济国家替代国的选择，第一，替代国与涉案的非市场经济国家具有经济发展水平上的可比性；第二，替代国是可比产品的重要生产国。就替代国的选取问题，世界各国都赋予被诉企业提出候选国家的权力。替代国一旦确立，在进行倾销幅度的计算时，涉案产品的有形投入和无形投入构成其成本。生产产品的原材料、耗材及零部件投入为有形投入，制造费用、销售及管理费用（SA&G 费用）及利润为无形投入。中国企业需要提供其进行的各项有形投入的种类和其进行的无形投入项目以及具体投入数量，进而以替代国生产的相应产品价格按规定计算过程确定涉案产品正常价值。

三、反倾销替代国制度中隐含的会计政策

通过分析欧美国家如何进行替代国选择能够看出其选择倾向对其所体现的会计政策的内在要求。为达到探明替代国生产商在生产同类产品时，其生产条件和原材料等与中国企业之间存在何种差别的目标，中国企业应建立境外竞争对手会计，积极收集欧美等国经常使用的替代国中同行业企业财务信息，为制定自身出口计划及出口产品定价提供依据。

鉴于世界各国的反倾销法中均有关于被诉讼的国家有权提出对自身有利的替代国建议的规定，中国企业的会计部门应该充分利用这一规定，通过会计举证的方式证明申诉方所提替代国方案存在不合理性，根据选择替代国的两个标准，证明两个国家、企业处于同一水平上，所用于比较的都是财务数据，那么中国企业要注意收集财务资料来反驳对方提出的替代国不合理性。替代国方案的提出，应基于产品成本存有重大差别的会计举证及数据说明，这要求会计系统能够准确提供替代国中有关企业同类产品的生产成本要素、运输、保险费、销售价格等信息。

第三节　正常价值估算与产品成本构成

根据前文论述，出口价格与正常价值是计算倾销幅度的基础。相较于出口

价格而言，正常价值的计算过程更为复杂并且不同计算方法会得到差异较大的不同结果，因而就其计算问题，国际反倾销法和世界各个国家颁布的反倾销法中都对其具体计算方法进行了明确规定。根据《WTO 反倾销协议》第 2 条第 2 款规定，若存在出口产品或同类产品未在出口国国内市场中销售，或存在其他无法进行出口产品与类似产品价格进行比较的情形（如出口产品在出口国内销量较低）则需比较该出口产品或同类产品在某一可比第三国的具有代表性的出口可比价格进行确定，或比较出口产品在出口国内生产成本加合理金额的管理、销售和一般费用及利润确定。

一、反倾销法的成本核算标准

根据 WTO《反倾销协定》和《欧盟反倾销条例》的规定，在反倾销调查的成本确定过程中时，企业会计记录可以被有条件地接受①。譬如，WTO《反倾销协定》第 2 条指明："成本通常应以被调查的出口商或生产者保存的记录为基础进行计算，只要此类记录符合出口国的公认会计原则并合理反映与被调查的产品有关的生产和销售成本，主管机关应考虑关于成本适当分摊的所有可获得的证据，……只要此类分摊方法是出口商或生产者一贯延续使用的"。②

《欧盟反倾销条例》规定，"如果被调查的当事人所保留的记载符合有关国家普遍的会计原则而且表明这些记载合理地反映了与被审议产品的生产和销售有关的成本通常应根据这些记载来计算成本"。第 2 条第 3 款又规定，"如果在正常贸易过程中没有或者没有充分的相似产品的销售，或因为特殊的市场情况，这种销售没有适当的可比性，相似产品的正常价值应当根据原产地国的生产成本加上合理的管理费用、销售费用和一般费用以及合理的利润来计算，或者根据在正常贸易过程中向一个适当的第三国出口的具有代表性的价格来计算"。

法律规定了成本标准适用的普遍原则，但是在应诉实务中我们仍然面临很多不确定性。原因是正常价值没有统一和标准的定义，其价格由市场来决定，通常有产品在出口国国内市场中的价格产品向第三国出口时的价格以及产品原

---

① 这里的"有条件地"是指接受调查的出口商或生产者的会计记录符合国际会计准则的要求。
② 中国法制出版社编：《反倾销、反补贴及保障措施》，中国法制出版社 2003 年版。

产国中可比产品的生产成本加合理费用、利润确定的正常价值（结构价格）三种确定方法。

　　以美国对中国进口产品正常价值的确定过程来说，美国以接受调查的中国企业生产要素数量和其选取的替代国中要素价格为计算依据进行生产要素的估价。具体要素内容和其估价方法列示如表 4 - 1 所示。

表 4 - 1　　　美国对中国进口产品进行正常价值计算的依据与方法

工时成本	美国商务部使用市场经济国家能反映工资收入与国民收入关系的倒退式工资比率，以此来计算非市场经济国家实行的工资比率
原材料成本	美国商务部首先从中国企业取得生产单个商品所需的每项材料投入，然后确定"替代国"每项材料投入的单位成本。单位成本乘以单个商品所需的投入数量，由此得出单个商品所需的原材料成本
能源成本	美国商务部首先找出每一种能源的用途，然后确定替代国每一种能源的单位成本。单位能源成本乘以单个商品消耗的能源量得出单个商品所需的能源成本
管理成本	管理成本主要是指折旧费。美国商务部要求用以下两种方法的任何一种确定：第一，参考"替代国"的做法，估价每一项设备的折旧费，然后将折旧费摊到调查期内企业生产成本；第二，首先确定"替代国"固定管理成本占原材料、工时、能源和其他生产成本总和的比例，然后将上述比例乘以中国公司产品的成本，由此得出产品的固定管理成本。了解成本范围的规定对反倾销工作有着至关重要的意义，这是进行反倾销工作的基础，只有这样，会计人员才能清楚地知道美国和欧盟反倾销的会计要求，在反倾销诉讼时才会在成本范围之内提交资料

二、应诉反倾销产品成本的确定

（一）成本要素

　　成本要素包括调查生产商发生的实际成本、国内市场中全部应包含的生产销售成本以及国内销售可比产品特殊成本等内容。

1. 以实际成本为基础

　　美国商务部要求应诉企业在进行生产成本分析时必须使用"实际成本[①]"，

---

① "实际成本"是指公司为获得商品和服务支付给对方的价款，以交易日金额为基础，并建立在权责发生制基础上。

并且采用历史成本为基础，不允许采用公允价值计量。以此为获取原始会计记录提供便利。

2. 全部成本

"全部成本"包含原材料、制造成本和一般性费用三项内容，由此确立与一般会计核算中的"料""工""费"划分的一致性。

另外，美国商务部要求企业的生产成本中囊括发生在生产过程中"完全吸收成本①"。因此，企业存在没有被充分利用的资源，如设备、车辆等生产运营资源，企业应该把因此造成的停工损失、废品损失计入当前产出的产品中去，无论这些产品是否与该运营资源相关，是否构成产品的实际价值。

（二）关联方交易

若生产过程中存在关联方交易，一般而言，在应诉中，美国调查机构会对认定存在关联交易的转移价格。当关联方之间的控制权比例在 5% ~ 20% 时，相关联的子公司应以实际成本计价；若控制权比例高于 20% 则需对关联方交易的生产成本进行估价，对合并集团公司则采用正常原则计价，因为在编制合并会计报表时，内部交易会被抵销。

（三）材料成本

用于产品生产过程中的全部直接材料成本，具体而言包括采购价、运用、各项税费、质量分析检验费等内容，如废品损失、副产品、联产品和中间产品的成本。

（四）加工成本：直接人工和工厂制造费用

加工成本包括直接人工和工厂制造费用（间接材料、间接人工以及能够被分配于生产线或工厂的变动、固定费用）。

（五）一般费用

一般费用在我国被称为期间费用，因为它不能具体关联到某一产品，而与

---

① "完全吸收"是指所有与制造商品相关、维持生产运营所必需的成本。

企业的整体运营相关，因而在会计计量时不直接计入产品成本，而是直接计入利润，用以抵减当前利润。主要包括管理费用、财务费用和销售费用。研发费用中用于研究阶段的不能直接资本化的费用支出也属于一般费用。虽然一般费用没有明确的产品归属，但它仍需按照一定的基础进行分配。

1. 销售费用

国内外市场中由于销售该产品发生的各项直接、间接支出被称为销售费用。其中，贯穿于整个销售过程的技术支持、质量保证和信用费用等费用被归为直接支出，而为实现销售所发生的费用被归为间接支出。值得注意的是国外陆上运输费用不能被归为销售费用。销售费用基于产品销售收入进行分配。

2. 财务费用

为公司正常运营而发生的成本被称为财务费用，它以产品销售成本作为分配基础。

（六）研发费用

由于项目研究开发阶段企业无法就其是否可以转化为未来能够具有经济利益流入的无形资产进行证明，因此研发费用在其发生时进行确认。中国 2006 年新修订的《企业会计准则》也规定了无形资产的研发费用在发生时被确认为费用，等产品研发成功后，相关费用方可以转入无形资产成本。

美国商务部认为在企业研发费用中包括以下三种类别：（1）某产品所专属的费用。该类别的研发费用被归结于某一特定接受调查的商品，并按能够合理确定的产品生产量摊销。（2）某产品生产线专属的费用。（3）一般性费用。一般性费用不具有专属的分类标准，因此这部分费用将会被分配到调查期间的全部销售产品，计入企业 SG&A 费用中。

上述分类标准是按生产对象和金额大小将研发费用进行分类并进行资本化，与国家会计准则将其计入当期损益的规定相冲突。

（七）开办费用

项目开工前为研发、设计支付的费用以及各种工程开支被称为开办费用，一般做法是将其一次性计入费用，不构成生产成本。但美国商务部将其认定为制造成本，并按固定资产进行后续计量和分配。

三、中国的成本会计核算

成本会计核算所提供的信息是企业内部会计信息，主要用于内部管理的需要，属于管理会计范畴，而反倾销会计中的成本信息则是为了满足外部使用者的需要，且隶属于应诉的法律证据，因而两者之间在目的和服务对象上存在极大差别。

另外中国成本会计采用的是制造成本法，三大费用作为期间费用，针对整个会计主体而言，其分摊具有不确定性，反倾销调查机构能够在确认产品成本构成等步骤中否认中国的成本标准。根据成本动因观点，对费用是否计入产品成本进行衡量的关键在于考察费用性质是否与产品的制造过程具有相关性，若不具有相关性，即使该费用在与生产过程有关的部门发生也不应确认其为产品成本。

在制造成本法下，根据职能部门设置并归集各项费用，将相应的成本分配到相应的产品下，该方法简化了间接成本的计算，但存在无法反映间接成本和产品间因果关系以及无法将管理、销售、财务费用反映在产品成本中等不足，因而增加了调查当局对中国成本计量的怀疑，增加了确认风险，为减少这种风险，调查当局一般会采用改变标准或直接采取不信任的态度。因此中国企业在应诉时要充分重视调查当局的意见，根据需要重塑调整成本会计计量的方式，并提供符合国际贸易惯例的具有高度相关性和可靠性的成本信息。

国际上和各国对于"生产成本部分计算项目表"都做了明确规定，WTO《反倾销协定》《欧共体理事会关于抵制非欧共体成员倾销进口的第384/96号规则》以及美国反倾销调查问卷中，要求将产品成本划分为变动部分和固定部分，但这并不代表中国生产企业在进行成本核算时也必须采用"变动成本法"，因为中国成本计量本身并没有问题。

结构价格（CV）中的"生产费用"在中国会计制度里等于原材料、人工与固定成本之和。从整个企业的核算来看，"生产费用"的成本性态划分并未产生与国际会计制度的根本性区别，仅存在归类方面的差异。

WTO、美国和欧盟在反倾销诉讼过程中对成本性态的划分主要是为了防止固定性费用的非法分摊，如被反倾销调查产品之外的产品承担，从而少计被调查的产品的成本，从而规避反倾销调查，或者认为将固定性费用不恰当的削减或调整，因此他们更加强调分摊方法的连贯性。例如《反倾销协定》做出了如下规定："主管机关应考虑关于成本适当分摊的所有可获得的证据，……特别是关于确定资本支出和其他开发成本的适当摊销和折旧期限及备抵的证据。除非根据本项已在成本分摊中得以反映，否则应对那些有利于将来和/或当前生产的非经常性项目支出或在调查期间支出受投产影响的情况做出适当调整。"①

中国企业成本核算中对成本形态一般不进行划分，只要企业有一本规范的账簿，记录清晰完整，账册完整，企业的投入产出关系以及各种产品的工艺流程都满足消耗物质与人力资源的形态特点，中国企业在面对反倾销诉讼的时候，就能够及时完整地提供反倾销调查当局所要求填答的成本信息，证明中国企业的成本核算时符合国际标准的，或者是符合中国会计标准且能被调查所认可的。

例如现在很多企业建立了高度集中的信息系统，及时准确地记录了各种成本信息，因而能在反倾销诉讼中临危不乱，应对自如。

四、国际反倾销法所规定的倾销标准与举证要求

就倾销的认定而言，国际反倾销法不仅制定了价格倾销标准②，同时制定的还有基于成本的倾销标准。针对上述美国和欧盟的反倾销规则可以发现，其认可的产品成本除包括生产成本外，还包括 SA&G③。因此，基于应诉角度理解国际反倾销法所规定的成本倾销标准，从而应对国际反倾销调查进行会计举证时，

---

① 参见 WTO《反倾销协定》2.2.1.1。
② 根据价格倾销标准，即出口产品的价格低于其在国内市场的销售价格，被认为是价格倾销，对此《WTO 反倾销协议》第 2 条第 1 款是这样规定的："如一产品自一国出口至另一国的出口价格低于在正常贸易过程中出口国供消费的同类产品的可比价格，即以低于正常价值的价格进入另一国的市场，则该产品被视为倾销。"关于成本倾销标准，《WTO 反倾销协议》第 2 条第 2 款规定"同类产品以低于单位（固定和可变）生产成本加管理、销售和一般费用的价格在出口国国内市场的销售或对第三国的销售，只要在主管机关确定此类销售属于在一段持续时间内以实质数量、且以不能在一段合理时间内收回成本的价格进行的销售时，可以价格原因将其视为未在正常贸易过程中进行的销售，且可在确定正常价值时不予考虑。"
③ "SA&G"是指生产成本以外的有关的成本费用，包括销售费用、管理费用和一般费用。"SA&G"与中国会计制度中"期间费用"（管理费用、营业费用和财务费用）是有差异的。"期间费用"与"SA&G"所包括的范围不同。在应诉国际反倾销时，我们还要解决如何将期间费用调整为"SA&G"的问题，实现中国企业会计制度与国际反倾销法在技术上的衔接。

应该充分认识如下要求：

1. 确定倾销的关键指标是成本与价格之间的差额

对正常价值进行测度的前提是产品销售价格不能低于其成本。所谓低于成本的销售是指某一产品以低于其生产成本与 SA&G 之和的价格进行的销售。数据结果表明，20 世纪 80 年代以来，美国有高达 60% 占比的反倾销调查因售价低于成本而发起。为了避免由于低于成本销售而遭受调查，企业应对产品的销售定价进行内部会计控制[①]。

国际反倾销法规定了对低于成本销售的确认条件：（1）该产品在出口国销售或向第三国进行出口销售时的售价低于成本；（2）该产品大量低于成本销售的行为具有持续性，且销量高于调查期间内销量总和的 1/5；（3）按正常贸易做法，在合理期间内该产品无法收回总成本。

2. 倾销衡量标准的扩展是以相应的成本内涵为基础

事实上，并非所有低于生产成本与 SA&G 之和的销售价格都是不可接受的，根据上文所述的认定条件，只要不满足"持续时间内以实质数量、且不能在一段合理时间内收回成本的价格"这一条件，产品价格并不会对正常贸易过程状态的认定产生影响。为了对反倾销进行应诉，可以合理使用边际成本法来进行抗辩。边际成本法作为产品定价的依据，它只能局限在一定时期、一定范围内，能够在一定程度上避免"持续时间""实际数量"的监管标准。换言之，即使基于边际成本的产品价格低于生产成本与"SA&G"的总和，在满足上述条件时，这种价格在国际反倾销法中仍然是正常的。

3. 制约成本核算的会计规范是影响反倾销效果的一个重要因素

成本是产品价格的重要组成部分，其确定过程会受到会计准则影响，对于同一产品，选择不同的会计准则进行成本确认，所得到的结果也不尽相同。因此，能够对产品成本计算起到限制作用的会计规范成为反倾销应诉中需要考虑的内容，企业在进行费用要素的构成、成本项目的划分以及成本计算方法的选择等内容的确定时都应遵循国际会计通用惯例。尽管不论从会计学角度抑或是法律角度进行分析，国际会计准则并非国际公约，但是国际会计准则在许多国家为反倾销调查当局所接受和认可。企业应利用国际会计准则争取市场经济地

---

① 周友梅：《国际反倾销及我国会计所面临的问题》，载于《对外经贸财会》2004 年第 1 期。

位，争取直接采用企业生产成本等数据来计算倾销幅度，即使目前还达不到这种要求，也要按国际标准对生产成本等数据进行梳理，为日后与国际会计准则的对接进行技术上的准备，这是出口企业会计的责任。

4. 国际反倾销法中的产品成本确认有不同于会计学上生产成本的特征

国际反倾销法中认定的"生产成本"不仅包含产品在原产国正常贸易条件下的原材料成本、加工制造成本，同时还需要反映产品的销售、管理和一般费用。同时，基于成本真实性的考量，若成本来源材料发生在关联企业间，且以低价交易，则这部分费用不计入此列；而中国会计准则规定的产品生产成本由直接材料、直接人工、制造费组成。

第四节 会计信息在反倾销应诉中的功能分析

根据前述倾销确定标准可知，企业的出口价格一旦低于正常价值则很可能被认定倾销，但如果能证明没有低于成本销售，价格下降是真正由成本下降造成的，在人力资源、原材料采购上都是符合国际惯例或是符合中国公认的会计准则的，仍然能够赢得反倾销诉讼的胜利。如中国东南沿海的民营制造型企业之所以成本相当低廉，完全是因为中国东南沿海的产业集群优势带来的结果，并不是人力资源成本的不规范或是国家补贴等形成的。但是调查当局是否能够采信？这将直接涉及两个关键问题：一是会计举证能否直接引用中国出口企业的成本会计资料；二是作为证据信息的成本资料是否真实可靠，并符合调查当局的习惯。

一、反倾销对会计信息的需求

与传统财务会计相比，反倾销所需会计信息具有以下特征：

（1）服务的对象不同。一般意义上的财务会计信息根据不同的需要主要服务于企业所有者、企业管理者、监管机构、政府以及社会公众等，而反倾销会计信息通常为应诉国所有涉案企业和起诉国的调查机构提供服务。

（2）目的不同。企业在披露会计信息的时候依据的是成本效益原则，其披露的质量和数量取决于信息供给方和信息需求方之间的博弈。而反倾销诉讼中的会计信息是调查当局要求的用以证明倾销存在与否以及倾销幅度大小的证据性信息。

（3）会计信息供需双方的地位不同。一般意义上的财务会计信息是以反映和监督会计主体的经济活动过程中通过确认、计量、记录以及报告与会计主体有关的各项经济业务，从而为企业的所有者、管理者、政府或公众等服务的各种会计信息。信息供给双方关系是平等的，虽然会计信息提供主体具有信息优势，但这个优势受到法律的约束和限制，同时也受契约的限制，甚至受到公众的监督限制。

反倾销诉讼中的会计信息是调查当局要求的，用来对倾销行为是否存在以及倾销幅度大小等问题提供证明的信息，其信息需求者是反倾销调查当局，信息供给方是应诉企业，双方之间是零和博弈①，且反倾销会计信息主要来源于应诉企业所提交的申请书和填答的问卷，用的是自身的会计语言和会计标准，这样一旦其会计语言不能为调查当局所理解，则面临证据不被采用或证据被推翻的风险。因而会计信息的供需双方的地位极不平等，应诉方处于绝对的劣势，且没有相应权威的法律能够绝对保障应诉方的合法权益。

下面以中美轮胎特保案为例说明贸易诉讼中所需要的会计信息：

（1）USW②向美国ITC③申请立案准备。美国为对中国进行特保制裁，需要搜集关于中国轮胎出口数量的数据，并且该数据能证明中国的轮胎对美国的轮胎产业链造成"严重损害"或构成"严重损害威胁"；而中国需要能够证明其没

---

① 零和博弈属非合作博弈，指参与博弈的各方，在严格竞争下，一方的收益必然意味着另一方的损失，博弈各方的收益和损失相加总和永远为"零"。双方不存在合作的可能。零和博弈的结果是一方吃掉另一方，一方的所得正是另一方的所失，整个社会的利益并不会因此而增加一分。
② USW（United Steelworkers Union）是美国钢铁工人联合会，是美国最活跃的劳工组织之一，该工会对政治选举与决策有着极大的影响，特别是以制造业为中心的几个州。在这些地区，不仅对几十万工会会员的选票产生决定性作用，而且工会也会拿出大笔的经费来资助各级的竞选活动。2008年总统选举期间，奥巴马正是因为得到了这些工会成员的支持，才得以在民主党的初选并且在后来的大选中拿下关键的几个制造业州。
③ ITC（International Trade Commission）是美国国际贸易委员会，它是一个独立的、非党派性质的、准司法联邦机构，其前身为1916年创建的美国关税委员会。国际贸易委员会的职责范围包括：判定美国内行业是否因外国产品的倾销或补贴而受到损害；判定进口对美国内行业部门的影响；对某些不公平贸易措施，如对专利、商标或版权的侵权行为，采取应对措施；对贸易和关税问题进行研究；就贸易与关税问题向总统、国会和其他政府机构提供技术性信息和建议。

有给美国造成损害的会计信息，此时中国可以通过进行具有针对性的会计政策调整为应对制裁做好准备。

（2）中国向美国 ITC 申请立案。在该环节，中国需要搜集加强行业间的合作、准备共同应诉的会计资料。

（3）美国 ITC 发出调查问卷。此时中国要在 10 天的时间内填完问卷，该问卷涉及大量的会计内容，因此中国需要搜集的信息包括轮胎销售信息和生产成本、出口轮胎成本的分离信息、成本的追溯和分摊信息以及会计报表已经过合法独立的审计信息等内容。

（4）美国 ITC 确定是否应该对中国进行特保制裁。该环节在贸易制裁认定过程中最为重要，这一环节的应对需要国内产业数据的支持，所需要的国内数据包括产业生产能力是否达到饱和状态、产品的生产和销售情况等。会计信息在这一环节中能够发挥的作用在于，其通过对企业获利能力以及所采用的会计政策的使用情况等内容的陈述，达到证明中国出口的轮胎并未对美国的轮胎产业链造成"实质损害"或"实质损害威胁"的目的。

（5）美国 ITC 进行初裁。该环节中会计信息发挥的作用有限，因为这一过程的主要依据是美国 ITC 通过自身调查得到的产品出口价格和产品正常价值或产品成本。

（6）美国核查官员进行的中国出口企业实地核查。该环节是非常重要的，关系到最后的裁决。中国需要准备有关会计流程和会计政策的说明、完善会计账簿及健全内部会计控制制度的会计信息，以使企业及时提供问卷中涉及的所有会计信息。

（7）ITC 召开听证会、终裁、并执行反倾销措施。此阶段是美国根据搜集的所有资料进行判决，不需要额外的会计信息。

（8）中国政府要求 WTO 设立专家组，对中美轮胎特保案进行调查。此时中国需要向 WTO 提供更加全面更加详细的会计信息以证明其合法的出口行为，此时中国需要关于出口数量、产品成本等综合全面的会计信息。

二、反倾销应诉中的会计举证功能

向信息使用者提供有用的会计信息是会计的根本作用，它是对反倾销应诉能否成功起到决定作用的因素。

举证，属于法律学概念，它是指当事人为了证明或反驳某争议事实而提供相关证据，而会计举证则是这一概念的特殊表达，它是指具有会计举证责任[①]的当事人（应诉方）为证明或反驳倾销事实而提供的会计学上的相关证据，该证据不同于一般民事法律中的证据，而是会计方面的专业判断，且法律本身并不能对其正确与否进行判定，必须借助会计体系来判断的特殊证据。

反倾销应诉的会计举证主要是围绕反倾销调查问卷进行准备并提供会计资料及完成相关事务，具体内容有应诉前准备、收集应诉材料、研究填写调查问卷、进行抗辩陈述等。反倾销举证所需的会计资料主要包括公司资本股本构成、财务报表、财务分类明细账、涉诉产品在国内和第三国的销价、销售费用及价格减让、佣金、回扣[②]、被调查产品出厂价以及到岸价格[③]之间的各种费用、每笔交易的销售发票的副本和付款证明、与生产和销售的被调查产品、在国内市场销售的产品以及公司所运用的总的会计制度的说明等。

中国企业在资料的保存和收集方面的意识不强以致会计举证工作做得不够好。要想在应诉过程中占据主动地位必须做好会计举证工作，规范本企业财务，详细记录产品的成本核算。

会计举证是用来进行反倾销应诉的重要内容，它与一般意义上的会计作账并不相同，其功能得以发挥需要借助一个信息平台，该平台应符合国际会计准则及国际反倾销法要求。由于中国尚未建立起反倾销会计体系，在对反倾销调查提供成本数据时，无法达到很高的应诉证明力。西方国家驳回中国企业享受市场经济调查待遇申请的理由有：财务会计资料不完整、提供的会计报表未经审计、国家干预、未办理出口许可证[④]、禁止国内销售等。

反倾销案诉讼中，可靠的会计举证是能对中国出口企业成本信息进行说明的唯一方法。会计举证的有效性建立在其所涉及的有关生产企业及出口公司的账本、生产记录、购销合同、发票等资料可靠的基础上，并且要求企业按照国际惯例进行会计账务处理。企业应重视提高会计举证的可采信性，这不仅有助于确认中国市场经济地位，也有助于中国企业应对反倾销诉讼。

---

① 举证责任又称证明责任，是指当事人对自己提出的主张，有提出证据并加以证明的责任。
② 指卖方从买方支付的商品款项中按一定比例返还给买方的价款。按照是否采取账外暗中的方式。
③ 指货物自装运港到目的港的运费保险费等由卖方支付，装船后的风险由买方承担。
④ 指根据一国出口商品管制的法令规定，由有关当局签发的准许出口的证件。

三、反倾销应诉中的会计抗辩功能

抗辩同样是法律术语，根据抗辩权①的概念，可以推断出反倾销会计信息的抗辩是指应诉方对起诉方指控的对抗，即在反倾销法律框架内，从事实上就会计专业性问题向起诉方发出抗辩，进行申辩和反驳。对抗焦点通常在于有关起诉方申诉的产业损害问题的会计抗辩、有关会计标准选择问题的会计抗辩、有关被调查产品成本分配问题的会计抗辩、有关替代国及替代国价格问题的会计抗辩等方面。

四、反倾销应诉中的会计预警功能

会计预警功能主要体现在遭受反倾销起诉之前，企业可以通过会计信息，掌握目前的出口市场情况，包括了解出口数量、生产成本、出口价格等。此外，由于反倾销是一种进口国在特定经济形势下采取的贸易保护策略，因此，随时关注进口方同类产品的生产成本、出售价格、产量、其国内市场需求以及进口策略也是至关重要的，但目前在中国国内，很少有出口企业收集和关注国内出口产品以及国外同类产品的市场占有、价格变动的情况，几乎完全没有发挥出会计的事前预警和保护作用，在应诉上存在盲目性。

---

① 广义抗辩权是指妨碍他人行使其权利的对抗权，至于他人所行使的权利是否为请求权在所不问；狭义的抗辩权则是指专门对抗请求权的权利，亦即权利人行使其请求权时，义务人享有的拒绝其请求的权利。

第五章
反倾销应诉对会计信息
质量的特别要求

在反倾销应诉中，为利益相关者与调查当局提供对做出决策具有价值的信息是会计的目标。会计提供的信息在反倾销应诉中的首要任务是满足一般财务会计信息质量要求，在此基础之上，根据可以提出基于利益相关方特殊利益要求的有别于一般财务会计信息特征的其他质量要求并发展出会计信息质量的独特内涵。

第一节　会计信息质量的共同特征

"打官司就是打证据"，应对反倾销调查亦是证据之争。在国际反倾销诉讼中，无论是应诉还是申诉都离不开会计这个证据支持系统。在反倾销诉讼中，特定主体综合利用会计、反倾销法和国际贸易等专业知识，为反倾销过程中需要解决的问题提供的会计支持是必不可少的[①]。基于充分可靠的会计信息对不利于自身的反倾销裁定进行会计抗辩是涉诉企业应具备的能力。

对于传统财务会计而言，其存在的目的是为企业外部利益相关者提供有利于决策的会计信息，会计信息具有可理解性对外部利益相关者而言就是具有了较高的信息质量[②]，会计信息只有具有了相关性、可比性、可靠性、一致性和及时性等质量特征才被认为对于信息使用者决策来说是有价值的，上述几个质量特征中，核心在于相关性和可靠性。

传统财务会计所强调的一般信息质量特征在反倾销应诉中同样需要满足。并且，基于反倾销应诉实务视角，调查当局决定了会计信息能否发挥证据力，会计信息被采信是会计证据发挥证据力的关键，因此在既定的法律框架下，会计信息披露的内容及其披露的质量决定了会计信息的被采信程度，也决定了会计信息的证据力。同时，反倾销诉讼中的应诉方应注重充分发挥会计信息所特有的举证功能和抗辩功能，不断提升会计信息披露质量，争取调查当局的信任，为会计信息发挥证据力提供有力的保障。

---

① 周友梅：《试析反倾销对会计的挑战及要求》，载于《财会月刊》2003 年第 7 期。
② 美国财务会计准则委员会在第 2 辑《论财务会计概念》即《会计信息的质量特征》提出的观点。

第二节　反倾销应诉对会计信息质量的特别要求

除了上文所指出的会计信息质量的一般标准，遭受反倾销调查的企业还应关注会计信息独特的质量要求以及独特的质量内涵。

一、可采用性

经过法律认可的证据才具有效力。可采用性反映企业提供的会计证据是否能够被调查当局采纳。所谓可采用性（adoptability），指的是企业需要基于调查当局理解并认可的会计方法来进行会计信息的提供，并以上述会计方法作为产品正常价值计算的基础。在企业的反倾销应诉过程中，企业所提供的会计信息具有明确的使用者，其信息提供对象是具体可知的，企业应当根据他们的要求来进行会计信息的提供。

二、相关性

会计主体提供的信息与决策相关联，能够帮助决策者改进决策，被称为会计信息的相关性（relevance）。在反倾销应诉中，会计信息的"相关性"的质量要求不同于传统财务会计的内涵，这里的"相关性"要求与"待证事实"相关，研究的是法律诉讼中作为证据材料的相关性，某一会计信息是否具有相关性，取决于信息甄别价值，也就是说，当局根据该项会计信息对产品是否存在倾销进行判别。它要求证据本身能够可以为所要说明的事实结论提供某种程度的证明，同时证据所说明的事实问题与法律上的争议存在实质上的因果分析关系[1]具体体现

---

① 　王仲兵：《应诉反倾销会计——理论框架与运作实务》，经济科学出版社 2006 年版。

在：（1）反倾销协定中的"同类产品"；（2）特定的会计期间。

同类产品不是一个经济学术语，《反倾销协定》第2.2.2条规定当存在相同的产品时，在确定正常价值时，必须使用与该相同产品有关的管理费用、销售费用、一般费用和利润的销售数据，只有在缺少此类相同产品时，才可使用与其极为相似的具有类似物理特征的产品的相关销售数据。由于同类产品的确有时候不能满足应诉中产品分类的要求，因此还有更宽范围的"同一大类产品"，同一大类产品显然比同类产品或相似产品的范围要广得多，因此对应诉方来说，可能极为不利，尤其是在确认损害以及倾销与损害间的因果关系时更是如此。比如泰国与波兰之间H型钢材反倾销调查中，波兰应诉公司在应诉中宣称，由于物理特征和工艺流程的不同，其生产和销售的日本工业标准（JIS）H型钢不同于德国工业标准（DIN）H型钢，在应诉中据此提出非同一产品的抗辩，得到了泰国主管机关的认可，并据此争取了应诉的最佳结果。另外，应诉反倾销的会计信息还要与特定的会计期间相关，即被控诉反倾销期间的生产和销售行为都视同与倾销相关，与倾销后果相关。

三、可靠性

可靠性（reliability）指如实反映按目标要求反映的情况，并保证它可以稽核。根据可靠性这一会计信息质量的要求，企业需要基于已经在事实上发生的交易、事项进行会计的确认、计量、记录、报告，根据事实情况对符合确认和计量要求的会计要素以及相关信息进行反映，从而达到保证企业的会计信息得到真实、可靠、完整记录的目的。可靠性通常包括可验证性与适当反映两个具体内容。可验证性指的是企业提供的会计信息由不同的人根据相同的原始信息、相同方法进行处理后能够得到一致或偏差不大的结论。恰当反映指的是企业提供的会计信息能对当局所需要的信息进行恰当反映。

通常来说，企业需要做到如下几点来保证提供的会计信息的可靠性：（1）基于实际发生的交易、事项，在符合会计要素定义及确定条件的基础上进行会计的确认、计量、记录，并依据这些基础信息编制报表。（2）努力保证会计信息的完整性。基于重要性原则与成本效益原则，尽量保证报表与附注内容完整，做到相关信息充分披露。（3）保证会计信息的中立性和无偏性。

　　反倾销应诉的会计信息要有用，除了与应诉息息相关外，其数据来源和计量原则都必须真实而且可靠。且反倾销会计信息的可靠性相比普通会计信息来说还有一定的特殊要求。包括：（1）会计资料的真实完整；（2）会计方法的选择能真实反映成本；（3）该交易方式能真实反映价格。

四、公允性

　　由于被调查的产品在进行成本计算时可能出现与其他相关产品分摊成本的情形，被调查企业的产品成本分配问题是反倾销调查中无法回避的问题。有关国际反倾销制度规定中，GATT1994 的第 6 条解释以及欧美反倾销法均指明，若被调查人的会计制度对其产品成本进行了合理反映，则需要尊重其会计制度。在反倾销执法实践中，会计学所强调的"公允"理念是判定企业的产品成本分摊方法合理与否的基础。"公允"是成本分配的灵魂①。

五、可比性

　　可比性（comparability）指的是会计信息需要帮助信息使用者基于能够对比的经济基础确认会计信息反映的差异。具体而言，满足可比性要求的会计信息应当在同一企业的不同时期可比，或在相同会计期内间的不同企业中可比。反倾销应诉中所强调的会计信息可比性具有其特殊含义（见表 5 - 1）。

表 5 - 1　　　　反倾销应诉中可比性会计信息质量的特殊含义

同一企业不同时期的可比性	这与一般会计准则的要求基本相同，即要求同一企业不同会计期间发生的相同或相似交易或事项，应该采用一致的会计政策，一旦确定了会计政策不得随意变更，如果变更必须要有合理的理由。其中最重要的就是成本的计量和分摊，如无形资产的计量中资本化费用的处理上各国是否一致

① 颜廷：《法律背后的会计理念：从反倾销法涉及的会计问题看会计对法律的影响》，载于《会计研究》2004 年第 2 期。

续表

不同企业之间的可比性	倾销的确定有三项基本内容，即正常价格的确定、出口价格的确定和正常价格与出口价格的比较。倾销（dumping）是一种价格歧视，即出口厂商在国际市场上，以低于正常价格的价格销售商品，对进口国的某些工业造成重大损害或重大威胁。确定是否倾销就是要将正常价格和出口价格进行比较，而要进行这种比较，首先涉及的就是来自非同一国家（或地区）的出口价格和正常价值这两个价格是否"可比"的问题。因此，可比性实际上已经构成反倾销法的核心理念

目前，世界各国在经济发展方面具有较大差异，不同国家在进行劳动力成本计算、资本成本计算及上下游材料价格计算方面各有不同，加之会计政策具有的可选择性影响以及政府的贸易保护倾向均会使得比较反倾销诉讼双方的出口价格和正常价值困难重重。

GATT1994 第 6 条的解释第 2.4 条规定，对产品出口价格和正常价值应进行基于相同贸易水平的公平比较，一般而言，是在出厂前相同时间进行销售的水平上进行，同时应根据案件具体情况，适当考虑影响价格可比性的差异。当出现了出口商与进口商存在关联的情形，需要对进口与转售之间的费用及相应利润进行抵免处理。若这些情况下的价格可比性已受到影响，主管机关应在与推定的出口价格相同的贸易水平上确定正常价值，或应根据本条款进行适当抵免。

倾销幅度一般而言应基于对加权平均正常价值与全部可比出口交易的加权平均价格的比较而确定，或者基于对逐笔交易的正常价值与出口价格的比较而确定。若调查当局判定某种产品的出口价格存在不同购买者、地区或时间层面的巨大异质性，并就不使用上述两种方法的原因进行了说明，则基于加权平均算法确定的正常价值可以与单笔出口交易的价格进行比较。

六、一贯性

一贯性指的是，企业会计核算方法在各个会计期间应保持一致。在反倾销应诉过程中，应诉企业所使用的会计核算方法在前后期之间，尤其是调查期之前与调查期之间应保持一致。

第三节　全面实施新准则及其对反倾销应诉的影响

一、有效实施新的企业会计准则

中国企业遭受众多反倾销诉讼的一个重要原因在于企业会计准则体系存在不规范、不完整的现象，并且与国际会计公认准则之间存有较大差异，中国企业在进行反倾销应诉时提供的会计资料被调查当局认为不具有真实性和公允性，无法客观地反映其自身的经营情况。在这种情形下，企业基于上述会计信息计算得到的出口产品价格也会被调查当局判定为不具有可比性和公允性，很难作为有力证据为反倾销应诉提供支持。市场经济地位问题是影响企业反倾销应诉的一个重要问题。近年来，世界多数国家陆续承认了我国的市场经济地位[1]。然而欧盟、美国却以中国会计准则与国际会计准则存在较大差异作为原因之一拒绝承认中国市场的经济地位。市场经济地位不被承认的一个重要后果就是在进行反倾销调查时，会以替代国标准计算产品价格。新加坡、巴西、印度尼西亚等国都曾被选为中国替代国，这对中国产品出口极端不利，譬如新加坡的人力成本是中国的近 20 倍，以其为替代国将极大提高产品的出口价格，增加被裁定为倾销的可能。中国应加快会计准则建设进程，尽快帮助中国获取国际认可的市场经济地位[2]。

随着中国会计新准则的出台，与国际会计准则的差异正在一步步消除。这将使中国企业在面对欧盟的反倾销诉讼时获得最基础的认可，即所执行的准则符合国际会计准则的规定[3]。

---

[1] 中国新闻网，http：//www.chinanews.com.cn，2007 年 1 月 14 日。

[2] 2006 年有 14 个国家承认中国的完全市场经济地位。

[3] 《欧共体理事会关于抵制非欧共体成员倾销进口的第 394/96 号规则》规定了在确定成本时可以有条件地接受企业的会计记载，但企业财务会计中的成本必须"符合国际会计准则和进行过独立审计并有通用性"的要求。

二、充分认识三项期间费用与 SA&G 的差异及影响

SA&G 即我们通常所说的销售、管理与一般费用，世界贸易组织《反倾销协定》和《欧共体理事会关于抵制非欧共体成员倾销进口的第384/96号规则》均对产品成本构成进行了细致的规定，除了生产成本，SA&G 和一定比例的利润也是产品成本的组成部分。众所周知，企业会计准则能够对生产成本进行规范，若中国会计准则能够被国际认可，则中国产品的生产成本也可以顺理成章地获得接受。然而当前争论焦点就在于 SA&G 的处理。企业会计准则并不将 SA&G 计入产品成本，而是作为与生产成本相对应的期间成本将其计入当期损益。这与我国期间费用有异曲同工之妙，然而 SA&G 包含的内容与中国规定的期间费用又有所不同。在中国企业的会计核算中，期间费用为销售、管理与财务费用。显然，我国所谓的财务费用与 SA&G 中的一般费用并不相同。即使是具有同一名称的销售和管理费用，其具体核算内容也有所差异。上述情形下产品正常价值的计算基础出现偏差，会对中国产品出口企业产生负面影响。

三、充分认识无形资产准则的差异及影响

（一）计量要求上的差异

中国会计准则与国际会计准则均确立了历史成本计量的基本原则，但二者在具体业务的处理中还是存有一些不同，主要包括以资产交换方式取得的无形资产的初始计量和自行开发并依法申请取得的无形资产的计量等方面。

（二）摊销规定上的差异

在成本摊销方面中国准则规定与国际会计准则的要求同样存在差异。中国会计准则以无形资产有效年限、预计使用年限和受益年限三者孰低确认摊销年

限，并规定特殊情况下的最长摊销年限为 10 年。摊销方法为直线法，摊销金额计入当期费用。而国际会计准则确定了最长 20 年的摊销期限，并且其成本需要在无形资产的最佳使用寿命期内摊销；摊销方法可从直线法、余额递减法、生产总量法之间进行选择；并且规定了某些摊销金额可以直接计入账面金额的情形。

四、充分认识存货准则的差异及影响

（一）计量要求上的差异

中国会计准则中的存货准则与国际会计准则中的存货准则均规定期末成本使用成本与可变现净值孰低的方面进行计量，但是中国会计准则指出，存货计量应区分为初始计量和期末计量两个步骤，且初始计量中应以存货的历史成本入账。而国际会计准则中的存货准则没有对初始计量与期末计量进行区分，二者均根据成本与可变现净值孰低原则进行确认。这种准则上的差异会带来存货成本的差异，最终导致产品成本的不同。

（二）采购成本构成上的差异

通过对准则中具体处理办法的解读可知，中国会计准则和国际会计准则中有关存货采购成本的差异主要体现在折扣、补助、汇兑差额以及一定的借款费用的处理方面。

（三）发出存货的计价方法上的差异

中国存货准则所认可的发出存货计价方法包括个别计价法、先进先出法、加权平均法和移动平均法，并且特别强调，对于具有不可替代性的存货通常而言应采用个别计价法对其成本进行确认。国际会计准则中的存货准则则将先进先出法和加权平均成本法作为基准处理方法。

五、充分认识固定资产准则的差异及影响

(一) 购入计量的差异

中国会计准则规定，固定资产不论采用何种方式（现金全额支付、分期付款、赊购）购入，其初始确认价值均为购买实际价款与该固定资产达到可使用状态前的相关可归属支出之和。而国际会计准则规定，对于以赊购或分期付款方式买入的固定资产，需以现销价格为原值确认基础，若现销价格低于未来实际支付价款，二者差额计入财务费用。

(二) 自建固定资产计量的差异

我国会计准则承认自行建造固定资产在其达到预定可使用状态之前发生的必要支出，认可其作为入账价值。而国际会计准则规定，管理费用及其他一般间接费用不可作为不动产成本的组成部分，除非这些费用与购建这些资产或与使这些资产达到使用状态直接相关。资产达到预期绩效前的经营损失确认为费用。

(三) 减值准备转回的差异

我国会计准则明确规定：资产减值损失一经确认，在以后会计期间不得转回[①]。而国际会计准则第 16 条允许资产减值转回。中国会计准则与国际会计准则最大的不同之处在于，资产减值损失一旦得以确认就不能转回（存货、消耗性生物资产除外）。

---

① 中华人民共和国财政部：《企业会计准则 2006》，经济科学出版社 2006 年版。

第四节　提高会计信息质量的措施

一、完善企业内部控制制度

内部控制的实施者为企业的董事会、经理层和其他员工，它由控制环境、风险评估①、控制活动、信息与沟通、监督等内容组成。内部控制是企业进行自我约束的重要手段，具有保障会计信息真实、完整，保持经营效率、效果以及督促企业严格遵守法律等基本职能。从其职能的角度来说，良好的内部控制制度的建立能够帮助企业反倾销应诉中立于更加优势的地位。

企业应对反倾销时，必须接受调查并向调查国提供证据，抗辩过程以填写反倾销发起国调查当局的调查问卷和接受其实地调查的方式提供资料。在中国企业接受的反倾销调查实践中，有不少企业是因为调查当局认为其在调查问卷与实地核查阶段中提供的信息不真实不准确而被裁倾销行为成立。会计基础薄弱、会计实务不规范、会计信息失真等是造成这种问题的直接原因，企业的内部控制薄弱则是导致此类问题的本质原因，企业内部控制的好坏，是决定应诉是否成功的关键因素。内部控制是企业加强会计实务，有效应对反倾销的制度保证。在实践中应将加强企业内部控制与应对反倾销的结合。

完善的内部控制可以帮助企业提供更加准确的会计信息，并有助于提高反倾销调查当局对中国企业所提供会计证据的信任程度。因此对于反倾销应诉而言，企业内部控制建设意义重大。会计信息在反倾销等贸易诉讼中，尤其在填写调查问卷和实地核查时起着决定性的作用。贸易诉讼是一场法律引导下的数据战，所以反倾销等贸易诉讼中会特别关注会计信息。但并不是企业提供什么样的会计信息仲裁委员会都会采信，中美轮胎特保案的败诉证明中国会计信息

---

① 指量化测评某一事件或事物带来的影响或损失的可能程度。

并不具有较高的可采用性，因此中国企业需要强化内部控制建设，不断提升会计信息的证明力，保障国家的经济安全。在经济全球化的大背景下，任何微观企业都面临国内国际两个市场。企业在国外市场上的竞争策略不像在国内市场上那样自由，因为这涉及国家利益。外部国际竞争压力的影响也对企业完善内部控制体系提出了要求。

由于企业内部控制能够帮助企业建立起较为完善的规章制度，有助于进行反倾销应诉的企业完成调查问卷的准确填写和举证材料的提交，因而它是十分重要的。出口企业必须建立特别健全的内部控制，因为有些错误从财务报表审计的角度来看不属于重大错报，但是在反倾销等贸易调查中会被视为特别严重的错误，被解释为会计举证不具有可信性，进而带来灾难性的后果。所以为了应对仲裁委员会对会计信息的苛刻要求，保证会计信息的真实、完整、可靠，建立严格有效的内部控制是非常必要的。

（一）加强内部控制的理论建设

内部控制对贸易诉讼非常重要，在经济全球化的环境里，产品出口在企业决策中具有战略性地位，因而企业必须建立起以反倾销贸易诉讼为导向的内部控制制度。为了保护中国的产业建设，维护国家的经济安全，政府应鼓励企业加强具有导向性的内部控制理论建设，使内部控制系统成为出口企业运行的一部分。

中国的内部控制准则可以满足企业的需要，但是作为微观主体的企业并不一定具有健全的内部控制制度，所以为了避免企业的短视行为，为了公司的长远发展，必须完善公司的内部控制，特别是以出口为主的企业。

1. 内部环境

内部环境是一种氛围，作为内部控制其他控制要素的作用基础，它会对企业成员实施控制的自觉性产生影响，进而决定其他控制要素能否发挥作用，因此，它也是反倾销内部控制体系的基础。

健全的治理结构、科学的内部机构设置和权责分配在反倾销等贸易调查中能给人带来良好的印象，有利于贸易诉讼的胜出，保护企业的利益，维护国家的经济安全。首先，贸易制裁的应对在很大程度上会受到企业风险偏好的影响，如果企业高管具有较强的风险管控意识，做事谨慎，企业就会对国外提起反倾销等贸易制裁以建立良好的风险预警体系，从根源上解决国外的贸易制裁，保障国家的经济安全；其次，建立专门的应对贸易制裁的组织机构，健全相应的规章制度，组建诚实守信、有专业胜任能力的员工团队，明确员工各自的职责，有助于及时提供令起诉方满意的调查问卷。

2. 风险评估

要想提升企业内部控制的效率和效果，内部环境和风险评估是两个关键因素。企业应基于控制目标，系统而全面地对相关信息进行搜集并进行及时的风险评估。经济全球化的进程越来越快，市场竞争越来越激烈，企业面临的风险越来越大，加强企业的风险评估是十分必要的。中国出口企业之所以成为各国贸易制裁的众矢之地，一个重要的原因是风险管理意识淡薄、风险评估体系不健全，所以出口企业应建立健全风险评估体系。根据风险发生的可能性和影响程度，采用定性和定量相结合的方法分析识别的风险，进而确定应该关注的重点和应加以控制的风险。然后通过分析的结果及企业确定的风险承受度，在权衡风险与收益的基础上，确定风险应对策略（包括风险规避、风险降低、风险分担和风险承受等）。企业应对可能面临的反倾销风险进行合理、科学的评估，基于评估结果采取应对策略。

3. 控制活动

企业应当在风险评估结果的基础上，采用科学合理的手段与方法将可能的风险控制在自身可承受程度内。控制活动具体包含政策与程序两个要素。政策明确了应该做什么，程序明确了如何使政策产生效果。防范反倾销等贸易制裁所关注的要点有：（1）在进行贸易制裁判断时，运用价值链分析法进行评价。因为有时出口某种商品对进口国的相关行业可能有一定的损害，但是对该产业的上下游产业却带来利益，所以出口给整个价值链没有任何的负面影响或者带来一些利益，这种情况不应该视为违反贸易规则，不应被采取贸易制裁。（2）建立反倾销等贸易制裁的预警机制。通过收集各国的价格行情、进口量的变化情况、进口国同类产品的经营状况和政策变化等信息建立有效的预警机制，进而设置出口产品的价格和数量的警戒线，为中国产品的出口提供依据，降低贸易制裁的发生，保护国家的经济安全。

4. 信息与沟通

这是对与企业经营、管理相关的信息进行及时、准确、完整地收集与整理，并通过某种恰当合适的方式让信息在企业中各层级间传递、沟通、应用的一个过程。反倾销贸易诉讼过程实际上就是一个信息与沟通的过程，也是一个利益权衡博弈的过程。在当今社会，信息是最重要的，谁掌握了第一手资料，谁就掌握了获胜权。完善的信息系统与良好的沟通能力能够帮助产品出口企业获得诉讼中的沟通优势，更加可能取得仲裁委员会的认可，为胜诉奠定基础。企业加强信息与沟通的措施有：加强外部信息沟通；增强与其他出口企业的横向联系；加强企业的内部信息沟通。

5. 内部监督

为保证企业内部控制制度能够被有效执行，企业内部控制系统中应当设置监督机制。对于出口型的企业，监督对策有：及时纠正与目标相背离的企业控制活动，保持积极状态，让出口型企业每时每刻都处在戒备状态中；此外，在贸易诉讼中有一个阶段是国际贸易委员会到出口企业的公司中进行实地考察，内部监督的设置有助于企业相关信息的准确，提升调查机构人员在实地调查中的印象。

（二）重视内部控制的实务指导

在反倾销等贸易诉讼中，真实可靠的会计资料是非常重要的证据。因为贸易诉讼的发起方拥有很大的裁量权，发起方为了取得诉讼的胜利，会想方设法找出对自己有利的证据，即找出一切对方不可靠的信息。而企业会计信息的真实可靠的程度与内部控制是否健全高度关联，所以为了避免发起方的恶意贸易保护主义行为，出口企业必须建立健全企业的内部控制。

制定完善的制度后不执行与没有制度结果一样，中国有许多企业形式上建立了完善的内部控制体系，但是实务中却对这些制度视而不见，所以中国应重视内部控制的实务指导。出口型企业为应对国外的贸易制裁更应当重视组织机构和人员管理的内部控制，加强监督和实务指导。

1. 初裁阶段的问卷填写

初裁的第一个程序就是填写调查问卷，并且填写问卷是贸易诉讼中最繁杂最重要的环节。调查问卷的大部分是关于企业的会计信息，包括营业额、销售量、销售额、生产量、生产成本及投资额等。此外在提供产品成本时，还要附上公司过去三个会计年度的审计账簿，审计师要对这些文件的可靠性、相关性及涉案企业的会计制度与涉案产品的成本会计制度的合理性做出说明。在审计准则中，如果控制测试的结果表明企业内部控制比较健全，那么可以提高对企业会计信息的可信性，降低抽样的比例和测试范围。

2. 终裁阶段的实地核查

进入终裁阶段时，仲裁委员会要对涉案企业进行实地考察，以验证涉案企业是否如实填写调查问卷。例如，为了验证企业是否隐瞒出口销售情况，仲裁委员会在实地核查时对销售与收款循环的内部控制进行测试，该内部控制的目标包括：所有的销售交易是否均已登记入账；登记入账的销售数量是否确实已发货；销售交易的记录是否及时等。为了验证企业是否如实填写正确的成本信息，终裁委员会实地核查的内容有：生产业务是否严格按照管理层的授权进行；记录的成本是否是实际发生的；所有耗费包括物化劳动是否均已反映在成本中；成本是否以正确的金额，在恰当的会计期间及时记录于适当的产品等。由于核查的时间比较短，良好的内部控制可以使仲裁委员会更倾向于信赖被起诉企业的信息，相反，如果仲裁委员会的核查结果表明企业的内部控制混乱，则会导致仲裁委员会采用 BIA 规则。

（三）加强对已有内部控制规范的执行力度

中华人民共和国财政部颁布了一系列内部控制规范，这为企业强化内部控制提供了很好的指导，企业应在此基础上贯彻执行并结合自身实际不断发展完善。

（四）构建满足反倾销需要的内部控制制度

在反倾销调查中，涉诉企业需要准确填写调查当局发出的调查问卷。这其中必须有企业会计信息的支持。除此以外，美国调查当局还需要涉诉企业提供过去 2~3 年经审计的企业财务报表，进而核查问卷数据的真实性。企业内部控制制度的设立目标是规范会计行为，确保资料真实完整。当前我国企业对会计资料的保存方面并未进行重点关注。因此，中国企业应基于《内部控制基本规范》与《内部控制应用指引》，建立符合需要的会计资料库，并严格执行内部控制制度，达到企业接受反倾销调查时能够快速准确地提供相关信息的目的。

二、细化企业内部的会计核算工作

细化企业的会计核算工作指的是在我国现有会计核算要求的基础上，考虑国际通行做法与世界贸易组织（以下简称"世贸组织"）要求对财务会计核算内容、工作分工等进行细化从而提高会计资料在应对反倾销调查中能够发挥的作用。可能的措施包括以下四方面。

（一）会计核算资料的细化

对会计核算资料进行细化，需要从会计账簿入手，建立完整、明晰的基础会计账簿。并且需要从会计制度切入，基于现有的核算制度，对国际会计准则、世贸组织相关规则以及反倾销诉讼经验教训进行有机整合，有针对性地健全财务会计制度，特别需要注重建立完整规范的基础会计账簿。

（二）会计核算内容的细化

会计核算内容的细化主要包括两点，分别为细化企业生产经营过程中的会计工作和细化不同层级的成本项目与内容。其中，前者需要从原料采购、产品生产、产品销售和售后服务等具体过程入手，根据反倾销调查问卷所要填写的内容，以企业具体实际情况为基础对会计分工、会计核算进行细化，同时需要强化对会计资料的保存工作。后者要求利用系统分析的科学方法对生产产品的成本构成进行细分，在细分基础上明确产品的成本核算项目。通过这一过程，企业可以实现合理有效降低产品成本的目的，从而不断提升产品在市场中的竞争力。

（三）会计职能分工的细化

会计职能细化的过程可以从设置竞争对手会计岗位和设立反倾销会计岗位两方面进行。具体而言，前者基于权变的管理思想，在全面的信息搜集基础上对竞争对手的各项财务和非财务信息进行分析，从而规避可能的反倾销诉讼。后者在西方国家中已经得到较为广泛的运用。反倾销会计是以产品出口为主要业务的企业应该专门设立的会计岗位，它能够帮助企业对反倾销诉讼进行专业应对。由于反倾销调查当局设计的调查问卷内容烦琐，不易填写，其中涉及的产品成本问题通常需要耗费较长时间才能准确获取，因此，一个专门的反倾销会计岗位对于问卷相关信息的全面整理与准确填报十分必要。通常而言，反倾销会计包括反倾销应诉会计、反倾销调查会计、反倾销规避会计等。

（四）相关会计基础工作的细化

在建立健全企业现代经营管理机制的基础上，严格遵循会计准则和会计制度的规定，提高会计信息的真实性和可靠性，避免人为的和非市场的因素对会计信息的干扰，增强会计信息的通用性，不断对企业会计实务水平和规范程度进行提升。企业应该根据中国会计法、企业会计准则和企业会计制度要求建立符合国际惯例和中国会计准则的会计核算体系。这要求企业从完善会计基础部门建设入手，对企业会计核算过程进行规范，同时需要强化企业的财务管理，并且应该严格依照《会计档案管理办法》的要求进行会计资料的建档工作，保存完整的企业会计账表。这样，当国家反倾销调查机构对企业发起反倾销调查时，企业能够及时、准确地提供真实而全面的基础会计信息，通过自身努力，争取反倾销调查中的有利地位。

三、建立应对反倾销的会计概念框架

应对反倾销的会计概念框架建立的目的是为了更好地对反倾销调查进行应对，该概念框架的具体内容也就一定是对应反倾销的作用机理进行反映。当企业遭受其他国家发起的反倾销调查时应及早提出规避方案，并且需要在正式的反倾销调查中提供内容充分、有理的证据来应对调查机构的现场核查，从而为中国企业就其遭受的反倾销诉讼提供理论支持。反倾销会计概念框架的原则包括针对性原则、务实科学性原则、动态性原则、系统完整性原则和继承性原则。针对性原则要求反倾销会计基于企业和反倾销调查当局等会计信息需求方的立场上进行概念框架的构建；务实科学性原则要求在进行反倾销会计信息平台构建之时应当立足于中国的具体国情与企业实际情况，而不能照搬西方国家理论框架体系；动态性原则也称开放性原则，这一原则要求反倾销会计概念框架应当具有可调整性，它并非一成不变，而是需要根据社会环境、经济环境、法律环境的变化而不断调整，力求提供最及时、最准确的会计信息，更好地为企业反倾销应诉提供支持；系统完整性原则要求反倾销会计概念框架具有大局性与整体性，从总体上去把握应当包括的会计要素，如何进行分类；继承性原则要求对传统会计理论的精华内容进行保留与继承，不能一味接受新思维而放弃"老精华"。中国企业应对反倾销的反倾销会计概念框架如图 5 – 1 所示。

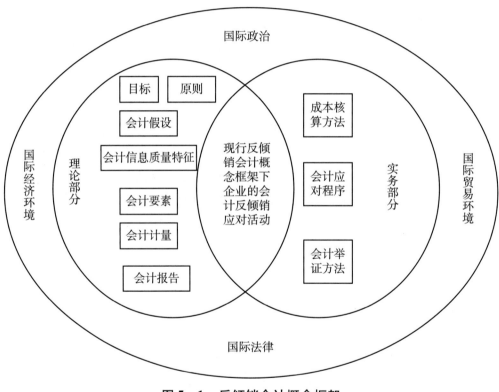

图 5 – 1　反倾销会计概念框架

从图 5 – 1 描绘的内容可知，外部的国际政治、法律、经济和贸易环境对会计理论的影响是一个动态且具有互动性影响特征的过程，理论部分是反倾销会计框架的基础，通过相关具体会计标准的制定，对实务部分内容进行指导；而与之相对应的是，实务部分的操作方法与过程是对理论部分内容的具体反映，同时也是理论部分所提出要求的实现手段。

第六章
反倾销应诉中会计
证据的法理分析

由于会计信息本身的专业性，因而在行使其在应诉反倾销诉讼中的证据作用时，必须给予会计信息独立的取证自由和专业的判定标准，并得到法律的认可和保护。与此相适应，会计证据的内容在 WTO《反倾销协定》中得到了大量适用，会计证据法理化趋势得以展现。本章内容就反倾销协定对会计证据以及规范会计证据的会计标准的法律地位、法律性质以及法律效力进行分析。

第一节　反倾销调查会计证据法理化趋势

WTO《反倾销协定》是世界各国制定反倾销法的基本原则，也是对倾销采取反倾销措施的法律依据，是实体法与程序法融为一体的法律规范。该协定包括 18 个基本条款和 2 个附件，其中基本条款的三部分内容中，第一部分 15 条是关于反倾销制度的内容，第二部分 2 条是关于反倾销委员会和争端解决，第三部分第 1 条是协议的实施与执行，2 个附件的内容则是关于现场核查及证据资料。

整部法涉及倾销部分的会计知识主要是：确定损害的数据由国内产业来提供；因果关系的确定在于论述和排除；确立倾销幅度要以应诉企业提供会计资料为依据。除此以外，中国应诉反倾销会计还面临着特殊的背景，如市场经济地位的确定问题，一旦中国企业不能证明其市场经济地位，其将被选择生产成本远远高于中国企业产品生产成本的替代国的可类比产品，以该可类比产品价格衡量中国出口产品的正常价值，进而判断中国出口产品的倾销行为存在，并据此征收高额的反倾销税。

一、反倾销法程序规则

各国反倾销法都为反倾销制定了严格的法定程序，以保障反倾销措施公正有效地运用法律保障，其程序基本相同，包括：原告发出反倾销提案，照会出口国政府，发出问卷并通知出口国政府驻外机构，调查当局进行初裁并发出市场经济条件问卷，根据应诉方的问卷填答进行初裁，之后进行实地查证并据此做出仲裁，被实施反倾销措施的企业还面临 5 年的日落复审。

各国有关反倾销程序立法主要涵盖以上内容，但就细节和具体规范而言，仍然存在有一定的差异，在实践中的运行效力也各具特色。

二、反倾销实体规则的会计解读

确认是否存在倾销需基于如下判断：（1）产品的售价低于正常价值或公平价值；（2）该低价销售对进口国产业造成实质性损害或损害威胁或对进口国新建工业造成实质性阻碍；（3）低价销售与遭受损害间因果关系存在。因而以下就 WTO 实体法关于反倾销诉讼的实体规则从会计学上来进行解读。

（一）正常价值的确定

1. 市场经济国家正常价值的确定标准

一般而言反倾销中正常价值的确定分为市场经济国家和非市场经济国家两种情况，对市场经济国家可以有三种价值确定方法：一是采用国内同类产品的可比价格；二是采用出口国在国外市场销售的最高价格；三是采用出口国企业的结构价格。对于非市场经济国家，一般只能采用替代国价格，包括替代国国内售价、国内结构价格、国际销售价格等。以下做详细介绍。

GATT 第 6 条给出了确定正常价值的一般方法。认为对于市场经济国家[①]，可以前面所提到的三种方法，即国内同类产品的可比价格、出口国在国外市场销售的最高价格、结构价格进行衡量。而对于非市场经济国家而言，则需要采用替代国价格进行衡量。

2. 非市场经济国家正常价值的确定标准

非市场经济国家出口产品正常价值的确定需要采用替代国价格。替代国价格，是一个与出口产品国家的经济发展水平相当于国家中该产品的销售价格。非市场经济国家中出口产品的正常价值确定首选替代国价格。

---

① GATT "附件九" 关于第 6 条第 2.1 的注释和补充中，明确指出这些确定正常价值的一般方法只适用于市场经济国家，对非市场经济国家的产品正常价值的确定，采用特殊标准。

通常，对于已被确认为非市场经济的国家，首选替代国国内销售价格，但当国内的销量很小或无销量或其售价低于成本时，则采用替代国的出口价格或结构价格。其中替代国结构价格与出口国的结构价格概念是一样的，只是适用的主体是替代国。如果替代国价格或结构价格均不可用，则还可以选择相似产品在进口国的销售价格。在应对欧盟的替代国政策时，涉案企业应突出指明该产品依据国际会计准则进行产品成本核算；而在对美国替代国政策进行应对时，应采用"要素确认法"来进行抗辩。

（二）出口价格的确定

1. 确定出口国国内市场价格

国内市场价格指的是，在正常贸易情况下，相同或类似产品在出口国国内用于消费时的可比价格。该定义有一个前提：产品出口国国内销售可比商品数量需要达到某一比例。WTO《反倾销协议》规定的是在正常贸易过程中形成的市场价格，并且销售数量不得低于相同产品或类似产品向进口国出口数量的5%。正常贸易是排除所有可能影响交易中价格形成的因素后的贸易。任何有低于成本销售的情况，或是国内市场价格不具有代表性，都将被排除在该标准之外。

2. 确定第三国出口产品价格

第三国出口产品价格指的是出口国的产品销售向第三国市场时的价格。《反倾销协定》规定，作为计算反倾销依据的出口价格需满足四个要求：第一，产品相同或相似性要求；第二，向所有第三国出口中价格是最高的；第三，第三国的市场与进口国中的销售方法中组织机构及其他推销渠道上具有相类似性；第四，售价高于成本。

3. 确定出口国结构价格

根据 WTO《反倾销协议》的规定，结构价格通过对产品产地中该产品的生产成本、销售、管理、一般费用和利润进行求和得到。

（三）出口价格与正常价值的比较

出口价格指的是正常贸易中中国向某一第三国出口产品的价格。若出现不存在出口价格或出口价格不可靠的情形，出口价格应以该产品第一次转卖给进口国独立买主的价格为基础进行确定。若上述产品并非转卖给独立买主或不以进口条件转卖，出口价格将由进口国当局进行判定。

根据公平合理原则来比较出口价格与正常价值。一是在相同贸易水平上；二是根据具体情况具体处理，不能一刀切，如不同销售条件下的比较必须进行调整，调整到同一销售条件下比较，其他如涉及货币兑换、包装、信贷、税收等因素时也要进行调整。

根据比较，可能的结论就是倾销存在、不存在或存在但是幅度极小可以忽略不计①。只有确定存在倾销时才能继续反倾销调查，否则应该终止。

（四）对低于成本销售的特别规定

经过以上的比较分析后，若某一商品的出口价格低于其生产成本，也可以被诉反倾销。美国欧盟都对此有特别规定。欧盟规定，在计算正常价值时要考虑以下四个因素：（1）在国内市场不低于生产成本的现存销售为基础；（2）对第三国销售为基础；（3）构成价值为基础；（4）调整上述反映的为消除损失和提供合理利润的附属生产成本价格。

（五）确定损害及因果关系

判断出可能存在倾销后，调查当局需对倾销的实质后果进行确定，即是否对进口国造成了损害。其中最重要的要件就是损害是由倾销造成的，因此必须指出损害与倾销之间的关联，否则不构成倾销，诉讼终止。

根据 WTO《反倾销协议》，损害指的是对某国内产业的实质性损害②、对某国内产业的实质性损害威胁③、对某国内产业的建立造成实质性阻碍④。只要满足以上三种中的一种，损害就是存在的。

1. 损害确定的标准

损害的确定证据包括：被控的倾销产品销售数量短期内急剧上升、该产品

---

① WTO《反倾销协议》规定，出口价格低于正常价值的差额，如果不大于按出口价格的 2% 时，可以忽略不计。

② 实质损害，也称重大损害或严重损害，是指对进口国相同产品的销售产生了实质性的影响，从而严重损害了进口国相同产品生产商的利益及其产业发展的事实。

③ 实质损害威胁也称重大损害威胁，是指进口产品对进口国产业虽未造成实际的实质损害，但有证据表明如果不采取措施将导致实质损害产生的事实。

④ 实质阻碍是指倾销产品虽未对进口国相同产业造成实质损害或损害威胁，但却严重阻碍了进口国相同产品的一个新产业的建立。需要注意的是，受阻碍的产业是还未建立起来、正在建立中的新产业。要确定是否构成实质阻碍，需要考虑这些进口产品对国内相同产品生产商造成的后续影响。

的销售影响了国内相同产品的销售价格、被控的倾销产品对国内相同产品的制造商带来了其他后续影响。

累计评估原则是损害确定中应遵从的原则。在确定产业损害时，来自不同国家或地区的相同或类似产品可以作为共同对象被诉反倾销，因为其可能综合起来对进口国造成损害。

2. 倾销价格与损害的因果关系

给定倾销和损害存在的事实，只要能证明损害是由倾销造成的，那么就可以最终确定反倾销的存在，至于倾销的幅度则根据正常价值与出口价格之间的差额来确定。

倾销价格与损害之间的因果关系式反倾销法规定的一个判定倾销存在的必要法律要件，这一点，国际《反倾销协定》和各国反倾销法都没有争议。但是在关于具体如何评判因果关系标准，各国都没有明确规定，而只是规定了必须考虑的三个因素，即进口数量、价格影响和对进口国的产业冲击，这使得反倾销调查当局在应用此条款时带有很大的随意性，这也是中国在应诉反倾销诉讼中争取会计话语权，争取双边贸易谈判所要努力的方向。

进口数量是判断因果关系的一个显著因素，但是这个数量必须是一个此消彼长的关系，在 2010 年中美轮胎特保案中，美国进口轮胎的数量在近 3 年内平均增长率在 30% 左右，并不能构成明显的倾销证据，且美国在反倾销终裁后国内企业的销售反而呈下降趋势，可见并非倾销造成的销量减少，令人遗憾的是，中国却没有能在应诉中取得反倾销的胜利，说明什么问题呢？调查当局的结论是中国提出的证据不足，可见问题出在应诉过程中。

（六）市场经济地位的规定

美国《1930 年关税法》规定，判断一个国家是否为非市场经济国，有如下标准：（1）该国货币与其他国家货币的可兑换程度；（2）雇员与雇主谈判工资的自由程度；（3）该国对合资企业或者其他外国投资的准入程度；（4）政府所有权或对生产资料的控制程度；（5）政府对资源分配的控制程度与决定价格和产量的程度；（6）行政当局认为合适的其他因素。

中美签订的双边协议中，规定了"非市场经济"条款将至少持续到中国加入世界贸易组织后的 15 年。这 6 条标准，考验着中国的人民币汇率、劳工市场、国家对经济的干预程度以及资源的整合配置等问题，其中市场机制是"非市场经济"标准的核心。

（七）市场导向原则

市场导向原则（MOI）指的是，如果认定一个企业是否在某行业属于市场导向产业，若是被认定为市场导向型企业，对这类企业，计算正常价值时以该国国内市场或第三国市场的价格为基础。对此，美国商务部MOI的三个标准是：产量、价格不存在政府干预的情形；该产业中的企业以私有或集体所有（合伙制、股份制）在该产业中可能有国有企业，但只要不阻碍市场导向产业的成立和经营；所有重要的生产投入，物质的和非物质的（如劳动力、管理费用等），以及所有其价值在产品成本价值中占有重要比重的生产投入，都必须是以市场价格决定的。

（八）单独比率

对非市场经济国家，涉案企业若想取得单独税率待遇，必须先通过"单独税率"的检验，否则，只能接受单独税率的平均数作为自身的倾销幅度。要申请单独税率，应诉企业必须能够证明自身的出口行为无论法律上还是实质上都不受政府控制的证据，以此来说服反倾销调查当局。

三、会计信息证据力的法律保障

不少学者认为信息不对称的改变其实只要企业了解世贸组织的游戏规则，按国际贸易的法则办事，就能有效维护企业自身的权益，为此我们以为只要加入世贸组织我们就能完全享受其庇护，只要我们的会计准则与国际会计准则实现趋同甚至是等效就不会有会计准则的适用问题，然而事实是，中国已经连续15年成为世界头号反倾销目标国，在面临全球经济危机时各国都在自保，而中国政府却积极鼓励进口，减少出口，为世界经济复苏做出自己应有贡献的情况下，反倾销不但没有因此减少，反而成为更多国家竞相效仿的贸易保护手段，中国的反倾销应诉之路似乎将更加艰难。因此，仅仅被动地了解国际贸易规则和反倾销国际法律法规并不能从根本上改变中国应诉反倾销的被动局面，谁能掌握规则的制定谁才能拥有真正的主动权，才能决定应诉反倾销中会计准则的选择权，真正改变中国长期遭遇反倾销的不利境地。

掌握游戏规则的制定权远比掌握游戏规则本身重要得多，先要制定游戏规则，然后在规则中游戏，才是中国赢得应诉反倾销的胜利，改变整个反倾销格局的出路。

第二节　会计准则在应诉反倾销中的法律地位问题

1904 年加拿大制定了世界上第一部反倾销法。由于法律和会计隶属于不同的系统，因而反倾销法虽然对作为证据力的会计信息做出了相关规定，但其对会计标准的发展其影响作用有限。而会计准则要想具有法律的权威性，需要获得一般法律的支持。在反倾销诉讼中会计信息的法律效力主要体现在其作为证据资料的法律效力上。在应诉反倾销诉讼中，会计信息发挥证据作用的关键一方面在于反倾销法律的支持，另一方面在于会计准则选取的话语权上。

一、反倾销法与会计标准的国际化

反倾销法的国际化、标准化从一定程度上带动了会计语言的国际化和标准化，目前，反倾销已成为国际贸易中的常态，反倾销法也在这种趋势中得到发展，全球向国际化、标准化的目标靠拢，反倾销法中对会计标准的选择和适用也随之不断发展，从 21 世纪初开始，会计才开始成为在反倾销诉讼研究中的热点，发展到今天，各种与反倾销诉讼相匹配的会计目标、会计程序、会计体系都逐渐开始显现，可以说，反倾销法通过自身制度化的规定迫使会计与之相适应，同时也促进了会计学的发展，尤其是促进了会计标准的国际趋同和等效。

反过来，会计准标准（具体表现为会计准则和制度）具有制度性和技术性的双重特征，其制度性和专业性使其保持了与反倾销法的距离，保持了各自的独立性，但其技术性特质又影响着反倾销法的制定和实施，影响着反倾销诉讼结果和执行。

总之这两大体系正在互相影响、互相渗透，共同发展，并存在一定程度的交叉和融合。

二、是否符合中国的会计准则标准

中国会计准则目前已基本实现与国际会计准则的实质性趋同，这是中国会计准则目前在国际上的地位标准，但在应诉反倾销时中国会计标准可以说仍然缺少话语权。譬如，国际反倾销协定规定，可以有条件地接受企业的会计记录来确定成本。但是在实际应诉中，中国并不能随心所欲地选择会计标准，再加上反倾销法与会计准则之间又具有相互独立性，因而各国的反倾销法即使规定了承认各国的会计标准，但是总有些附件的条件或是与非会计问题挂钩。

市场经济地位问题就是一个让中国非常棘手的问题，若是不能取得市场经济地位，会计标准的选择权就没有意义；若是不能取得市场经济地位，成本核算也将采用像结构价格这样极不合理的标准。

三、是否符合国际会计准则标准

国际会计准则理事会（IASB）是非政府的行业团体，因此由其制定的国际会计准则只能作为一种国际规范，或是国际惯例，并不具有法律效力，而且它也不一定能适用于所有国家，适合所有国情，因此国际会计准则的法律效力，完全取决于主权国家的采纳程度。而国家法也是一样，其渊源可能比国家会计准则要深，但是它仍然是源自国际条约和国际惯例，是各国共同协商和妥协的产物，其法律效力也依赖于主权国家的认可。国际法律界甚至有人认为国际法是一种"软法"。

但是尽管反倾销法和国家会计准则都依赖于主权国家的认同，但是一旦认同，其就具有其应有的法律效力。就目前来说，国际标准仍是目前反倾销应诉中最权威的标准，不得不承认中国与美国、欧盟等发达国家之间确实存在政治经济上的差距，在会计标准的国际化进程中中国长期处于被动接受的局面，很少有自己的创新发展，这也决定了中国会计标准在国际上缺乏话语权，因此目前在国际会计准则等效上还有很长的路要走。

四、会计准则的国际等效

根据以上分析可以发现，应诉反倾销会计证据的可靠性的法律保障不在于选取何种会计准则来生成会计信息，而在于所选用的准则能否被反倾销调查当局认可，由于认可的标准含混不清，实际上为反倾销裁定带来了很多不确定性，是否选用合理的会计准则并且完全遵照已经选定的会计准则执行才是调查当局所真正看重的，因此会计准则是否与国际趋同甚或是与国际等效在反倾销应诉中并不具有绝对意义，虽然会计准则的国际等效已成全球的一大趋势，但是等效不是文字上或形式上的绝对等同，而是实质计量、记录、报告以及披露的真实、公允以及完整。因此会计应诉会计信息披露的质量应该是中国当前应诉反倾销实务中所急需解决的问题。

第七章
增强反倾销应诉中会计
信息证据力的对策

反倾销法与会计法是相互独立的法律体系，在反倾销问题上，会计法律制度服务于反倾销法，当今的趋势是会计信息在应诉反倾销诉讼中出现了法理化趋势。因此要提高会计信息的话语权一是要提高中国会计法律制度（具体表现为会计准则的选用上）作为国际公认会计标准的话语权，促进会计标准的国际等效；二是要在反倾销法中更加明确的规定会计准则适用的条件和方法等，也即加强会计标准的法理化；三是在应诉实务中增强会计信息披露的质量。

应对国外反倾销等贸易诉讼，需要搜集充分的会计信息，并在不同的诉讼阶段进行有针对性的会计举证，因此提升会计信息证明力的工作，对于企业在应诉过程中保持主动性及维护国家的经济安全具有重要的意义。中美轮胎特保案已表明会计信息具有证明力作用，可以保护本国相关产业，维护国家的经济安全，但是由于没有充分发挥会计信息的证明力，导致诉讼中中方举证不足而败诉。所以在今后的贸易诉讼中，为了维护中国的国家经济安全，必须充分利用会计信息的证据作用，全面提升会计信息的证明力，为此必须明确提升会计信息证明力的途径。本书认为应主要从如下两方面提升会计信息的证明力：加强企业的内部控制，提高会计信息的可采性；建立健全企业的会计实务，及时准确地提供应诉材料。

第一节　增强中国在国际反倾销立法中的话语权

反倾销法与会计法是相互独立的法律体系，在反倾销问题上，会计法律制度服务于反倾销法，当今的趋势是会计信息在应诉反倾销诉讼中出现了法理化趋势。因此要提高会计信息的话语权一是要提高中国会计法律制度（具体表现为会计准则的选用上）作为国际公认会计准则的话语权；二是要在反倾销法中更加明确的规定会计准则适用的条件和方法等，也即加强会计准则的法理化。

世界贸易组织、国际货币基金组织和世界银行等重要国际经济组织的话语权一直以来都被美国、欧盟所把控，中国在国际经济问题上缺乏应有的话语权。

国际财务报告准则应对各个国家，尤其是世界上的主要经济体的实际情况进行综合考虑，提高质量，得到全球公认才能成为全球统一的高质量会计准则。然而在实践中，以中国为代表的频繁遭遇反倾销诉讼的国家缺乏相应的话语权，导致中国企业在应诉反倾销时缺少相应的法理依据，不得不根据反倾销当局认定的会计标准来举证或进行市场经济地位的抗辩。

金融危机以来，IASB 开始就危机中暴露出的准则缺陷进行修订，然而修订过程充满坎坷，多项修订准则出现了不同的争议，借此契机，正是中国提升国际话语权的最好机会。2009 年，李飞龙成为国际财务报告准则解释委员会委员，标志着中国在国际财务报告准则制定机构的各层面都有了发声代表人，这将有助于及时向国际会计准则理事会反映中国的特殊会计问题，为中国全面深入地参与国际财务报告准则的制定、解决中国问题提供了更为有效的路径。

一、参与 IASB 会计准则的制定

20 世纪 90 年代中国财政部与国际财务会计准则委员会建立了良好的合作关系，1997 年中国加入了国际会计准则理事会（IASB）和国际会计师联合会（IF-AC）。21 世纪以来，最能代表中国会计标准国际话语权的事件主要是：（1）2006 年中国发布新会计准则，标志着中国企业会计准则与国际财务报告准则的实质性趋同已经基本实现。（2）中国在国际会计准则理事会的任职情况。中国有多位专家出任国际会计准则制定机构的理事、委员等职务，如张为国、刘玉廷、李飞龙等人分别（曾）担任国际会计准则理事会专职理事、国际财务报告准则咨询委员会委员、解释委员会委员等。

中国在 IASB 的任职情况使得中国不仅能代表本国，更是代表广大发展中国家向 IASB 反映情况，提出合理有效的建议，中国不仅是会计标准国际化的接受者、拥护者和执行者，更应该是会计标准国际化的推动者、制定者和领导者。对于应诉反倾销来说，通过国际会计标准的国际化，进而影响各国的反倾销法关于会计信息证据力的规定，从而改变应诉反倾销中被动选择会计准则的尴尬局面。

二、增加双边贸易谈判

加入 IASB 还只是第一步，参与国际会计标准的制定是争取中国会计标准国际地位的前提，但当今国际政治局势动荡，经济发展极不平衡，要想施行一个全球通用的会计标准不是一蹴而就的事情，这涉及多方利益关系和世界政治经济格局，要整合全球的会计理念、会计准则或会计制度谈何容易，从第八次多哈回合谈判之所以久决不下的现状就可见一斑。因此笔者建议一方面争取全球通用会计标准的制定权，另一方面改多边贸易谈判为区域或双边贸易谈判，争取与各国取得单独谈判的优势，并着重考虑中国会计标准在应诉反倾销诉讼中的法律地位和可采性。

值得一提的是，由于反倾销诉讼涉及的"市场经济地位"问题，使得中国在反倾销应诉中陷于极端不利的处境。中国的市场经济地位已获多数国家认可，但美国、欧盟这些对中国外贸有着决定性影响的国家和地区并没有承认中国的市场经济地位，中国加入世贸组织后，虽然有取消非市场经济地位的时间表，但是要想消除最后的障碍，困难重重。以美国为例，2010 年 5 月的第二轮中美战略与经济对话中，美方提出"在贸易救济调查中，认真考虑并给予提出'市场导向行业'申请的中国企业公正、合理的待遇，并尽快认可中国市场经济地位"。[①] 其态度相当模糊，何谓"合作方式"何谓"公正、合理"，均没有标准可依。

因此借助此次金融危机，增加双边贸易谈判，是改变中国会计信息应诉反倾销的国际力量对比的一个有利契机，通过改善双边贸易关系，相互承认市场经济地位和会计标准，是改变中国长期遭遇反倾销诉讼被动局面的一个契机，也是我们在反倾销诉讼中赢得胜利的必要保障。

三、协调法律与企业会计标准的关系

在应诉反倾销诉讼中，会计信息要在反倾销法的框架内服务于应诉的特殊

---

① 《中美战略对话闭幕，美方将承认中国市场经济地位》，新浪新闻，2010 年 5 月 26 日，http：//news. sina. com. cn/c/2010 – 05 – 26/034520345437. shtml。

目的，则会计准则的国际趋同要在世界不同的司法管辖区域内实现，会计概念的形成必然会受到法律思想的影响。曲晓辉等（2006）的研究指出，投资者能够获得的保护较少时，会计准则条文上的国际化协调并不等同于真正的会计实务协调，甚至有可能对盈余的信息含量起到削弱作用。会计界与法律界本身是两个独立的领域，两者在会计信息的相关性、可靠性、真实性等质量特征的认定上存在差异，使得会计准则缺少法律效力，削弱了其应诉证据力作用，因而必须在两者之间建立一种协调机制，使得会计准则既不失去其独立性，同时又能在应诉中满足法律对证据属性的要求。

要求会计准则在国际化进程中要能考虑到应诉的特殊需求，一是要尽快建立一套应诉反倾销会计信息系统，二是加快国际会计等效进程，减少由于在应诉中选用会计标准的争议，减少协调成本。反过来，完善的司法环境将有助于保护会计信息作为法理证据力在实务中的执行。

第二节　提高会计信息披露的质量

由于应诉反倾销国际环境的不确定性、语言的限制以及解决贸易纠纷的高成本，中国企业在应诉反倾销时要么不应诉，要么草草应诉。不应诉的企业企图搭便车，应诉的企业则有心无力，常常是事倍功半，费了九牛二虎之力来举证，却因为信息披露的不完整、不及时等缺陷最后不被调查当局认可，因此在实务中，应诉的策略如提高信息披露的质量与法理的建设同样重要。

会计信息披露时必须满足相关性、可比性和可采性等质量要求，信息披露的质量一方面取决于法律的约束力度，另一方面取决于披露的经济效益。

各国反倾销法属于不同司法管辖区域，调查当局在采用会计标准时往往具有可选择性，只有当各国会计标准基本上与国际会计标准实现等效时，会计标准选用的争议才能得到有效解决。再加上信息披露是具有成本和效益的，其成本表现在两方面，一方面即与披露相关的直接成本，如披露的中介费用，另一方面是信息披露可能会导致企业商业秘密的外泄，如引来竞争对手的竞争和超越等成本；与此对应的是信息披露的效益，在反倾销诉讼中最直接的效益就是取得应诉的胜利，同时胜诉还可能对其他国家起到警示的作用，警示其不要滥用反倾销。

第三节　建立健全成本核算体系

齐炳忠、梁劲（2002）认为中国在成本费用的确认、计量方面与国际会计准则存有差异，而会计计量的公允性关系到资产或负债交易的可靠性，在贸易诉讼中能够有效地评判该资产或负债的经济实质[①]。损害国家经济利益的反倾销等贸易制裁中，出口价格是核心，而价格是由成本决定的。众所周知，产品售价是由其成本价格与附加价值构成的，而贸易制裁是否具有合理性，主要看产品的出口价格与国内售价或成本价格相比是否显著更低。因此成本信息是贸易诉讼中的一项有力证据，是提升会计信息证明力的有效途径。成本是反倾销调查的根本依据，出口产品成本价格是多少、由哪些要素构成、确定的依据是应诉企业必须详细回答的问题。不同的成本核算方法会导致完全不同的裁定结果，国际组织上通过出台标准化成本计算规则来消除标准多样性带来的不公平。这些规则不仅体现在《关贸总协定》和《反倾销协定》中，还体现在已为各国普遍认同的国际会计准则中。有时候，会计准则之间的差异会成为核定倾销是否成立的关键。但是中国目前的成本核算体系仍存在一些问题，致使中国在贸易诉讼中遭受了严重的损失。

一、中国传统成本核算体系中存在的问题

现行成本核算法无论是品种法、分批法还是分步法都是以产品为中心进行

---

① 齐炳忠、梁劲：《反倾销中会计计量公允性的思考》，载于《重庆建筑大学学报》2002 年第 8 期。

分配的，是一种比较粗略的成本分配方法，不能真实核算生产经营过程中资源的实际消耗，因此不能反映产品的实际成本，用该方法计算出的产品成本很难达到反倾销调查组的要求。

（一）产品成本信息失真

传统成本管理模式以产品作为对象，其计算结果仅能反映类似固定、变动成本的产品成本信息。这些成本的分摊基础是产品的产量，其准确性备受质疑。另外，这种方法所得到的结果在西方国家看来也存在缺乏相关性、及时性等问题。把这些信息用在反倾销调查应诉中缺乏证明力，得不到起诉方的认可。同时，传统成本管理模式没有重视非增值成本。即没有对那些不能增加客户价值的作业耗费的成本进行充分考虑。

（二）成本核算制度缺乏反倾销等贸易诉讼导向

在经济全球化的大环境下，企业成本核算的目的不仅要提供会计报表所需的信息，而且还要为反倾销等贸易诉讼提供资料。此外，成本核算体系不能舍弃应诉的出发点，要始终秉持维护中国经济安全的原则，因此应采取一种尽量压低涉案产品成本的成本核算方法。涉案产品的成本越低，"出口价格"低于"正常价值""产品成本"的概率就越小。只有符合上述标准的成本核算方法才是具有反倾销等贸易诉讼导向的核算方法，但是事实证明中国的成本核算制度缺乏这种导向。表现在下列方面：反倾销等贸易诉讼中所认可的产品成本构成与中国企业的成品成本构成不同。欧美等国家在反倾销诉讼中倾向于使用结构价格，美国反倾销法规中的结构价格（CV）计算公式为：

$$CV = 产品成本（COP）+ 利润（PM）+ 包装费用（PA）$$

$$COP = 生产成本（COM）+ 销售和一般行政管理费用（SG\&A）$$

$$COM = 原材料 + 人工 + 固定制造费用$$

$$SG\&A = 销售费用 + 管理费用 + 一般费用$$

反倾销法规要求的成本资料与中国产品成本之间的关系如图 7-1 所示。

许多国家的反倾销法律规定应按成本性态将成本划分为变动成本和固定成本，无论是《反倾销协定》还是美国调查问卷都要求详细提供变动成本和固定成本资料，而在中国的实践操作中仅以直接材料、直接人工、制造费用来刻画成本，

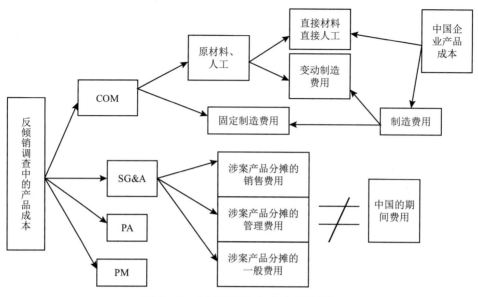

图 7－1　反倾销法中成本的划分

而制造费用的分配却往往是调查机关调查的重点。反倾销等贸易制裁往往是突发事件，并且整个过程很仓促，只有 37 个工作日的时间填写调查问卷，所以要达到仲裁委员会的要求企业必须有一套健全完善的成本核算体系，并按成本性态对成本进行分类。但不幸的是，中国大部分企业既没有按照成本性态进行分类也没有对潜在的被调查产品进行日常的成本信息收集和记录，结果是不能顺利及时地填写调查问卷，仲裁委员会只能采用 BIA① 规则。一旦采用了 BIA，中方败诉的可能性极大，所以出口占重大比例的企业应该建立以反倾销为导向的成本核算体系。

此外，中国的成本还原制度也缺乏反倾销等贸易制裁导向。中国大部分企业的成本还原制度不健全，要么直接将自制半成品作为一个成本计算项目，要么进行模糊还原。总之，大部分企业都是还原得不够彻底，导致中国的产品成本构成难以理解，给起诉方以可乘之机。

---

① BIA 又称为"最佳可获得资料"，反倾销调查主管机关可以要求反倾销调查中的所有利害关系方提出与所涉调查有关的所有证据，如任何利害关系方不允许使用或未在合理时间内提供必要的信息，或严重妨碍调查，则初步和最终裁定，无论是肯定的还是否定的，均可在可获得的事实基础上作出裁决。

二、完善成本核算体系的对策

（一）加强成本会计的国际协调

根据国际上认可的"谁受益，谁负担"的经济原则分配成本费用，据此根据职能部门设置成本费用，费用的发生部门即成本项目的承担者。产品成本的界定既要向国际惯例靠拢，又要在国际会计标准中争取我国成本标准的合理性和权威性，争取得到更多国家对我国"市场经济地位"的认可。

产品成本的内容协调要求一是要按照职能部门来设置成本费用项目，费用的分摊体现部门成本，符合"谁受益、谁负担"的经济原则。二是要将部门的设置与产品制造过程联系起来。把握好直接生产部门和间接生产部门之间的关系和成本费用的分配，实践中由于间接费用的分配标准不一致，或费用分配与贡献之间的不匹配，使得产品成本分配上难以做到绝对准确，只能满足相对准确标准，这也是符合国际会计准则公允性原则要求的，也能满足应诉反倾销调查的需要。三是考虑环境成本的核算。当前国际社会为保护人类及其赖以生存的生态环境的健康和安全而采取的各种限制或禁止某些货物贸易进出口的法律法规和各项政策措施，其中包括反倾销（称为生态反倾销）。在生态反倾销调查中，要考虑的一个因素就是环境成本，国际上将其定义为"与破坏环境和环境保护有关的全部成本，包括外部成本和内部成本"。正如企业生产经营过程中需要对消耗的经济资源和人力劳动进行补偿一样，环境成本也应考虑进产品成本，进行相应的补偿。

（二）鼓励企业采用作业成本法进行成本核算

中国现行的会计制度和会计准则已经满足了应对反倾销等贸易制裁的要求，但中国企业的会计实务仍然是令人非常担忧的（孙铮，2005）。过去大量的研究都集中在应对反倾销等贸易制裁应选择哪种会计方法、会计政策或者哪种会计程序，但他们的研究都忽视了一点，即任何会计信息发挥作用的前提是获取仲裁委员会的信任。而取得仲裁委员会信任的基本条件是必须采用一种精确反映产品成本的核算方法，而传统的成本核算方法显然不可信，因为该方法计算的成本较为粗略。作业成本法能够弥补上述缺陷。在作业成本法下，凡是可方便的追溯到产品的材料、人工和其他成本都称为直接成本，直接成本可以直接计入有关产品，减少了成本分摊过程的误差。对于无法进行追溯的成本，先由各个作业进行分摊从而算得作业成本，进而通过一定方法将作业成本分摊到产品成本中。相比较而言，作业成本法算得的产品成本更具有准确性和真实性。

作业成本法有两个基本的计算步骤，如图 7 - 2 所示。

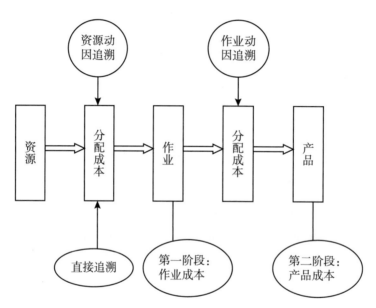

图 7 - 2　作业成本法的计算步骤

作业成本法根据动因追溯间接成本费用，提供真实客观的成本信息，提高了会计信息的可采性，避免成本信息的失真。准确合理的成本信息不仅是企业制定合理出口价格的依据，避免因定价不合理而招致不必要的贸易制裁，并且有理有据的成本信息可以让终裁委员会信服，提升贸易制裁胜诉的概率。此外，作业成本法揭示了成本发生的前因后果，能够清楚地知道产品成本的构成及成本变化的原因，便于进行成本控制。更为重要的一点在于，采用作业成本法进行成本核算的企业，其成本账目会比较清楚，能够快速完成反倾销等贸易制裁中的调查问卷，减轻了应诉时企业的工作量，并避免被采用 BIA 规则。

由于作业成本法能提供更明细的成本数据，计算的成本更加准确，不仅可以帮助企业管理层做出更加明智正确的决策，而且还可以满足反倾销应诉工作的要求。企业选用作业成本法进行成本核算对反倾销等贸易诉讼的会计举证起到了至关重要的作用，具有方法上的优势，因为作业成本法与世界贸易组织《反倾销协定》等的成本要求范围接近。作业成本法不仅可以提高管理效率，还可以为反倾销等贸易诉讼调查提供基础性条件，提高企业应对贸易制裁的能力。但是由于作业成本法实施成本高，操作业务量大，并要求操作人员具有较高的专业水平和职业素质，导致企业很少采用作业成本法。

（三）鼓励企业进行合理的产品成本筹划以降低其成本优势

在国际贸易中，中国具有很强的成本优势。具体包括廉价的劳动力、低廉的土地资本以及政府补贴等政策支持。中国有13亿人口，拥有世界最丰富的劳动力，中国劳动力的无限供给使得企业可以支付很少的劳工成本。此外国有企业只要不搬迁就可以无偿使用土地，并且由于中国的地价比较便宜，其他性质的企业付出较低成本就可以拥有土地使用权。由于以上原因导致中国的产品成本比较低，遭受反倾销等贸易制裁的概率升高，但这不是必然的结果，企业可以采用合理的方法进行成本筹划。

在经济转型期，出于对某些行业的政策支持，中国政府给予优势企业特别是出口型企业以大量的补贴，但是这种补贴可能会招致企业遭受国外的反补贴调查。会计准则中规定的会计政策具有可选择性，所以企业可以在法律允许的范围内变通处理，以维护中国的经济安全。以中国国有企业的土地成本为例，国有企业在搬迁之前可以无偿使用国家土地，所以企业会计账簿上不会显示这部分无形资产，也就不会将其摊销至产品成本，进口国认为这是低估成本的行为，给国外提起反倾销等贸易诉讼的机会。企业可以采用下列方法进行成本筹划，一是在确定产品出口价格时考虑该项无形资产的分摊；二是如果企业被裁定倾销，在填写调查问卷时，选择使用面积等有利的分配动因进行分摊，并将其计入管理费用，同时尽可能延长该土地的使用年限，使涉案产品尽量承担较少的土地成本。此外，为了扶持弱势企业，中国政府可能会以低廉的价格为企业供应水电等原材料。企业对这部分成本可以进行如下成本筹划：一是按照水电等原材料的市场价格计算产品的出口价格；二是按照市场价格填写调查问卷，但是在分配辅助生产费用时，采用交互分配法尽量将这类水电的原材料成本分摊到其他产品中。

总之，在不违背会计准则和会计制度的要求下，尽量选择降低涉案产品成本的核算方法，合理进行成本筹划，提高中国反倾销等贸易诉讼胜诉的概率，进而保障国家的经济安全。

（四）对企业生产过程的细化

由于涉及诉讼时的需要，企业需要明确细化地记录生产过程，从何种原材料的投入及数量，何种能源的投入及数量，到技术程度如何的人工投入及数量，再到何种机器设备的使用、其功能使用状况及各环节的耗费等。而且必须注意要账实相符，即必须保证记录的成本流和实物流相一致，这样便于了解生产过程的核算是否明晰、产品的成本要素组成和成本结构是否准确，也便于确定核算成本所选用的计算方法是否合理。调查当局还特别关注涉案企业的生产过程是否涉及转包或者分包的情况，以防止企业是否有无成本转移的可能。对于被诉产品，其生产流程图也是被调查的信息之一，涉案企业在应诉时需要绘制出被诉产品的生产流程图，这样便于调查当局进行成本的追溯和还原测算。

（五）对产品人工投入的要求

对人工的投入，是企业非常需要重视的一块。中国的产业正处于转型期，但劳动密集型的帽子暂时还是没有办法摘掉。劳动力的相对廉价，可以很好地降低产品的成本，增强中国产品的出口竞争优势。但与此同时，反倾销的调查也来了。劳动密集型行业中的企业工人工资福利往往较低、其权益无法得到合理保障，且人工构成存在不合理的情况。但是中国大多数企业实际上存在着给予工人的隐形福利，但50%以上的企业并没有将此项福利归入人工成本中。这不仅不符合全面薪酬核算的原则，更增加了在反倾销调查中的劣势，从这方面看来对企业是很不利的。美国商务部对非市场经济国家颁布的反倾销调查法中，中国企业适用的工人最低工资标准为 1.06 美元/小时（折合人民币约为 6.8 元/小时），在非市场经济国家中位居第二，仅次于白俄罗斯。如此的标准与中国的实际情况有差距，但规定已然如此，企业若再压低工人工资而获得成本优势，这样的措施显然需要改变。

总的来说，企业需要增加人工成本，提高工人的工资福利待遇，并扩大核算工资口径，将诸如住房补贴、交通电话补贴、伙食甚至书籍报刊费用统统纳入进来。其实这些在中国现行的会计准则中都包括在内了，只要企业严格遵守即可。特别需要注意一点，如果企业自身建有职工食堂或者宿舍，而工人可以较低的价格甚至免费享用的，这部分差价切勿漏记于产品成本中，而且是以人工成本的方式。这是调查当局非常关注的一点。还有一点，熟练工和非熟练工的区别是调查当局进行工人实际工作时长调查时关注的内容，产品的成本会由于熟练和非熟练人工的比例不同而有所差别，企业应控制好两者的比例，并将此成本合理的在被调查产品中进行分配。

（六）对产品设备投入的细化

企业应建立起详细的生产设备的信息情况档案。具体包括生产设备的获得成本和时间、折旧的计提情况及依据、生产设备用于生产的产品种类和各自的产量等。由于涉案企业的设备可能不只生产被诉产品一种，所以调查当局非常注重企业对制造费用的分摊问题，以防止涉案企业通过生产费用的分配问题降低被诉产品的生产成本。

（七）对土地投入的核算要求

由于中国的土地属于国家所有，在涉及反倾销问题时，土地成本成为困扰中国企业的一个问题。在计划经济时代，土地由国家行政部门通过划拨的方式交付企业使用，中间不存在市场化的定价过程，因此现在的土地遗留问题仍然很容易成为起诉当局的把柄。尽管现在中国早已进入了市场经济时代，由于不少企业存在着计划经济时代划拨的土地，现在就需要重新估值，但在操作上难免不会受到政府干预的影响。而在反倾销的调查中，不可避免地会涉及土地价格分摊到产品成本的问题，土地价格分摊的标准却是国外的地价标准。在国外，土地属于私有财产，需要通过市场化手段作价后被合理地分摊到产品之中。以往反倾销案件中，有一些企业无法获得市场经济地位的原因就是土地问题。所以企业在建立合理并且能有效应对反倾销调查的成本制度时，应重视土地问题，尽量能取得其所拥有土地的市场价格，并且公允的反映到产品的成本中。

建立合理的反倾销成本核算制度，是一种防患于未然的做法，最具有可取性。建立合理的成本核算制度是基本工作，从更详细的要求看，企业还应该记录下例如原材料的等级、规格型号、批次甚至供货商的详细信息。总的来看，企业需要建立起包含详细的供货商信息卡，原材料的详细出库入库单，能源耗用情况记录卡，工人详细情况记录册等的核算制度。而这些在严格的企业成本会计核算中几乎都有相同或类似的要求，所以并不需要为了应对反倾销而要求企业重新从根本上改变核算制度和方法。

第四节　建立有助于应对反倾销的会计预警体系

对于应对反倾销有所帮助的会计预警体系建设是实现反倾销规避的有力措施，同时也是一项具有战略意义的反倾销调查"前置化"应对的重要举措。中国企业应积极行动，建立反倾销会计预警体系。

一、构建全方位多层次的会计预警体系，提高会计信息的及时性

预警的目的在于找到出口数量与价格发生了巨大变动的项目，并根据这些项目的变化进行及时预警。通过预警体系，可以及时发现哪些行业的出口数量和出口价格发生巨大变动，进而及时要求相关企业准备相关会计信息，证明其出口的合理性，以取得反倾销诉讼的主动权，进而保障国家的经济安全。

构建合理的反倾销预警体系，需要时刻关注国内外的发展动态。世界贸易组织《反倾销协议》规定只有同时满足三个条件才能构成倾销，出口价低于正常价值只是其中之一，另一个确定要件是出口产品对进口国相应产业带来了实质性损害。假如企业不时刻了解国外相关行业的发展态势，势必会盲目销售，不但有可能被反倾销，还可能给出口公司带来损失。如果出口商没有对出口国家的经济形势、消费需求、销售价格等消息进行充分的调查，则很有可能使销售的商品不符合当地的消费需求，为了将商品顺利出售，可能迫不得已只能降价销售，给自身造成损失。同理，如果出口国对外销售后不进行实时跟踪，只

知道盲目的对外销售，忽视进口国竞争对手的发展和行业的发展趋势，很可能给进口国相关行业造成实质性损害，进而被认定为反倾销，征收高额关税，影响两国的对外贸易，损害国家的经济安全。所以会计人员应时刻关注国外的经济发展形势，用会计数据说话，分析自有商品与国外商品在成本、价格、属性等方面的异同。但有时微观主体的企业很难搜集到国外的核心信息，此时需要发挥政府和行业协会的作用。

行业协会作为行业利益的代表，可以凝聚企业一致行动，鼓励企业积极应诉，全面提供应诉所需要的会计信息，发挥会计信息应有的证明力，并能降低企业提供会计信息的顾虑，协调企业间的冲突和利益，在反倾销等贸易诉讼中所发挥的作用越来越重要。行业协会可以加强会计信息的搜集，既包括国内涉案企业的会计信息，也包括进口国相关行业企业的会计信息。因为反倾销等贸易诉讼中需要的不是微观会计信息，而是宏观的整个行业的会计信息，所以在应对反倾销等贸易诉讼中，行业协会发挥着主导作用。行业协会可以协调本行业出口产品的数量、价格和分布。中国出口市场较为集中，竞争激烈，国内的出口企业为扩大自身在国际市场中的份额采用竞相压低销售价格的非生产性手段。这在外国看来，不断降价的结果是出口价低于成本，属于不正当竞争，从而招致反倾销等贸易制裁。国内行业协会可以通过自律职能对本行业产品的生产和出口布局进行调整协调，建立健全出口产品定价机制，必要时确定最低出口价，防止竞相压价。

政府的主要职责是创建一个健全有序的外部环境，增强国家的国际地位，进而提升会计信息的证明力作用。政府在关注国内外的竞争动态时主要作用有：（1）建立健全我国的法律体系，加强普法和执法力度。法制健全的国家值得各国尊重，具有一定的话语权，在反倾销等贸易诉讼中提供的会计信息更容易被接受，并且在法制健全的国家获得信息的渠道也更容易；（2）协助建立行业协会。对出口量大，出口创汇多，在国内提供众多就业岗位的行业，国家要协调协助其建立行业协会，进而为会计信息的搜集整理提供平台。

二、建立反倾销会计信息平台

当前中国企业频频遭受国外反倾销调查机构调查以及后续反倾销诉讼容易

败诉的一个重要原因是缺少一个高质量的反倾销会计信息平台。反倾销会计信息平台的构建应基于提高反倾销诉讼成功几率的目的，结合反倾销诉讼相关信息提供要求，在企业已有的反映自身会计核算的信息系统基础上进行适当拓展、延伸。

（一）建立成本信息平台

反倾销调查需要在规定时间内完成许多资料的收集工作，当企业遭到"突发性"的反倾销调查时必须对大量会计资料进行临时的整理和加工，工作量极大，极有可能无法在既定时间内将会计资料准备完全，进而造成反倾销诉讼失败。因此，建立一个成本资料信息平台，是提高中国企业应对反倾销成功率的行之有效的方法。

首先，企业应该在日常经营中收集整理好材料采购信息，妥善保管采购合同、采购发票、付款凭证以及运输发票等资料，为成本的核算储备好原始凭证；其次，出口产品应依照类别、销售国等设置明细账，使账目更加明晰；最后，在遵循我国现行会计准则和相关会计制度的前提下，出口企业应该在平时的成本核算过程中尽可能按照国际惯例进行成本和费用的归集和分配。

（二）建立价格信息平台

产品价格是决定反倾销调查是否发起的一个重要因素，如果中国企业出口的产品在国外市场中的售价显著低于该国相同产品的价格，就很容易引起该国竞争对手和反倾销机构的注意。

首先，中国企业应该设立出口产品销售价格和内销产品销售价格的对比观测机制，在保证其出口价格不会低于内销价格的基础上按照目标市场的竞争和价格变化及时调整、确定出口价格，避免竞争对手的警惕。其次，由于反倾销案件根据调查期一年内[①]的出口价格和本国平均销售价格进行比较，相同或者类似产品的销售价格和数量的信息也应纳入价格信息平台。最后，可以让企业中负责反倾销工作的会计人员参与出口产品定价，用其本身具备的专业知识在定

---

① WTO《反倾销协议》第 5 条规定，除特殊情况外，反倾销调查应在调查开始之后 1 年之内，无论如何不得超过调查后的 18 个月结束。

价环节实施反倾销规避。

(三) 建立竞争对手信息平台

可通过竞争对手信息平台的建立来预测其可能要采取的行为和动作，争取在反倾销中占据主动地位。该平台应该以国外市场中竞争对手所生产销售的产品、成本结构、市场份额等基本信息为构成要件，并纳入对其产品在其国内市场与第三国市场的销量、售价的分析。

(四) 建立替代国信息平台

由于中国被美国、欧盟、日本等重要贸易往来国认定为"非市场经济国家"，因此替代国的选择对中国企业来说是非常重要的，一个恰当的替代国可以增加反倾销胜诉的可能性。建立替代国信息平台，一方面要收集整理好有关替代国企业生产同类产品的成本、销售价格、运费、保险费等信息和相关法律政策，为证明反倾销机构选择的替代国不合理、提出对中国企业有利的替代国方案提供资料储备；另一方面还要收集以往欧美等国选择替代国的判例资料，辨别其潜在的倾向性，参照判例中所选择的替代国进行信息采集，并从中吸取经验教训。

第五节 完善反倾销会计运行的相关工作

一、加速培养应对反倾销的专门会计人才

整个反倾销应对的过程离不开反倾销会计专业人才的知识和技术支持，而目前中国在该类人才的储备上明显存在较大缺口。反倾销是一个跨越经济、法律和会计，涉及各方面经济和政治利益的综合性问题，要处理好这个问题就需

要工作人员具备会计、法律、国际贸易等各方面的知识。显然，传统的单一型专业人才已经无法满足反倾销应对工作的要求，复合型人才更符合反倾销会计专业人才的培养方向。

（一）反倾销会计人才应具备的素质

第一，反倾销会计人才应该掌握 WTO 以及进口国的相关法律法规，熟知这些法规是会计人才发挥作用的前提，将相关规定进行深入解读，避免企业被认定倾销；第二，要掌握国际贸易知识，了解国际贸易的具体流程和规则惯例，以解决反倾销应诉中正确确定正常价值以及出口价值等相关问题；第三，熟悉企业的生产经营过程。不同企业的生产过程不尽相同，财务会计人员在做好记录、计量、预测等工作的同时，不能脱离企业实务。第四，要熟知中国和国际会计准则，中国企业会计准则是所有会计人员都必须掌握的，除此之外，由于反倾销的对外性质，会计人员还要全面、透彻地掌握国际会计准则；第五，要具备一定的外语水平，反倾销诉讼是一项涉外法律程序，填答调查问卷、进行会计举证、陈述和抗辩等工作都需要以反倾销调查当局使用的语言进行，反倾销应对工作顺利完成的前提是双方语言的互通。第六，这类人才需要谨慎细致、有敏锐的"双反"嗅觉、行动敏捷果断。反倾销会计人才应特别重视以下能力的培养。

1. 填写调查问卷的能力

此处所指的调查问卷是倾销调查问卷，而不包括《市场经济地位申请表》这一调查问卷。填写调查问卷，是一项时效性强，集专业技术和技巧为一体的工作。在对 36 家经历过反倾销调查的企业发放问卷调查之后，发现他们大部分还是认为填写调查问卷面临的困难最大，具体调查情况如图 7 - 3 所示。一旦遭遇反倾销调查，填写调查问卷时，以下三个技巧特别需要注意。

首先，填写调查问卷的时效性。

仍以美国和欧盟为例，美国要求企业自调查问卷发出之日起 21 天内完成调查问卷 A 部分的答复，37 天内完成其他部分的答复，可以申请延期但延期不得超过 14 天；欧盟的要求是，若申请市场经济地位，则自调查通知发布后 21 天内回答完相关的问卷，其他则是 30 天答卷，7 天收回答卷的时间，企业也同样可以申请延期，最长延期 30 天。申请延期的理由是特别需要注意的，正当合理的

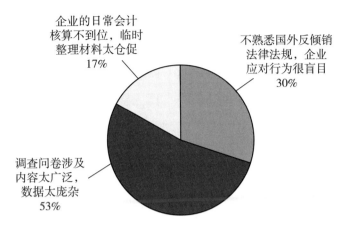

图 7 - 3　企业认为在反倾销调查中遇到的最大困难

理由经书面申请可能获得调查当局的批准，但若是以问卷问题多，数据整理复杂等理由申请，则不仅容易被拒绝，而且还会给调查当局留下不配合、企业财务日常工作不规范的不良印象，对下面的调查很不利。

其次，填写调查问卷中销售情况的技巧。

企业除了要使用规范的语言填写、依次有序填写，还有一些技巧需要了解。但凡涉及商业秘密的，企业可以申请保密，但所填写的问卷上要注明保密字样。销售情况是调查当局最为关注的一个环节，对于销售价格、数量以及销售时间的填写，都有技巧可循。其一是销售价格，企业需要特别注意内销价格和外销价格的差距，如果后者大于前者，就会引起怀疑，继而进行深入的调查。其实导致两种价格不同的原因是多方面的，比如包装的不同、运输的里程和方式不同以及销售环节的不同等。企业需要注意将两者的差距控制在一定幅度内，如果差距过大则难免引起倾销之嫌疑，此时最好要么提高出口价格，要么降低国内的销售价格。对于销售价格，还有一点需要注意，就是尽量避免为了在出口国少交关税而让进口商低开售价。尽管这一点在现实中普遍存在，而且也能在一定程度上给企业带来实际的经济利益，但是一旦产品被发起反倾销调查，被裁定为更大的倾销幅度，企业就将面临极大幅度的惩罚性税率，而且对方证据确凿，使得被调查企业有苦说不出。在欧盟对华出口的自行车案中，就因为发票中写了 1 美元每辆，使得企业吃了闷亏。其二是销售数量，企业对此也是要给予极大关注的。在出口国与国内的销量，企业不仅要做到心中有数，还最好能在一定程度上给予控制。否则若在出口国的销量增幅过大，就很容易引起出口国生产同类产品的厂家的警惕和不满，进而极有可能提出反倾销调查的申请。欧盟对华钢铁产品展开的反倾销调查就是一个典型的例子。数据显示欧盟钢材进口量在 2006 年比 2005 年增加了 1 000 万吨①，而增加部分的将近一半都是来自中国，最终引起了欧盟的反倾销调查。其三是销售时间，这也是一个有技巧性的填写点。调查都有一个明确的调查期限，所调查的均是在此范围内的产品销售情况。如果企业认为有哪些处于边缘期的产品售价或销量对整个反倾销调查不利，企业可以有选择地进行剔除。尽管调查当局一般都是以发票上列示的时间为销售时间，但美国允许在有正当充分的理由的情况下，可以在发货日期、订单日期和发票日期中进行选择。但也需要注意数据与支持材料之间要保持相应的对应关系。

最后，填写生产情况的会计技巧。

调查当局认为对产品正常价值做出正确判断的基础在于产品的生产成本，因此产品生产成本是考察重点。成本信息确实决定了企业的正常价值，而正常价值又是判断涉诉产品倾销是否成立的关键。所以这部分的技巧特别值得注意。

企业最好能直接提供产品的生产流程，如果能更好地说明成本的分摊问题，调查期内的相应非涉诉产品的生产流程也提交给调查当局。对生产技艺和流程也应做特殊的说明，这样在选择替代国时可以考虑到这些因素，而使调查当局相应的减少其自由操控的空间，以获得相对更加可靠的正常价值。涉及原材料的，企业需要提供详细供货方信息，如果是从市场经济国家进口的原材料，一定列明其产地、供货方名称地址、与采购方的关系等信息。尽量使原材料的价格为调查当局所认可。企业应尽量加大从市场经济国家采购材料的单据，因为一旦所使用原材料超过1/3是从市场经济国家采购的，就可以按照相应原材料的国际市场平均单价来计算其成本。还有一点需要注意，成本分摊容易成为调查当局的关注点，由于其有比较大的可操控性，所以在成本分摊上，企业需要特别注意，不光要选用国际上普遍认可的分摊方法，而且一旦相关方法有变更，都要列示明确变更的原因，不然极有可能成为调查当局的把柄而予以制裁。

2. 在反倾销听证会上的专业应对能力

企业进行会计举证和抗辩均需在听证会上进行。根据 WTO《反倾销协定》

---

① 2006 年欧盟钢材进口量与 2005 年相比，新增部分占整个 2006 年进口量的1/3，足见其进口增长之快。

的规定，所有利害关系方均有为自身利益进行当面陈述和反驳的机会。听证会上企业的表现能够对反倾销调查当局的判断产生重要影响，进而影响调查进程和最终结论，其重要性需要企业积极认真地对待。听证会是双方唇枪舌剑的地方，最具有争议的莫过于产业损害及替代国与其价格。

第一，替代国家的抗辩。企业在听证会进行争取市场经济地位的举证抗辩时，要做好两手准备，一旦在此地位取得未果的情况下，要争取对自身最有利的第三国替代，而要避免成为任人宰割的羔羊。调查当局一旦不给予被调查企业市场经济地位的认可，就等于同时否认了企业自身的成本价格等资料，这时就涉及第三国市场相应的数据。尽管我们不认同替代国制度，它如同一把有弹性的尺子（周世俭，2001），可以被调查当局自由操作①，特别是在这一制度已成为主流的情况下，我们要利用它并抓住一切对己有利的信息。总的原则是否定调查当局提出的替代国，提出对中国企业相对有利的替代国和其合理的价格。在听证会获得优势和主动权，除了需要律师的巧舌如簧，更为重要的就是证据的发掘，而这些证据中最主要的就是会计证据。

首先，要找出一切因素否定、怀疑调查当局提出的第三国价格。可列举我国的天然成本优势、比如人工成本低、自然条件优越、燃料动力优势等，以此来证明那些常用的诸如意大利、马来西亚、新加坡、美国等替代国是多么的没有可比性，此时要注意用具体数据说话。而且，涉案企业可以列举证明被诉产品与替代国的产品性质不同的理由。不同性质，就意味着可比性低，甚至没有可比性。此时要抓住产品本身、所用原材料、生产工艺流程甚至规模的不同质等方面进行抗辩，要据理力争。

其次，企业应该提出合理的替代国建议，这是在否定调查当局所选替代国不可取的同时必要的一项工作，其重要性不言而喻。而能成功这样做的前提是涉案企业充分掌握了他国同业的相应信息，甚至可以说早就应该留意至少一个合适的国家做备份选项。有可能被采纳的替代国建议，需要大量信息，包括财务的、非财务的，公开、非公开的信息。这些信息多为财务信息，如国外厂商的生产规模、产品销售价格和数量、所在国家的市场化程度如何，等等。此外，还需要考虑调查当局在历史上对替代国选择的倾向性、所选替代国、与中国的

---

① 周世俭认为，替代国制度犹如一把有弹性的尺子，它并不是一把公正、客观的尺子。不同的替代国就像不同长短的尺子，而若用短尺子来度量就必然长，若用长尺子度量就必然短。

关系友好程度等非会计因素。

第二，对产业损害的会计抗辩。企业应对发起方提出的产业损害的基本原则是：证实调查发起国的相关产业的财务指标并没有变差，或者即使变差也并不是由于进口中国产品所致。总之就是要否定损害与涉诉企业相关。WTO《反倾销协定》中规定，若要采取反倾销措施，除了需要证明企业确有倾销行为，还必须证明对进口国产业产生了实质性损害或者威胁，以及证明产业损害和倾销行为之间确实存在着因果关系。所以如果涉案企业能够做到上述地步，发起国并不能对中国企业实施反倾销措施。

企业应掌握翔实的数据来说明调查发起国的相关产业所受到的损害并非是由被诉企业的倾销行为所造成的。掌握调查发起国相关产业的数据很重要，其销售数量跟价格、产品的型号、市场所占份额、财务状况、盈利水平、生产能力等信息都要搜集，再通过分析在听证会上证明其所受损害与被诉企业无关，这样在接下来的调查中才能有更多的话语权和主动权。运用这些信息，被诉企业可以证明自己销售的产品与发起调查的企业生产的产品不具有同质性，这样就不构成竞争关系。在证实发起调查国的企业并未遭受实质的产业损害时，被诉企业应该详细列举对方企业的财务数据信息和相应的指标，比如利润率、销售增长率、市场占有率等并未出现下降的不利变化。如果能证明其生产能力和行业未来的发展并未遭受损害，那么就可以极大程度地避免被实施倾销措施。

（二）反倾销会计人才的培养方法

在反倾销这个特殊背景下，反倾销会计人才无论在理论还是实务上都有较高的要求，这使得反倾销会计人才的培养任务不能光靠企业自己承担，国家、会计界、反倾销协会、高校等相关主体和组织都应该参与进来，通过多种方式和渠道加强反倾销会计人才的培养，共同建立一个科学、合理的培养机制。一方面，可以选择会计师事务所和律师事务所作为培训基地，通过继续教育或者在职培训的方式培养符合要求的"反倾销会计师"，这种方法时间短见效快，可以缓和眼下反倾销会计人才缺乏的燃眉之急；另一方面，则通过高校进行长期稳定的人才培养，开设反倾销会计专业或课程，以高校的师资力量为中国企业输送大量反倾销知识全面扎实的人才，满足社会各界对于反倾销会计人才的长期需求。

企业需要这样的通晓法律、贸易知识的会计人才。从内部培养抓起是企业最为实际的做法。首先，出口企业需要对财务会计人员进行相应的培训，比如国际贸易相关的法律法规的培训、国际会计准则知识的培训等。其次，企业可以对上述培训内容进行考核，还可以同时考核会计人员的外语水平、贸易知识等相关能力，并纳入定期考核的内容中去。最后，企业应建立起囊括反倾销反补贴会计能力的晋升和奖励机制。这样的激励机制可以与第二条建议的考核结果相结合，给予优秀会计人才更高的发展平台。

在了解反倾销和反补贴的相关法律法规的前提下，遵守准则，严格执行企业会计制度，细致准确地记录，涉诉企业方能在"双反"调查中克敌制胜。

二、建立反倾销的联动机制

反倾销会计的联动机制是一种会计预防保护体系，它由政府、企业、行业协会三方共同参与，对国外反倾销当局发起的指控进行回应[①]。在反倾销的过程中，政府、企业在行业协会的统一领导下，通过充分的信息交流，发挥各自的优势，争取在诉讼中取得有利形势，降低诉讼侵害，实现预定的目标。该联动机制同样以反倾销预警机制的建立为起点，在诉讼中聘请律师及会计人员积极证明出口企业产品的出口价格不低于正常价值、涉诉产品的出口对进口国市场并没有造成实质性的损害，并证明企业具有规范的会计核算体系，符合市场经济地位的要求。在该机制中，行业协会、政府和企业组成的一个完整系统，其功能远远大于各子系统的功能简单叠加之和，从而力争消灭或降低国外对华反倾销的损害，保证外贸经济的健康发展。

在建立反倾销会计的联动机制时，企业、行业协会以及政府三方都要坚持一定的构建原则，首先，要以规避和应诉反倾销为目标，由于反倾销诉讼的失败可能会使出口企业遭受很高的反倾销税，甚至被迫退出进口国国内市场，因此联动机制必须以积极应对反倾销诉讼，减少诉讼侵害。其次，反倾销诉讼立案调查、裁定都有一定的时限，而其调查问卷一般内容较为复杂，这就要求联

---

① 田瑞玲：《关于我国企业应对反倾销的会计联动机制的思考》，载于《现代经济信息》2010年第16期。

动机制在应对时需要有很高的效率，企业在日常工作中应当加强会计的基础工作，规范会计核算，在遭受诉讼时，由行业协会指导协助填写问卷，整理完备的会计证据参加应诉，行业协会应当起到协调企业和政府之间的微观和宏观的协调，为联动机制的建立和效率的实现提供沟通基础，而政府也应当在法律法规、制度方面为企业的反倾销应诉活动提供有效的引导。最后，政府、企业和行业协会应当追求整体性原则，相互配合和协调，为实现整体的功能和利益作出努力。

反倾销联动机制的建立，能够有效地应对国外的反倾销指控，减少或者避免反倾销诉讼给中国出口企业带来的损害，以预防为主，实现相互协调辅助的处理模式。

企业的反倾销工作，除了需要内部有关部门的通力合作，以及充分发挥会计信息的优势外，还需要外部有关机构与部门的支持，其中，行业协会就是一个重要的方面。这是由于下列原因所导致的：第一，中国企业相对而言较为分散，单一企业的力量薄弱，无法体现出对外交涉所需要的力度，通常在反倾销应对时处于劣势；并且单一企业没有动力进行必要的法律规范学习，对自身合法权益遭受的损害敏感度较低。第二，单一企业很难形成对整个行业整体情况的全面了解和掌握，无法有效维护整个行业企业的合法权益。基于单一企业的种种不足，作为整个行业中单一企业所共同组织的社会中介，行业协会能够对本行业整体情况和各单一企业的实质性利益进行整体把握，能够有效进行行业管理与协调，组织并协助国内行业中的企业加强反倾销申诉、应诉工作，体现出不可替代的重大作用。因此，不论是进行反倾销的对外应诉还是反倾销的申诉，行业协会的特殊作用都应得到充分发挥。

第八章
基于会计信息的反倾销
预警系统的构建

自中国加入 WTO 至今，在这期间的前半期，对反倾销预警理论的研究，往往都是从国际经济法或国际贸易的角度来进行的，研究主要侧重于反倾销案件的调查程序。当前，中国企业对反倾销调查应对的准备活动增多，企业、专家和学者在实践中也逐渐积累了更丰富的经验教训，对反倾销预警的研究重点开始转向新的领域，即把国际贸易知识与管理信息系统知识交叉结合起来，构建一个综合的智能预警系统。

第一节　反倾销预警理论的发展过程

基于会计信息的反倾销会计预警系统（以下简称"会计预警系统"）旨在通过为企业反倾销诉讼提供预测、警示来促使其采取有针对性的措施加以应对，进而达到避免企业损失的目的。这一过程通过对能够服务于反倾销诉讼的各种数据的监测、分析、归纳、判断，并结合专家建议实现。该预警系统以企业会计信息系统为核心。

自中国正式加入 WTO 以来，对如何构建反倾销预警系统进行了较为深入的探讨，相关理论发展主要包括如下内容。

一、充分利用会计信息构建反倾销预警系统

孙铮、刘浩（2005）认为，根据 WTO 反倾销协议的规定，进口产品只有符合三个条件，才可以裁定倾销事实成立[①]。因此，只要证明这三个条件中的一个及以上不成立，就可以对反倾销展开有利的抗辩。因此，反倾销预警系统，要围绕着构成反倾销的这三个要件进行构建。具体包括：（1）出口产品的出口价

[①] 根据 WTO 协议的规定，构成反倾销事实需要满足三个条件，即：（1）出口产品的价格低于正常价值；（2）进口国国内相关产业受到实质性损害，或是受到实质性损害威胁；（3）进口国国内产业受损和进口产品之间存在因果关系。

格没有低于正常价值，以此证明产品没有进行倾销。在本项抗辩中，会计工作发挥着至关重要的作用。这包括需要准确完整的成本核算信息，来确定产品的正常价值；（2）通过对进口国国内产业的经营状况进行分析，证明进口国的产业没有受到实质性损害。WTO 反倾销协议，尽管没有具体说明实质性损害的标准，但是，其罗列出了可以参考用来确定实质性损害的一些事项，这些事项大部分都与企业的经营状况有关。因此，通过对企业不同时期的经营状况进行分析，以此来证明实质性损害不存在，就成为一项可行的抗辩途径；（3）通过证明进口国的产业损害与本国出口产品之间没有因果关系，以此来进行应诉抗辩。孙铮阐述了会计信息在反倾销中的角色，并结合会计信息在反倾销系统中的作用空间，对反倾销预警系统的构建做了原理上的初步规划。

二、"输入—输出"智能人机对话模型的构建

张永（2006）提出，预警系统的警兆指标应该包括四个。这四个指标依次为：国内宏观指标、国内微观指标、国外宏观指标、国外微观指标等。[①] 这些警兆指标的选取是比较完备的，但是指标体系本身过于烦琐，并且其中的部分指标信息难以完整搜集，影响了预警系统的可执行性。这是因为，反倾销针对的对象，与其说是针对某一类产业，不如说是针对某一个宽泛的产品[②]。产业涉及的是宏观角度，而产品涉及的是微观角度。这种微观产品的信息，是很难通过正常和公开的媒体渠道加以获取的。收集一个行业乃至企业相关的信息或许可行，但要收集到企业某一类产品详细的信息却非常困难。因此，指标过于烦琐，造成收集困难，是不可取的。

董晓远（2008）也提出把反倾销预警系统设计成一个"输入—输出"人机

[①] 张永指出：（1）国内宏观指标包括中国 GDP 增长率，中国出口年增长率，国内行业劳动生产率、变化率，国内行业设备利用率；（2）国内微观指标，包括出口产品价格下降率，出口产品数量增长率，出口产品在进口国市场占有率的变化，国内出口产品的产能，主要出口企业的应诉能力；（3）国外宏观指标，包括进口国 GDP 增长率，进口国政治因素，进口国的行业设备利用率，进口国行业劳动生产率变化率，进口国行业的特性，进口国政府的反倾销能力；（4）国外微观指标，包括进口国的产业从业人数，进口国的产业产值，进口国产品的市场占有率变化，进口国行业失业率，进口国产品价格下降率等。

[②] 《WTO 反倾销协议》第 4 条第 1 款之规定，"'国内产业'一词应解释为同类产品的国内生产者全体，或指总产量构成同类产品国内总产量主要部分的国内生产者"。从协议中可以看出，"产业"的范畴，比"产品"略大，却远远小于"行业"的范围。

对话模型，即先设定好所需要的警兆指标，并且赋予不同的权重，通过对指标进行打分，并且把分值输入反倾销预警系统中，由系统自动汇总并输出一个总分值。当总分值落入不同的区间时，便形成不同的警讯警情，以此确定是否要发出警讯。这种观点，把管理信息系统的知识引入到预警系统的设计中，具有一定的创新性，但这种创新是不可行的。

1. 该观点所倡导的预警系统中，警兆指标缺少政治因素的影响

WTO 反倾销协议自身尚不完善，协议中赋予进口国商务部以较大的自由裁量权，这种自由裁量权的使用，往往受到政治的"左右"，成为产生不公平的源泉。2003 年 4 月，美国国家经济研究局（National Bureau of Economic Research）发表《美国反倾销调查中自由裁量权的演变》的研究报告。报告指出，现有的 WTO 反倾销规则给调查机关留下太多自由裁量的空间，各成员方调查机关往往趁机歪曲反倾销调查程序；并且，调查机关的自由裁量行为具有"自我膨胀"的趋势。2002 年，美国授予俄罗斯市场经济地位待遇，也是一种政治交易的结果。这是作为俄罗斯在政治上对美国政府做了很多让步的一种交换①。政治因素在反倾销申请及确立中的影响力越来越大，因此，警兆指标的设定中，不能缺少政治因素的影响。

此外，政治因素，很难被赋予一个准确的合适的权重。现有的反倾销案例中，发起反倾销调查数量最多的前三个国家和地区为印度、美国、欧盟②。美国在发起反倾销调查的问题上，政治因素所起的作用非常明显。尤其是在大选之年，往往仅仅因为政治选情的需要，反倾销调查就能够被轻易采纳确立。同样，"印度对中国的反倾销不能完全排除政治上的因素"。③ 而政治因素的作用，在该模型中，很难被赋予一个灵活的合适的权重。

2. 系统区间的设定，缺乏科学合理的解释

首先，输出分值区间无论怎样设定，都缺乏科学合理的解释。在区间设置中，比如，假设该模型原先设定，若输出值落在（0，5］为安全区间，不需要发出警讯；输出值落在（5，7.5］区间则为轻度警戒区间，需要进一步观察；输出值落在（7.5，10］区间则为红色警戒区间，要立即发出预警警讯。

① 张汉林：《反倾销反补贴规则手册》，中国对外经济贸易出版社 2003 年版。
② 宋利芳：《WTO 成立以来的全球反倾销摩擦及其特点》，载于《中国人民大学学报》2007 年第 6 期。
③ 中国国际贸易促进会委员会网站，http://www.ccpit.org/。

当系统输出数值为 7.49 和系统输出值为 7.51 两种情况时，数字差别微小，在实务中意味着预警警戒程度彼此相似，但这微小的数字差别却面临着不同的警讯警情。而这两种警情的差别，难以科学合理地予以解释。

其次，该类模型也面临着警兆指标信息难以完整收集这一难题，甚至该难题在该模型中表现得更加突出。在该模型中，指标所需要信息的缺失，会导致无法输入所需要的指标分值，引起系统的"瘫痪"，无法正常运行。

因此，该观点尽管具有一定的创新性，具有一定的借鉴作用，但是缺乏可执行性。

第二节 反倾销预警系统的基本特征

一、动态多样性

国际贸易市场呈现时间、空间层面的变动性特征，同时对产品价格具有重要影响的一系列外生、内生因素也具有变化趋势，力求掌握最新信息的反倾销预警系统毫无疑问需要不断调整。这样才能使反倾销预警系统更贴近现实，从而表现出具动态性和多样性特征。

二、多功能性

反倾销预警系统作为一个构建完善的体系，具有多元化功能，主要体现在进行预警分析时，该系统能够对国际市场变动趋势进行准确完整的刻画，做到管理领域、生产领域和流通领域全方位的决策信息提供，帮助政府部门提前布局政策调控，帮助企业合理确定产品价格，避免失误，减少损失。反倾销预警系统具有预见、监测、防范、调控、决策等功能。

三、局限性

反倾销系统同样具有一定的局限性。其主要功能是基于可获得信息进行预测，在预测的基础上进行分析、报警。考虑到信息完全获取的可能性很小，对于一些特殊情形，反倾销系统并不能及时预测。譬如政治因素对反倾销的影响。因此反倾销预警无法完全代表反倾销管理，企业仍然需要通过其他反倾销管理方法对该系统进行完善。

第三节 基于会计信息的反倾销预警
系统及其包含的子系统

反倾销预警系统的运作模式，需要设立简洁有效的警兆指标，又必须摒除"输入—输出"这种僵硬呆板的人机对话模型，从而更强调研究人员的主观性、灵活性；既要避免因为信息收集不全而引起的系统"瘫痪无法运行"，又要能够较灵活地把握政治因素所带来的影响，以具有更好的可操作性，从而有效地为中国出口企业提供反倾销预警服务。

一、反倾销预警系统所包含的子系统

WTO反倾销协议规定，"反倾销措施仅应适用于GATT1994第6条所规定的情况，并应根据符合本协定规定发起和进行的调查实施"。[①] GATT1994第6条指

---

① 参见《WTO反倾销协议》第1条。《WTO反倾销协议》对于反倾销并未给出新的界定，而是直接采用了关税与贸易总协定（GATT）1994年对于反倾销的定义。

出，"用倾销的手段将一国产品以低于正常价值的办法引入另一国的商业，如因此对一缔约方领土内已建立的产业造成实质损害或实质损害威胁，或实质阻碍一国内产业的新建，则倾销应予以谴责"。

反倾销措施的实行建立在三个条件基础上：第一，确定倾销行为在事实上存在；第二，确定倾销行为对国内相关产业造成了实质性损害或实质性损害的威胁，或对建立国内相关产业造成实质性阻碍；第三，确定进口产品倾销和国内产品受损间的因果关系。现有反倾销实践中，针对第二个条件，欧美一般遵循"实质性损害"这一标准来进行判定，对"实质性损害威胁"和"实质性阻碍"两项标准，欧美则未加使用。

反倾销预警系统，就应基于这三个反倾销的确立条件进行构建。既然反倾销的构成需要具备三个条件才能成立，那么，基于这三个条件来构建一个预警系统，理论上讲，能够具有更好的预警功能。并且，我们在构建这个系统的过程中，充分考虑了相关信息搜集的可行性，以避免这个系统仅仅是停留在理论上而不具有实用性。

反倾销预警系统包括两个子系统，即倾销认定预警子系统和产业损害预警子系统。倾销认定预警子系统是针对上述三个条件中的第一个条件构建而成，用以判断企业自身是否存在倾销的事实；而产业损害预警子系统则是针对第二个和第三个条件构建而成，用以分析对方产业是否受损，以及该损害是否与自己的倾销行为有因果关系。

二、反倾销预警系统的运作原理

整个系统的运作原理为：在系统日常的运行过程中，行业协会（或商会）持续收集协会内各企业的出口产品信息，在各企业成本信息的基础上，根据出口价格和正常价值的关系，筛选出进入倾销认定子系统的产品；根据产品的出口记录，以出口规模和外汇收入为标准，研判各国外市场的重要性；依据重要性把国外市场进行分类，罗列出需要密切关注的国外市场后，依据产业损害子系统所需要的信息，随即展开对各国外市场的信息收集工作，按月或按季度进行总结、分析、判断。相关人员应对收集到的信息，进行充分的交流沟通和协商，如果相关警兆指标达到预警的条件，则及时发出预警信息。

根据欧美等国反倾销规则确定的流程，产品进口国的反倾销调查机构在对反倾销调查申请进行受理以后，要在规定的时间内向被调查企业发放问卷调查。在反倾销问卷调查中，企业要恰当证明自身成本会计资料基于 GATT 公认会计准则编制，并准确合理地对与被调查产品相关的生产、销售成本进行反映。企业填写调查问卷后，进口国商务部门会派工作人员到企业进行严格的核查工作。企业的会计信息质量，必须经得起进口国商务部严格苛刻的核查。一旦进口国商务部不认可企业现有的会计资料，按照《WTO 反倾销协议》的规定，就会引用"替代国"价格来裁判中国企业出口产品的"正常价值"，而"替代国"的使用，往往给中国企业带来灾难性的后果。

企业收到预警警讯之后，在可能遭遇反倾销的压力之下，要及时展开应对反倾销调查的准备工作。这些工作包括：严肃审查企业自身会计工作的规范性并进行整改工作，审查包括原材料成本、人工工资、制造费用、销售费用（包括详细的运输费用，包装费用，销售佣金，广告费用等）、管理费用、财务费用在内的成本信息，以及成本分配的标准，会计政策的选择，等等；与会计师协会等加强沟通协作，查找并改进现有会计工作中的不足，提高企业会计信息质量，以应对可能的反倾销调查；清理产权归属方面的纰漏，争取获得 MOI 资格；准备成本会计方面的资料，以及为进口国商务部发放问卷调查中的内容做全面的准备工作。

第四节　基于会计信息的倾销认定预警子系统运行原理

倾销认定预警子系统是建立在倾销认定标准的分析之上，基于中国出口企业的会计信息构建而成。通过分析中国产品出口价格与正常价值的关系，判定是否对进口国构成倾销[①]。其运作原理如图 8-1 所示。

---

① 张敦力、汪佑德、刘茜：《反倾销应诉预警体系构建研究》，载于《广西财经学院学报》2006 年第 6 期。

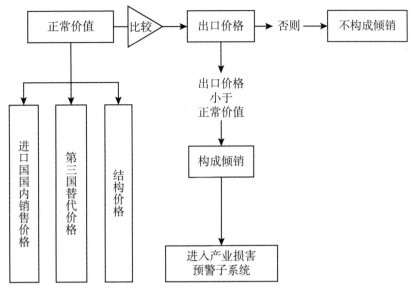

图 8-1　倾销认定预警子系统运作原理

　　反倾销预警系统的运行主体有三个：国家依托政府下属的各部门，商务部为主要负责人，针对重点出口行业建立了反倾销预警监测系统；行业协会在协商的基础上，针对整个产业中的部分重要出口产品构建了反倾销预警系统；与此同时，一些实力雄厚的大型企业，如宝钢，基于出口产品安全和提高企业自身竞争力的需要，依靠自身的力量，构建了自己的预警系统。

　　无论何种预警主体，在倾销认定预警子系统阶段，其主要的运行过程是，将正常价值和出口价格做比较，以此来进行筛选。如果出口产品的价格大于产品的正常价值，则出口产品是安全的，不需要进入下一个系统进行进一步研究。如果出口价格小于正常价值，则意味着产品出口具有较高的风险性，可能会带来反倾销应诉失败的潜在危险，因此要筛选出来，进入产业损害预警子系统进一步的研判。需要指出的是，出口产品正常价值的确定，依据 WTO 协议的规定，包括三种方式：（1）如果出口国的市场经济地位被进口国所认可，则依据相同产品在出口国国内进行消费的可比价格进行正常价值的确定。（2）若该产品在出口国国内无法获得销售价格，或是出口国的市场经济地位不被进口国所认可，则依据相同产品在正常贸易情况下向第三国出口的最高可比价格，即第三国交易价格，对正常价值进行确定。（3）如果是前述两种情形，都难以用来确定出口产品的正常价值，则通过相同产品在原产国结构价格进行确认。

出口产品的正常价值有三种确认方法，这不仅要求企业要做好自身的会计工作，加强成本核算的规范性、标准性，保证产品成本资料的真实可靠，还要求相关预警主体密切关注与中国市场经济状况类似的第三国所出口的相同或类似产品的成本构成情况，争取在可能的反倾销应诉活动中，取得应诉主动权，进行有利的抗辩。

第九章
基于会计信息的产业
损害预警子系统构建

WTO 反倾销协议规定，进口国国内产业受到实质性损害，或是实质性损害威胁，是构成反倾销调查成立的一个前提条件。进口国国内产业受到实质性损害，必定会影响进口国生产企业的经营状况，而企业的经营状况，又会通过财务报表体现出来。[①]

由于部分警兆指标涉及进口国生产企业的商业秘密，难以将进口国重要生产企业的会计信息完整地加以搜集，这意味着基于进口国生产企业的微观会计信息来构建反倾销预警系统是不可行的。此外，进口国产业的整体会计信息与其他相关信息，是可以通过进口国行业协会所披露的资料加以收集。鉴于此，基于进口国产业的会计信息，构建一个产业损害预警子系统，理论上是可行的。

第一节　产业损害预警子系统警兆指标的选取原理

产业损害预警子系统以财务中的可持续发展能力为构建核心，通过对进口国整个产业的财务数据进行分析，并结合其他相关信息来进行预警。可持续发展能力，在财务会计理论中，是指在保持目前经营效率和财务政策不变的情况下，公司的销售收入增长的最大比率。我们进行产业损害预警子系统设计时，嵌入对警兆指标预警价值的差异、指标在实际工作中的收集可行性的考虑。产业损害预警子系统具体包括可持续发展能力相关指标、政治因素、双边贸易等指标。

可持续发展能力指标由盈利能力、资产管理能力、发展能力等指标构成。销售产品的单价同单位成本的差，与销售数量的乘积，即为产品利润。给定产品成本恒定，产品销售单价和销量决定了企业可以获取的利润。所以，要想分析进口国产业的盈利能力，可以结合产品销售量和产品价格两个方面，进行进一步细致的研究。

资产管理能力的衡量主要利用的是资产管理比率指标。资产管理比率（运

[①]　财政部会计编写组公布的《企业会计准则讲解（2009）》指出"财务报告是企业对外提供的反映企业某一特定日期的财务状况和某一会计期间的经营成果、现金流量等会计信息的文件"。

营效率比率）被用于对企业资产管理效率进行衡量，具体包括存货积压率、产能利用率、冗余人员数量等具体指标。上述细分指标存在层次结构与重要性程度层面的异质性。

整个预警警兆指标体系的构建，可以借助图 9 – 1 来说明。

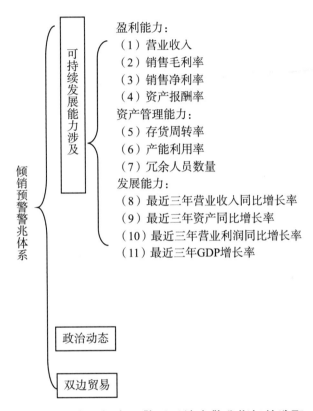

图 9 – 1   产业损害预警子系统中警兆指标的选取

第二节   基于会计信息的警兆指标体系的构建

根据 WTO 反倾销协议的规定，调查机关收到申请之日起的前三年，为研判反倾销行为成立与否的调查期。在预警系统的日常运行中，就是要时刻关注最近三年各项预警警兆指标的详细信息，并进行预警警情的判断。依据相关信息，一旦发现预警系统达到预警的临界状态，则应及时发出预警警讯。

产业损害预警子系统由如下警兆指标构成。

一、进口国产业的营业收入

本指标是衡量进口国产业盈利能力的重要指标之一。本指标的重要性在于，是判断进口国产业是否受到实质性损害的一个重要证据。前已述及，产业受到实质性损害，往往会通过经营状况恶化表现出来。由于营业收入是销售数量和销售单价之积。因此，本指标又可进一步拆分为产品销售单价和销售数量两个指标，用以进行更加精确的判断。此外，"销售数量"这一指标，还可以通过"市场份额变化幅度"这一指标进行侧面反映，为研判提供进一步的借鉴作用。

（一）进口国生产企业的销售数量、产品市场份额变化幅度

通过对 GATT1994 第 6 条，实质性损害构成要件规定的解读，并分析已有国际反倾销实践，容易得到这样的结论：产品进口国通常会以国内相关产品销量大幅减少、市场份额下降作为本国相关产业发展受到损害的证据。同时，就这一指标设置问题，国际经济法的法理常识也能够提供理解视角：若产品进口国相关企业占据的市场份额并未出现与可比期间内的大幅下降，反倾销调查申请方很难依据事实提出申请，同时反倾销调查应诉方也能够依托产品进口国相关产品销量未受到实质性影响的事实进行应诉抗辩，将该问题归结于行业发展周期问题，而非外来相关产品的冲击。因此，我们需要把这个指标纳入警兆指标体系中。

进口国生产企业产品销售数量大幅降低，同时产品市场份额减少则本指标达到发出警戒的临界条件。

（二）进口国生产企业所生产产品价格下降或受到抑制

实践当中，进口国国内产业受损的另一个直接证据是企业的产品价格在调查期内持续下降或是受到抑制。世界贸易组织反倾销协议规定："关于倾销产品

进口对价格的影响，调查主管机关应考虑与进口成员同类产品的价格相比，倾销进口产品是否大幅削低价格，或此类进口产品的影响是否是大幅压低价格，或是否在很大程度上抑制在其他情况下本应发生的价格增加。"[1] 基于以上分析，这一指标同样需要被纳入预警警兆指标体系。

进口国产品生产企业对该产品的销售价格如果在调查期内持续降低或是受到抑制，且未出现大幅提价的信息，即可认为该指标达到预警的临界状态。

二、进口国产业的销售毛利率

本指标也是衡量进口国产业盈利能力的重要指标之一，为产业受损的研判提供借鉴价值。

进口国产业受到实质性损害，会通过经营状况恶化表现出来，而经营状况的恶化，除了通过"进口国产业营业收入"以绝对数的形式展现出来以外，往往还会通过本指标与"产业销售净利率"这一指标，以相对数的形式展现出来。无论是绝对数形式，还是相对数形式，都可以为产业损害的研判提供借鉴作用。因此，我们需要将这一指标纳入警兆指标体系中。

进口国产业的销售毛利率下降，可视为此指标达到预警的临界状态。

三、进口国产业的销售净利率

本指标也是衡量进口国产业盈利能力的重要指标之一。通过对本指标的拆分，我们可以发现，与"进口国产业的销售毛利率"这一指标类似，本指标也是从相对数的角度来衡量进口国产业的盈利能力。由于毛利润对企业营业成果的衡量，精确度不够，本指标则可以弥补毛利润指标的这一缺陷，从而提供更加翔实准确的盈利信息，用于进一步的研判。

进口国产业的销售净利率持续下降，可视为此指标达到预警的临界状态。

---

[1]　摘自《WTO 反倾销协议》第 3 条第 2 款之规定。

四、进口国产业的资产报酬率

进口国产业经营状况的恶化，不仅会体现在销售方面，即通过销售数量与销售价格的下降（或受抑制）表现出来，也往往会体现在资产方面，即以资产报酬率的降低加以体现。由于本指标既联系了产业资产，又联系了盈利状况，能够把二者结合起来用于预警，具有一定的参考价值。

如果进口国产业的资产报酬率出现较大幅度的下降，视为此指标达到预警的临界状态。

五、进口国产业的存货周转率

进口国产业受到损害，不仅其盈利能力会受到影响，而且其资产管理能力往往也会伴随着下降，并呈现出恶化的态势。世界贸易组织反倾销协议规定，产品进口国贸易主管部门在进行是否存有实质性损害威胁裁定时应着重考虑被调查产品的库存情况。[①]

本指标是衡量进口国资产管理能力的重要指标之一，可以作为衡量产业受损与否的直接证据，具有较大的重要性。

如果进口国产业的周转率出现较大幅度的下降，视为此指标达到预警的临界状态。

六、进口国产业的产能利用率

本指标是衡量进口国产业资产管理能力的另一重要指标。产能利用率大幅度降低，一方面，显示出本国产业正处于受损害的状态，另一方面，也预示着

---

① 参见《WTO 反倾销协议》第 3 条第 7 款第（Ⅳ）项。

国内企业有可能被迫采取裁员等措施，这会进一步加剧产业困境，给政府增加就业压力。

在现有的反倾销实践中，调查机关在判断产业损害事实之际，都会将产能利用率作为重要的参考指标，进行细致的调查。因此，把这一指标纳入反倾销预警体系中，是很有必要的。

如果进口国产业产能利用率大幅度下降，视为此指标达到预警的临界状态。

七、进口国产业的冗余人员数量

本指标也是衡量资产管理能力的重要指标之一。在财务管理理论中，产品滞销库存增加，开工不足产能利用率低，都是衡量资产管理能力的重要方面。实际上，人员大量闲置这一现象，从企业的角度考虑，其本质就是企业无法提供充分的工作机会，难以充分利用自身的劳动力资源。因此，从一定程度上来讲，冗余人员大量出现，也是进口国产业资产管理能力不足的体现。

冗余人员的增加，结局往往是引发裁员。鉴于在欧美等发达国家中，失业率是衡量政府经济管理能力的极其重要的方面，政府对此尤为重视。产业冗余人员或失业人员大量出现，容易引起政治影响力介入并干涉调查机关公平做出裁定的结果。因此，这一指标对于判断产业受损，具有重要的参考价值。

如果进口国产业出现大量冗余人员，或是已经裁减了大量冗余人员，视为此指标达到预警的临界状态。

八、最近三年内营业收入同比（或环比，下同）增长率

本指标是判断产业发展能力的指标之一。根据反倾销协议的规定，进口国调查机关收到反倾销调查申请之日起的前三年，这段时期为用于判断倾销事实是否存在的调查期。因此，进口国调查机关往往通过对进口国产业最近三年营业收入的变化进行分析，借此作为判断产业受损的一个证据。因此，将本指标加入反倾销预警体系中，是很有必要的。

需要指出的是，本指标对反倾销所发挥的预警作用是有限的，即如果本指标在最近三年中呈现明显的下降态势，甚至出现负增长，并且幅度较大，会直接诱使调查人员轻易做出产业损害事实成立的裁定结果。但如果本指标在最近三年中并未明显地出现上述变化态势，则本指标可以自动忽略，不再参与到反倾销预警警情的研判中，不会否定利用其他警兆指标所做出的预警警情的判断结果。

如果本指标在最近三年这一期间，呈现出明显的下降态势，视为本指标达到预警的临界状态。

九、最近三年内资产同比增长率

本指标也是判断产业发展能力的指标之一。如果最近三年中，进口国产业的资产增长率呈现明显的下降态势或者是负增长，并且幅度较大，容易诱使调查人员主观形成"本国产业正面临萎缩、崩溃的严重危机"这种直觉，扰乱调查的客观公正性，进而轻易做出产业损害事实成立的裁定。

因此，本指标可以为判断产业受损提供一定的参考价值，但是，同"最近三年内营业收入同比增长率"指标类似，其预警作用也是有限的。如果本指标在最近三年中并未出现明显的下降态势，则本指标可以自动忽略。

如果本指标在最近三年中下降幅度明显，可视为该指标达到预警的临界状态。

十、最近三年内营业利润同比增长率

本指标也是判断产业发展能力的指标之一，在分析进口国产业最近三年的营业利润同比增长率时，如果进口国这一指标呈现明显的下降态势，甚至是负增长，并且幅度较大，有可能也会直接诱使调查人员做出产业损害事实成立的裁定。因此，本指标可以为预警提供一定的参考价值。

但是，本指标的作用也仅仅是为研判提供更加细致的辅助信息，预警作用比较有限。此指标的运用，同"最近三年内营业收入同比增长率"类似。

如果该指标在最近三年中下降幅度明显，可视为此指标达到预警临界状态。

十一、宏观 GDP 增长率

财务管理理论认为，根据竞争均衡的观点，企业或许可以在一定期间保持高速增长，但是这种高速增长的态势，难以一直长久保持下去。企业后续期的销售增长率，大体上等于宏观经济（GDP）的名义增长率。

一般而言，进口国 GDP 增长迅速，经济形势繁荣发展，居民收入水平持续增长，越不容易使用反倾销调查这一手段。而当进口国 GDP 增长陷入停滞，甚至是负增长时，政府在保障就业的巨大压力下，越容易发起反倾销调查，以此来保护国内企业，避免失业率的进一步下滑。

但国家 GDP 宏观发展形势，不等同于行业发展形势。在已有的反倾销案例中，即使是在经济繁荣时期，反倾销调查的频率也有可能逐渐增加。这证明本指标不具有典型的代表性，仅仅是提供一定的辅助判断价值。

如果进口国 GDP 增长率陷入滞缓状态，甚至是负增长，则意味着本指标达到预警的临界状态。

十二、进口国发动反倾销调查的历史记录

此指标主要涉及进口国是否具有较强的贸易保护主义倾向，即其使用反倾销调查这一贸易保护手段的历史记录状况，是频繁使用、不经常使用、还是偶尔使用。如果进口国同类企业有积极申请反倾销调查的历史记录，并且政府也有热衷于保护国内产业的传统，则会相对提升遭遇反倾销调查的可能性。设立这一指标，有助于更加准确地研判进口国是否可能采取反倾销调查措施，提高预警的准确度，因此我们需要把这一指标纳入警兆指标体系中。[1]

---

① 张敦力、黄宝军、魏条妹：《反倾销预警系统模型构建探析》，载于《会计师》2011 年第 1 期。

如果进口国历史上启动反倾销调查的记录非常稀少，则该指标不具有影响作用，可予以忽略，不影响其他指标的使用。但如果进口国历史上发动反倾销调查的记录频繁，则视为此指标达到发出预警的临界状态。

十三、进口国的政治动态

此警兆指标在应用中，需要综合考虑政党选举的选情、选民支持度分布等因素综合确定。在反倾销实践中，经常会有政府在政党选举之际，候选人出于拉选票、取得选民支持的政治需要，滥用反倾销手段来保护国内企业。本指标就是基于这一事实而设立的。鉴于政治因素对反倾销调查的影响有较大的灵活性，故此指标无法设置成定量指标，而需要设置成定性指标。这一指标需要研究人员在综合研判的基础上得出结论。

如果进口国并非处于政治大选之年，则此指标不具有影响作用，可予以忽略，不否定利用其他指标所做出的预警警情；但如果进口国处于政治大选之年，则视为此指标达到预警的临界状态。

十四、企业对目标市场出口的增长率

本指标是判断进口国产业所受损害与进口之间因果关系是否存在的重要因素。世界贸易组织《反倾销协议》指出，需要对损害由倾销进口造成进行证明，且该因果关系的证明应以对有关证据的分析作为基础。也就是说，进口国产业受损要与进口产品倾销之间存在因果关系。如果因果关系不存在，反倾销事实就不能成立。

如果中国企业在最近几年之中，针对进口国所在市场的出口增长势头明显，意味着进口国主管机关如果不采取约束措施，进口国产业的经营状况有可能进一步恶化，产业发展能力会面临更加严峻的形势，这种"紧迫感"使得主管机关倾向于做出因果关系成立的裁定。在已有的反倾销案例中，这种倾向性得到了有效地检验。因此，我们要把这一指标纳入警兆指标体系中。需要着重指出的是，这种增长率，可以通过出口数量和出口价值两个角度进行考察。鉴于调查机关具有较大的自由裁量权，仅仅依据单一角度的资料即依据数量或价值角度的资料，就轻易做出因果关系成立，这种可能性也是存在的。因此，从预警的有效性考虑，这种增长率，我们需要分别从价值角度和数量角度进行判断。

如果中国企业对目标市场的出口，在最近三年中呈现大幅上升的态势，可视为此指标达到预警临界状态。

十五、贸易顺差问题

进口国主管机关拥有较大的自由裁量权，重大反倾销案件的裁定过程，往往需要经过两国主管机关、部门的协商与妥协。如果进口国对出口国拥有较大的贸易顺差，在此种情况下，进口国主管机关倾向于"息事宁人"，以维护健康稳定的双边贸易关系，避免引起两国间的贸易战。如果进口国对出口国有较大的贸易逆差，出于"不平衡"的心理状态，进口国主管机关更容易支持反倾销申请的确立。

进口国对出口国形成贸易逆差，并且数额较大或者巨大，可视为此指标达到预警临界状态。

在上述指标中，第一项到第七项，以及第十四项和第十五项，都是属于重要性指标，是我们在运行产业损害预警子系统过程中，必须持续搜集、不能缺失的、起决定性作用的指标。并且，相关研究人员也必须充分利用这些重要性指标信息加以研判，做出决策。

第八项到第十三项指标，则仅仅是起辅助判断的作用，其在反倾销预警体系中所发挥的预警作用，非常有限。如果这些指标达到预警临界状态，则会提升遭遇反倾销调查的可能性。如果这些指标没有达到临界状态，则可以予以忽略，不会否定依据其他指标所做出的预警警情。

第三节　企业获悉预警警讯后可行的应对措施

反倾销法规规定"（进口国）主管机关应将要求的信息通知反倾销调查中的所有利害关系方，并给予它们充分的机会以书面形式提出其认为与所涉调查有关的所有证据"。① 因此，企业要在收到预警警讯之后，在进口国国内产业提起反倾销调查之前，采取可行的补救措施，进行相应的应诉准备工作，以防范可能遭遇的反倾销调查。这些补救措施包括，与进口国的进口商等利益相关方协调沟通，控制一定时期的出口量，提高出口产品的价格等。

---

① 参见《WTO 反倾销协议》第 6 条第 1 款之规定。

第十章
基于会计信息的反倾销
预警体系的应用

针对所建立的反倾销预警体系，为检验其运作的有效性，我们选取了具有典型代表意义的轮胎特保案案例来进行检验，验证这套预警体系的可行性和有效性。

第一节　对典型反倾销调查事件的案例分析

中美轮胎特保案无论是从涉案金额、媒体关注程度，还是从对中国出口贸易造成的负面影响而言，都堪称中美贸易救济案件的典型代表，它是奥巴马担任美国总统期间对中国的首起特保案。故本章选取该案例来检验基于会计信息的反倾销预警体系的有效性。

一、轮胎特保案的案情介绍

美国钢铁工人联合会（USW）于 2009 年 4 月 20 日向美国国际贸易委员会（ITC）提出要求，希望其开展对中国出口美国的轮胎的特殊保障措施调查。其理由是中国对美国的轮胎出口干扰美国市场运行、造成美国轮胎制造业工人失业率上升。USW 要求美国政府限额进口中国轮胎，第一年为 2 100 万只，未来三年以 5% 的幅度增加。限额进口范围包括中国生产的客车、轻卡、小货车和 SUV 轮胎，第一年限制在 2 100 万只。受理申请后，ITC 于 2009 年 4 月 29 日启动对中国轮胎的特保调查。其后，美国轮胎工业协会于 2009 年 6 月 17 日明确反对限制中国轮胎进入美国市场。该协会认为美国如果限制进口中国轮胎将得不偿失，不利于"双赢"的实现。因为该协会成员正大量使用进口于中国的轮胎产品，若通过特保调查来削减轮胎进口数量，美国企业需要转换购买途径，从其他国家选择类似产品，增加了调整成本。

ITC 于 2009 年 6 月 29 日公布对华乘用车与轻型卡车轮胎特保案的救济措施初步建议指出，美国将在现行关税基础之上，对中国出口美国的乘用车和轻型卡车轮胎连续三年分别加征 55%、45% 和 35% 的从价特别关税。

对此，中国商务部于 2009 年 7 月 3 日表示，坚决反对美国对中国轮胎产品采取的限制措施。

2009 年 8 月 3 日，国内产业代表团赴美进行沟通，中国各方力量正在做"最后冲刺"，而美国相关利益方也群起反对特保案。沟通中中国商务部公平贸易局负责人希望美国政府能够考虑来自其国内业界的呼声，最终做出不采取特保措施的明智决定。

2009 年 8 月 7 日，美国贸易代表办公室在华盛顿举行听证会。在听证会上美国钢铁工人联合会漫天要价，而多数美国业界代表认为对中国出口轮胎提出的制裁建议将得不偿失。

2009 年 8 月 12 日，举行新闻发布会，中国商务部表示美国对中国出口轮胎发起的"特保案"纯属贸易保护主义行为。

2009 年 8 月 17 日，中国商务部副部长钟山率团赴美交涉并向有关部门表达中国政府坚决反对特保措施的立场和关切。

2009 年 9 月 2 日，轮胎特保案建议被呈交至奥巴马进行最终裁决。

2009 年 9 月 11 日，奥巴马宣布对中国轮胎特保案实施限制关税。美国总统巴拉克·奥巴马（Barack Obama）决定自 2009 年 9 月 26 日起对中国进口轮胎实施为期三年的限制性关税，加征税率具体为第一年 35%，第二年 30%，第三年 25%。这一决定虽然降低了之前建议的加征税率，但是并未改变美国对中国轮胎特保案的贸易保护主义实质。这一特保措施启动后，中国预计将有 20 多家企业倒闭，10 万工人失业。而美国国内从事中国轮胎相关进口、销售行业的 10 万劳工也将面临失业风险。另外，中国轮胎业的有关人士表示，向中国轮胎加征 35% 的关税将使中国轮胎企业在未来一年退出美国市场，而美国企业和工人却不是这个贸易保护政策的受益者，取而代之的，是成本较美国更低的日本和韩国的轮胎，美国更是得不偿失。

随后中国政府于 2009 年 9 月 14 日向 WTO 争端解决机构提出磋商请求，指控美国政府有关做法违反 WTO 有关规定，并就美轮胎特保措施启动世贸组织争端解决程序。

2009 年 12 月 21 日，中国政府要求 WTO 设立专家组，对中美轮胎特保案进行调查。

2010 年 2 月 19 日，WTO 成立专家组，调查并裁决美国对中国轮胎特保案措施是否违反贸易规则。

2010 年 12 月 13 日，WTO 宣布，美国对从中国进口的轮胎采取的过渡性特保措施未违反世界贸易组织规则。

中国商务部负责人于 2010 年 12 月 14 日表示，对世界贸易组织仲裁委员会的裁决感到遗憾，并表明会提起申诉。

二、轮胎特保案对中国的影响

特保案涉及中国 20 余家轮胎企业，若美国对中国进口轮胎加征关税措施通过，轮胎行业的上下游产业都将受到严重的影响。除此之外，该案还可能产生"多米诺骨牌效应"，根据 WTO 的相关法律条款，奥巴马一旦批准轮胎特保案，其他国家可以不经过调查直接对中国轮胎采取同样的制裁措施，后果是中国轮胎将很难再出口。

（一）轮胎特保案对中国轮胎行业的影响

通过企业申报的资料并结合行业年度统计，以当年销售额为基准，中国橡胶工业协会组织专家于 2008 年对中国轮胎企业进行排名，2008 年中国的前六大轮胎公司分别是双钱股份、风神股份、ST 黄海、青岛双星、黔轮胎 A 和 S 佳通①（不按顺序），下面分别对这六家代表性的轮胎公司和整个轮胎行业进行分析，评价中美轮胎特保案对中国轮胎业的影响，如表 10 – 1 所示。

表 10 – 1 中国前六大轮胎企业对外出口情况

公司名称	销售总额（万元）		增长比（%）	海外销售额（万元）		增长比（%）	海外销售所占比重（%）	
	2009 年 12 月 31 日	2008 年 12 月 31 日		2009 年 12 月 31 日	2008 年 12 月 31 日		2009 年 12 月 31 日	2008 年 12 月 31 日
双钱股份	719 743.22	798 789.39	– 9.90	67 032.32	92 206.61	– 27.30	9.31	11.54
风神股份	556 705.32	605 676.82	– 8.09	177 463.49	208 399.77	– 14.84	31.88	34.41

---

① 参见中国橡胶工业协会网站。

续表

公司名称	销售总额（万元）		增长比（%）	海外销售额（万元）		增长比（%）	海外销售所占比重（%）	
	2009 年12 月31 日	2008 年12 月31 日		2009 年12 月31 日	2008 年12 月31 日		2009 年12 月31 日	2008 年12 月31 日
ST 黄海	119 423.80	110 523.15	8.05	55 586.53	55 889.90	-0.54	46.55	50.57
青岛双星	416 673.25	424 368.11	-1.81	120 603.20	105 261.94	14.57	28.94	24.80
黔轮胎 A	469 503.15	437 396.68	7.34	80 613.89	82 875.65	-2.73	17.17	18.95
S 佳通	262 900.00	280 649.35	-6.32	95 747.49	198 200.00	-51.69	36.42	70.62

资料来源：参见 2009 年各公司的年度财务报告。

通过表 10 - 1 可以看出，2009 年除了青岛双星的海外销售额有所上升外，其他五家轮胎公司都有或多或少的降低，其中 S 佳通和双钱股份下降幅度特别大，分别是 51.69% 和 27.30%。通过查看 S 佳通和双钱股份两公司的财务报告，发现原因在于两家公司的产品主要出口到美国，所以特保案的发生给公司带来了严重的损失。而黔轮胎公司等主要生产销售全钢载重子午线轮胎、工程及特种轮胎，并以国内销售为主，涉案轮胎的销售收入占公司最近两个年度营业总收入的比重均低于 3%，特保案对公司的直接影响不大，并且随着轮胎价格的提升和橡胶成本的降低，对这几家公司的发展反而比较有利。

对中国几家大型轮胎公司分析后，发现特保案对轮胎行业的影响是重大的。为了研究结果的稳健性，进一步对中国整体的轮胎行业进行分析，如表 10 - 2 所示。

表 10 - 2　　　　　　　　中国轮胎行业各月的出口情况

时间	全国销售总额（万元）	环比增长率（%）	全国出口额（万元）	环比增长率（%）
2009 年 2 月	1 530 978.00	—	345 231.80	—
2009 年 3 月	1 943 996.90	26.98	375 717.20	8.83
2009 年 4 月	2 031 635.80	4.51	462 248.60	23.03
2009 年 5 月	2 091 869.20	2.96	426 133.20	-7.81
2009 年 6 月	2 239 581.60	7.06	459 387.60	7.80
2009 年 7 月	2 215 343.60	-1.08	468 587.90	2.00

时间	全国销售总额 （万元）	环比增长率 （%）	全国出口额 （万元）	环比增长率 （%）
2009 年 8 月	2 211 871.40	-0.16	503 085.90	7.36
2009 年 9 月	2 226 937.30	0.68	509 750.20	1.32
2009 年 10 月	2 164 132.70	-2.82	492 912.10	-3.30
2009 年 11 月	2 160 837.00	-0.15	477 277.90	-3.17
2009 年 12 月	2 151 909.40	-0.41	522 715.40	9.52
2010 年 2 月	1 803 341.40	-16.20	360 368.60	-31.06
2010 年 3 月	2 452 431.70	35.99	480 807.20	33.42
2010 年 4 月	2 705 898.10	10.34	538 989.00	12.10
2010 年 5 月	2 605 963.80	-3.69	581 650.70	7.92
2010 年 6 月	2 665 085.00	2.27	579 876.40	-0.31
2010 年 7 月	2 472 374.20	-7.23	599 315.70	3.35
2010 年 8 月	2 686 256.10	8.65	613 989.70	2.45

资料来源：EPS 全球统计数据/分析平台。

2009 年 10 月以后，中国轮胎行业销售额和出口额的环比增长率以负值居多，而 2009 年 10 月以前以正值居多，所以很明显中美轮胎特保案对中国整个轮胎行业产生了严重的负面影响。2010 年 9 月 17 日，中国橡胶工业协会会长范仁德在第二届青岛天然橡胶国际论坛上说，[①] 受美国轮胎特保案影响，上半年中国对美国的轮胎出口下降 20.1%。

在销售额和出口额整体下降的情况下，中国轮胎行业的税费变化情况如何呢？如表 10-3 所示。

表 10-3　　　　　　　　　各季营业税金及附加

时间	2009 年 一季度	2009 年 二季度	2009 年 三季度	2009 年 四季度	2010 年 一季度	2010 年 二季度	2010 年 三季度
税金（万元）	21 252.00	22 558.50	24 789.30	30 598.00	15 131.10	32 223.70	40 395.00
环比增长率 （%）	—	6.15	9.89	23.43	—	112.96	25.36

资料来源：EPS 全球统计数据/分析平台。

---

① 《轮胎特保案致上半年中国对美国轮胎出口下降 20.1%》，中国贸易救济信息网。

通过表10-3可以清楚地发现特保案对中国轮胎行业的影响，在销售额和出口额下降的情况下，轮胎行业的税金却逐渐上升，2009年的第四季度也就是特保案发生后税金环比上升了23.43%。考虑到各季营销差距，分别用2010年前三季度的数据和2009年相比较，税金的增长幅度分别是-28.81%、42.85%、62.95%，在销售下降的情况下，税费增长如此之多，唯一的解释就是特保案发生后关税的增加。

（二）中美轮胎特保案对上游产业及中国就业的影响

中国是世界上天然橡胶消费量最大的国家，而天然橡胶是轮胎生产的主要原材料。中国轮胎出口受阻，必将对全球橡胶市场产生冲击。天然橡胶的销售情况如表10-4所示。

表10-4　　　　　　　　　2009年中国橡胶行业销售情况

时间	至本月累计销售额（万元）	各月销售额（万元）	环比增长率（%）
2009年2月	5 167 384.80	2 583 692.40	—
2009年3月	8 848 820.70	3 681 435.90	42.49
2009年4月	12 603 262.50	3 754 441.80	1.98
2009年5月	16 557 870.20	3 954 607.70	5.33
2009年6月	21 036 501.30	4 478 631.10	13.25
2009年7月	25 271 520.30	4 235 019.00	-5.44
2009年8月	29 626 605.10	4 355 084.80	2.84
2009年9月	34 067 328.00	4 440 722.90	1.97
2009年10月	38 332 340.90	4 265 012.90	-3.96
2009年11月	42 503 812.90	4 171 472.00	-2.19
2009年12月	46 904 524.60	4 400 711.70	5.50

资料来源：EPS全球统计数据/分析平台。

特保案一经通过，立刻触发了轮胎上下游企业的神经。不仅影响了ST黄海、风神股份、青岛双星、黔轮胎A、双钱股份等轮胎公司，而且也严重影响了上游产业的企业。2009年中国橡胶行业在9月份之后出现负值增长，这充分说明中美轮胎特保案对中国橡胶行业也造成了严重的影响。此外通过研究发现，无论是轮胎行业还是橡胶行业在每个季度末的销售额都会有大幅度的提高，这可能与公司的盈余管理有关。

美国对中国输美轮胎 2009 年 9 月 26 日之前征收 3.4% ~ 4% 的关税，特保案裁决执行后，中国出口轮胎被征收的关税加征至 35%，将导致中国国内数十家轮胎生产企业减产、停产，不仅影响到中国未来近 20 亿美元出口，而且会影响到中国近 10 万名轮胎制造工人的就业。所以中国政府应该力挽狂澜，就中美轮胎特保案向 WTO 起诉美国，维护中国人民的利益。

此外，该法案签署后可能引致其他世界贸易组织成员的效仿，连锁反应产生后将对世界经济的复苏过程产生影响。有消息称，墨西哥已有对中国轮胎采取反倾销制裁的打算，此外在 2009 年 9 月 16 日，阿根廷政府声称也可能会效仿美国的做法对中国进行制裁，这会进一步恶化中国轮胎的出口形势。

三、轮胎特保案对美国的影响

中美之间进出口贸易频繁，两个国家分别为对方的第三和第二大出口市场，自 2002 年以来，中国在美国市场中占有的份额迅速增长，由此看来，中美两国需要营造更加稳定的贸易环境来维护两国共同的利益。中方向来重视与美国之间的经贸合作，希望贸易保护主义永远不要出现在中美两国之间，因为闭关锁国的历史告诫我们，封闭自己不是保护自己的最好方法，开放进取，合作互利，共同发展才是强国之道。轮胎特保案给中国带来了严重的损失，但是看到特保案给中国带来损失的同时，美国不应该暗自窃喜，因为特保案给美国带来的损失不亚于中国。

第一，美方在华有四家轮胎生产企业，分别是固特异轮胎、固铂轮胎、库珀轮胎和风驰通轮胎，中国向美国出口的轮胎中有 2/3 的份额来源于这四家公司，特保案将直接影响这些美资企业的利益。为此，库柏轮胎曾公开声明称，ITC 的提案是"不合理"和"不可接受的"，该轮胎特保案会对市场秩序产生严重的负面影响。库柏轮胎自 2006 年进入中国以来，在中国成立了两家合资公司，其产品全部向美国出口。两家合资公司合计年产能 1 400 万 ~ 1 700 万只，2008

年销售收入 6 亿美元左右。所以特保案的发生对库珀轮胎公司是致命的。固特异轮胎于 1994 年到中国创建公司，截至 2008 年 6 月份，其在中国的投资规模已经达到 5 亿美元，拥有 1 000 多名员工，中美轮胎特保案的发生使这家美资公司的经营举步维艰。1900 年成立的风驰通在美国市场上主要以卡车与货车为主，2007 年 4 月，普利司通（中国）投资有限公司把风驰通引进中国，普利司通公司目前已在沈阳、天津、无锡、惠州拥有四家生产基地。通过上述分析，这四家美资公司生产的轮胎都是该轮胎特保案予以制裁的对象，并且大部分的产品都是在中国加工后又销售到美国，相同的情况也出现在固铂轮胎身上。所以奥巴马宣布通过的轮胎特保案打击的都是自己国家的轮胎，可以说是搬起石头砸自己的脚，如表 10 – 5 所示。

表 10 – 5　　　　　　　美国两大轮胎巨子季度销售环比增长率

美国公司	项目	2009 年一季度	2009 年二季度	2009 年三季度	2009 年四季度	2010 年一季度	2010 年二季度	2010 年三季度
固特异轮胎	销售收入（百万美元）	– 176	24	275	249	240	219	234
	环比增长率（%）	—	– 114	1 046	– 9	– 4	– 9	7
库珀轮胎	销售收入（百万美元）	1 256.80	1 269.80	1 286.40	1 256.60	1 228.60	1 336.70	1 240.70
	环比增长率（%）	—	1.03	1.31	– 2.32	– 2.23	8.80	– 7.18

资料来源：公司财务报告。

表 10 – 5 显示，美国的两个轮胎巨子自 2009 年第四季度后销售额急剧下降，在 2010 年轮胎价格上涨 8% 的情况下仍然呈下降趋势，而 2010 年全球的经济已经开始复苏，之所以继续出现这种下滑趋势两公司财务报告中解释说是由于特保案的影响。

此外，2009 年 10 月 31 日，米其林关闭美国田纳西州 BFGoodrich 轮胎厂，原因是该工厂生产的乘用车轮胎（特保案的涉案产品类型）需求遭遇前所未有的不景气。中美轮胎特保案不仅没有改善美国的轮胎行业，甚至造成了 850 名工人失业，特保案仅仅取悦工会却丝毫无益于美国轮胎工人。①

第二，特保案不但没有解决美国轮胎制造业工人的就业问题，反而让轮胎经销商的工人失业。USW 一提出对中国轮胎实行特保措施，美轮胎产业协会和美国轮胎贸易自由联盟等纷纷抗议，为什么会出现这种情况呢？事实证明，轮胎特保案非但无法解决美国"2 万名轮胎制造工人失业问题"，反而导致规模高达 10 万人的中国轮胎产品进口、销售产业工作人员失业，不能不说是得不偿失。美国期望通过发起特保案的途径解决美国就业问题的愿望落空，由此可知，特保案这种贸易保护主义行为对美国失业率过高的劳动力市场无疑是雪上加霜，美国近年的失业人口与失业率统计如表 10 – 6 所示。

表 10 – 6 美国失业情况

项目	2005 年	2006 年	2007 年	2008 年	2009 年
就业人数（百万人）	141 714 000	144 420 000	146 050 000	145 368 000	140 603 000
失业率（%）	5.08	4.62	4.63	5.81	9.26

资料来源：美国国际贸易委员会公布的数据。

通过表 10 – 6 可以发现，2008 年对美国甚至对世界来说都是不平凡的一年，因为在 2008 年由美国的次贷危机引发了全球金融风暴，所以 2008 年美国的失业率应该会大幅上升，结果显示美国 2008 年的失业率从 4.63% 上升为 5.81%。但是更令人震惊的是，2009 年在全球经济开始复苏的大环境下，美国的失业率却进一步加重，从 2008 年的 5.81% 上升为 9.26%，是 2008 年失业率上升幅度的 3 倍，失业率的严重恶化，轮胎特保案难辞其咎。

第三，在经济全球化的环境中，由于对中国产品进口限制并不能减弱美国国内产业面临的竞争态势，因此奥巴马政府为保护美国国内产业而限制中国产品进口的行为并不明智。轮胎特保案对中国产品的限制并不能改变美国轮胎公司的格局，因为美国会迅速从世界其他国家进口轮胎，市场价格配置会自动主导这一行为。

第四，轮胎特保案导致中国轮胎无法出口到美国，会提升美国国内居民的汽车消费成本，阻碍美国政府振兴汽车产业蓝图的实现。根据美国轮胎进口商

---

① 21 世纪经济报道：《美国轮胎特保案无助解决就业 米其林关闭一北美工厂》，21 世纪网，2009 年 10 月 31 日。

和分销商的统计，2010年普利司通、固特异、米其林、锦湖等各大品牌轮胎厂商纷纷宣布调高美国市场轮胎价格，上调幅度至少达4%。据新华社华盛顿2009年9月29日报道，由于轮胎特保案导致中国对美国出口轮胎进程减缓，美国的轮胎价格出现了10%~28%范围内的急速攀升。轮胎价格的上涨，只能由美国消费者买单，金融危机已经大幅度减少了美国人民的收入，轮胎特保案导致的轮胎价格上涨对美国人民来说无异于雪上加霜，若出于节约成本考虑继续使用有安全隐患的旧轮胎，甚至可能带来更多的交通隐患。

第五，美国对中国轮胎进行制裁后，中国政府绝对不会示弱，必定会对美国的产品进行制裁，进而特保案彻底破坏了中美之间的贸易关系。奥巴马对中国轮胎征收高达35%的关税，引发了中美两国近年来最大规模的贸易纠纷。中国方面除了诉诸WTO外，还宣布了一系列针对进口美国鸡肉、尼龙和其他产品的报复性措施。

通过上述分析，轮胎特保案对中美两国都产生了极其不利的影响，中方政府希望美方政府能基于大局考虑，携手中方一同为中美经济贸易合作良好环境的创建贡献力量。就中美贸易平衡问题的处理方面而言，美国政府应积极鼓励国内企业对华出口，而非极端地采取消极措施限制中国产品的进口。

四、对轮胎特保案爆发前相关数据信息的实证检验

在倾销认定预警子系统中，运行主体应该根据汇总的中国出口企业的会计信息，筛选出需要进行监测的出口产品，进入产业损害预警子系统中，进一步的分析和研判。企业自身的会计工作是否规范，出口产品的价格是否高于正常价值，出口企业本身对此最为清晰明了。因此，本章将检验的重点放在了产业损害预警子系统中，详细验证基于会计信息的预警警兆指标体系的有效性。

美国国际贸易委员会公布的案件介绍，详细披露了整个案件所涉及的相关信息。基于轮胎特保案发生前的这些相关信息，对预警警兆指标的有效性进行检验。①

---

① 涉及国际贸易委员会的资料，主要来源于 U. S. International Trade Commission 于 2009 年 7 月所发布的文件"Certain Passenger Vehicle and Light Truck Tires From China"。

（1）进口国产业的营业收入。根据案件爆发前美国轮胎产业的销售收入数据，可以发现，其在 2006 年开始出现下降的态势，尽管在 2007 年情况有所好转，收入有所增加，但是，紧接着在 2008 年又出现大幅度的下滑，且下降幅度非常明显。从中可以断定，本指标已经达到了预警的临界状态。详细数据如表 10 - 7 所示。

表 10 - 7　　　　　美国国内企业 2004~2008 年销售收入　　　　单位：万美元

年份	2004	2005	2006	2007	2008
收入额	942 416.4	949 086.0	948 033.0	996 435.9	953 466.4

资料来源：美国国际贸易委员会公布的数据。

依据美国国内产业的销售数量统计表，我们通过计算可以发现，虽然在 2006 年之前，美国国内企业所销售的轮胎数量，就已经有轻微下滑的趋向。但是，2006 年的销售数量，较 2005 年却出现大幅度的下降，并且，在 2006~2008 年，下滑的趋势一直未得到有效遏制。相关数据如表 10 - 8 所示。

表 10 - 8　　　　2004~2008 年美国国内企业轮胎销售数量　　　单位：万条

年份	2004	2005	2006	2007	2008
美国本国销售数量	19 473.1	18 175.6	16 381.4	15 567.5	13 682.5

资料来源：根据美国国际贸易委员会公布的文件整理而成。

结合表 10 - 9 和表 10 - 10，从市场份额的角度来分析，可以看出，无论是基于数量，还是基于价值，美国国内企业的市场份额在 2006~2008 年，都出现较大幅度的下滑。我们有理由相信，本指标也达到了预警的临界状态。

表 10 - 9　　　　2004~2008 年基于数量的美国轮胎消费市场份额　　　单位：%

年份	2004	2005	2006	2007	2008
中国轮胎所占的市场份额	4.7	6.8	9.3	14	16.7
美国企业所占的市场份额	63.3	59.6	56.2	52.6	49.6

资料来源：根据美国国际贸易委员会公布的文件翻译而成。

表 10 - 10　　　　2004 ~ 2008 年基于价值的美国轮胎消费市场份额　　单位：%

年份	2004	2005	2006	2007	2008
中国轮胎所占的市场份额	3.3	4.7	6.1	9.0	10.9
美国企业所占的市场份额	68.1	64.1	62.2	60.4	57.9

资料来源：根据美国国际贸易委员会公布的文件整理而成。

（2）进口国生产企业所生产的产品价格。美国国内企业所销售的轮胎价格虽然在 2006 ~ 2008 年期间一直呈现上涨的态势，但是，与加拿大、日本、韩国、墨西哥等国家生产的轮胎销售价格涨幅相比，呈现出明显的受抑制的态势。因此，本指标也达到了预警的临界状态。相关数据如表 10 - 11 所示。

表 10 - 11　　　　　　　美国轮胎市场上各厂商单价汇总　　　　单位：美元

年份	2004	2005	2006	2007	2008
中国	31.10	33.28	34.50	35.97	38.90
加拿大	39.58	43.38	48.91	56.64	59.05
日本	53.12	56.50	60.23	58.71	63.13
韩国	38.95	46.00	48.58	52.73	56.11
印度尼西亚	23.59	26.09	26.22	28.98	32.10
巴西	25.57	28.73	35.66	42.04	48.93
墨西哥	34.60	45.71	47.16	52.72	56.26
其他国家	38.13	42.17	42.95	47.29	53.76
美国国内企业	48.40	52.22	57.87	64.01	69.69

资料来源：根据美国国际贸易委员会公布的文件翻译而成。

（3）进口国产业的销售毛利率。从表 10 - 12 可以看出，美国国内生产企业的销售毛利润率，在 2006 年之前呈现一定幅度的下降，但是，在 2006 年却出现了较大幅度的下降，尽管这一指标在 2007 年又显示出一定幅度的攀升，但是紧接着在 2008 年却呈现出更大幅度的下降。

表 10 - 12　　　　　美国国内企业 2004～2008 年销售毛利润率　　　　　单位：%

年份	2004	2005	2006	2007	2008
销售毛利润率	15. 30	13. 00	10. 40	15. 70	9. 90

资料来源：根据美国国际贸易委员会公布的文件翻译而成。

事实上，无论是 2006～2008 年这段时间，还是 2004～2006 年这段时间，本指标的变化趋势，都显示出其已经达到了预警的临界状态。严格来说，2006～2008 年的销售利润毛利率，虽也有一定幅度的下降，但相比于 2004～2006 年来讲，并未有严重下降的迹象。但是，考虑到利润率本身一般难以在短期内出现大幅度变化的这一特殊性，以及"调查机关自由裁量权过大"这一无形事实的存在，我们有理由认为本指标已经达到了预警的临界状态。

这也启迪我们，在反倾销预警运行的过程中，对数据变化究竟处于怎样的变动区间才会触动预警警讯，我们必须要把握好灵活性的尺度，避免呆板僵硬。

（4）进口国产业的销售净利率。美方企业提交的文件显示，美国国内企业的销售净利率在 2006～2008 年期间，出现较大幅度的下滑，下滑趋势明显，尽管在 2007 年出现小幅回升，但是，大幅下滑这一大趋势是显而易见的。因此，我们认为该指标已经达到了预警的临界状态。相关数据如表 10 - 13 所示。

表 10 - 13　　　　　2006～2008 年美国国内企业销售净利率

年份	2004	2005	2006	2007	2008
销售净利润率（%）	- 0. 20	0. 30	- 3. 30	1. 40	- 5. 80

资料来源：根据美国国际贸易委员会公布的文件翻译而成。

（5）进口国产业的资产报酬率。美国国内企业的资产报酬率在 2006 年之前，在 0 收益附近上下小幅波动，随之在 2006 年，出现了大幅度的下滑。这一下滑趋势尽管在 2007 年有所扭转，但是在 2008 年，出现了更大幅度的下滑。这种持续的较大幅度的下滑，意味着本指标已经达到了预警的临界状态。相关数据如表 10 - 14 所示。

表 10 - 14　　　　　　　2004~2008 年美国国内企业资产报酬率

年份	2004	2005	2006	2007	2008
总资产（万美元）	842 031.0	893 283.4	906 221.2	1 055 113.5	993 610.6
净利润（万美元）	- 2 520.40	3 519.50	- 36 084.20	15 643.10	- 62 815.40
资产报酬率（%）	- 0.2993	0.3940	- 3.9818	1.4826	- 6.3219

资料来源：根据美国国际贸易委员会公布的文件整理而成。

（6）进口国产业的存货周转率。根据美方提交的资料整理发现，美国国内企业的资产周转次数，在 2006~2008 年一直是处于下降的趋势。考虑到美国国内轮胎企业主要是依据订单进行生产，库存积压品数量的增加无法正确反映美国国内企业的经营状况。因此舍弃了库存产品数量变化幅度这一趋势，而是计算 2006~2008 年这三年期间美国国内企业的存货周转次数。通过计算，我们发现，这一指标确实是呈现持续下降的态势，并且趋势非常明显。因此，该指标也达到了预警的临界状态（见表 10 - 15）。

表 10 - 15　　　　　　2004~2008 年美国国内企业存货周转次数　　　　单位：次

年份	2004	2005	2006	2007	2008
存货周转次数	8.850	8.000	8.621	7.576	6.329

资料来源：根据美国国际贸易委员会公布的文件整理而成。

（7）进口国产业的产能利用率。美国国际贸易委员会公布的文件显示，在 2006 年之前，美国国内企业的产能利用率有一定程度的下滑，在 2006~2008 年这段时期，虽然其中有一定的回升，但是，大幅度下降这一总体的趋势无法否认，因此我们也认为，本指标已经达到了预警的临界状态。相关数据如表 10 - 16 所示。

表 10 - 16　　　　　　2004~2008 年美国国内企业产能利用率　　　　单位：%

年份	2004	2005	2006	2007	2008
产能利用率	96.30	93.20	85.90	91.90	86.00

资料来源：根据美国国际贸易委员会公布的文件翻译而成。

（8）进口国产业的冗余人员数量。美方企业递交的报告指出，自从 2004 年以来已经关闭了四个加工厂，造成 4 000 个工作岗位失业，预计 2009 将会有三座加工厂倒闭，继续裁员 3 000 人。

在美国，就业率不仅是判断宏观经济运行态势的一个重要指标，而且也是衡量政府经济管理能力的一个必不可少的指标，甚至就业人数还与总统选举的选情息息相关，因为候选人需要取得这些行业工人的支持，本指标的重要性不言而喻。4 000 个工作岗位已经丢失，3 000 个工作岗位面临丢失，美国国内企业的申报材料所罗列的这些失业人数数据，使得该指标明显达到了预警临界状态。

（9）最近三年营业收入同比（或环比，下同）增长率。根据美国国际贸易委员会公布的资料，我们整理发现，在 2006～2008 年，以 2005 年作为基期计算的营业收入同比增长率，并不支持产业受损事实的裁定。这也表明，辅助参考类指标，仅仅具有辅助参考意义。相关信息如表 10 - 17 所示。

表 10 - 17　　　　以 2005 年作为基期计算的营业收入同比增长率

年份	2004	2005	2006	2007	2008
营业收入（万美元）	942 416.4	949 086.0	948 033.0	996 435.9	953 466.4
同比增长率（%）	—	0.7077	- 0.1109	4.9890	0.4615

资料来源：根据美国国际贸易委员会公布的文件整理而成。

（10）最近三年资产同比增长率。根据委员会公布的数据，我们计算分析得出，以 2005 年的资产为基期，计算的 2006～2008 年资产同比增长率，并不支持产业受损事实的裁定。这也进一步表明，此指标仅仅具有一定的辅助参考价值。相关数据如表 10 - 18 所示。

表 10 - 18　　　　以 2005 年为基期计算的资产同比增长率　　　　单位：%

年份	2005	2006	2007	2008
资产同比增长率	—	1.4483	0.1812	0.1123

资料来源：根据美国国际贸易委员会公布的资料整理而成。

（11）最近三年营业利润同比增长率。通过相关数据的整理我们发现，以 2005 年为基期，所计算出的 2006～2008 年营业利润同比增长率，呈现出较大程度的下滑。从一定程度上支持产业受损的事实。但是，营业收入同比增长率、资产同比增长率与营业利润同比增长率，三者未能同时支持产业受损事实，这说明，衡量进口国企业发展能力所涉及的辅助参考类指标，仅具有一定的辅助参考意义。相关数据如表 10 – 19 所示。

表 10 – 19 以 2005 年为基期计算的 2006 ~ 2008 年营业利润同比增长率

年份	2005	2006	2007	2008
营业利润（万美元）	165 547	– 114 549	507 241	– 262 834
营业利润同比增长率（%）	—	– 144.7052	97.9616	– 202.5766

资料来源：根据美国国际贸易委员会公布的资料整理而成。

（12）宏观 GDP 增长率。2007 年，美国 GDP 较 2006 年上涨了 4.8%。而 2008年，受次贷危机加剧的影响，全年美国 GDP 增长率仅为 1.3%，其中第四季度增长率为 – 3.8%，是自 1982 年以来的最低值。2009 年 GDP 增长率为 – 2.44%（后于 2010 年被修正至 – 2.6%）。

GDP 增长缓慢甚至是负增长，由此给美国政府带来了巨大的挑战。面对严峻的就业压力，美国政府对国际贸易的态度趋于保守。因此该指标视为已经达到预警临界状态。

（13）进口国发动反倾销调查的历史记录。美国作为世界上经济最发达的国家、世界上最大的进口市场，历来就有通过反倾销、反补贴等贸易救济手段来堂而皇之进行国内贸易保护的传统。依据 WTO 秘书处公布的资料，通过汇总发现，从 WTO 成立至今，依照国别汇总的各国反倾销调查数量历史排行榜上，美国名列前茅。因此，该指标视为已经达到预警临界状态。

（14）进口国的政治动态。能否推行美国医疗改革是奥巴马执政成败的一个关键问题。进行医疗改革需要获得美国国内各方面支持，工会的力量不容小觑。奥巴马为了钢铁工人联合会支持他的医改方案，就同意了对进口自中国轮胎征收关税的要求。这也违背了他上任后一直强调美国反对贸易保护主义和高度重视发展中美关系的初衷。中国出口到美国的轮胎在事实上并没有给美国相关行业造成十分巨大的影响，但是奥巴马出于政治上的考虑而作出这样一个决定，显然是政治利益大于经济利益。因此，就当时特定的背景来看，这一因素明显的达到了预警的临界状态。

（15）中国企业对目标市场出口的增长率。2004～2008年，美国市场上进口自中国的轮胎就数量角度而言，快速增长了215%。从轮胎的价值角度而言，从中国进口的轮胎在此期间增长了300%。从2004年开始，进口轮胎每年都是以双位数的速度进行增长。并且这种快速增长，在调查期间是呈现增长的态势，也表现为持久性的未间断的增长，这表明本指标明显地达到了预警的临界状态。表10-20列示了中国每年出口到美国的轮胎数量和价值；而以2004年作为基期，分别从价值角度和数量角度详细计算出的环比增长率（见表10-21）。图10-1显示的是中国出口轮胎数量的增长情况。

表10-20　　　　2004～2008年中国出口到美国的轮胎数量以及价值

年份	2004	2005	2006	2007	2008
数量（百万条）	14.6	20.8	27.0	41.5	46.0
价值（百万美元）	453.3	691.9	931.7	1 493.0	1 788.0

资料来源：根据美国国际贸易委员会公布的文件整理而成。

表10-21　　　进口轮胎基于数量和价值角度的年度环比增长率　　　单位：%

年份	2005	2006	2007	2008
基于数量角度的环比增长率	42.4658	29.8077	53.7037	10.8434
基于价值角度的环比增长率	52.6362	34.6582	60.2447	19.7589

资料来源：根据美国国际贸易委员会公布的文件计算整理而成。

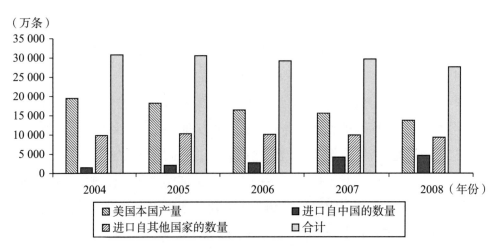

图10-1　美国历年轮胎消费数量及其构成

资料来源：根据美国国际贸易委员会公布的文件整理而成。

（16）贸易顺差问题。2008 年，中美双边贸易总值较 2007 年增长 10.5%，比上年回落 4.5 个百分点。其中，中国对美国出口 2 523 亿美元，增长 8.4%；自美国进口 814.4 亿美元，增长 17.4%，对美国实现贸易顺差 1 708.6 亿美元，比上年增长 4.6%。

2009 年全年，中国对美国贸易顺差 1 434 亿美元。比 2008 年减少了 274.6 亿美元，下降幅度为 16.07%。在次贷危机中的美国失业率居高不下，就业压力严峻的背景下，如此高的贸易顺差，可视为此指标达到预警临界状态。

通过上述分析我们可以看出，重要性指标，都达到了预警的临界状态；辅助参考类警兆指标中，"最近三年营业收入同比（或环比，下同）增长率""最近三年资产同比增长率"，两者未达到预警的临界状态，其他辅助参考类指标均达到了临界状态。因此，需要及时地发出预警警情，并且，我们预测，中国政府向世贸组织争端解决机构提起的申诉，胜算的可能性比较微小。

第二节　对反倾销预警指标体系的评价

2010 年 12 月 13 日，WTO 争端解决机构向世贸组织成员发起了中国诉美轮胎特保措施世贸组织争端案（DS399）专家组报告，报告认为中方的申诉难以成立，美方对从中国进口的轮胎实施惩罚性关税并未违反相关规定。这一裁定结果，与我们构建的基于会计信息的反倾销预警系统所得出的预警警情是一致的，证明这一预警系统的构建理论，具有较大的参考价值。

通过以上的分析，可以发现：（1）基于会计信息构建反倾销预警体系，理论上是可行的。因为进口国国内产业受到实质性损害，必然会表现为经营状况恶化。而企业的经验状况恶化，一定会通过财务报告等资料反映出来。因此，通过会计信息来构建反倾销预警体系，理论上具有可行性。我们的实证检验，也证明这套预警指标体系在实务实践中，具有较高的有效性；（2）这套预警指标体系，选取的都是重要的关键性的预警指标，因此整个预警指标体系简洁，易于短期内及时迅速地收集到相关信息，避免了系统因为信息收集不畅导致系统运行迟缓，甚至是无法运行。这种简洁性，加强了系统的有效性。

第三节　中美轮胎特保案中会计信息的作用和启示

一、中美轮胎特保案中会计信息的作用

（一）揭开中美轮胎特保案的面纱，提升中国的威信度

　　会计信息的主要作用是作为一种证据，证明中国的轮胎没有扰乱美国的市场，推翻美国对中国轮胎进行特保制裁的依据。会计信息的证明力表现在以下四个方面：第一，中国轮胎产品对美国出口增长并不明显，2007年比2006年仅增加3%，而2008年比2007年不增反而降低了2%，2009年上半年相较2008年上半年同期降低16%。在这种贸易情况下，美国反而控告中国的轮胎扰乱了美国的市场，给美国的轮胎行业带来了威胁，无法服众。第二，通过分析轮胎特保案对美国的影响发现，轮胎特保案发生后，美国两大轮胎巨子的销售额急剧下滑。中国轮胎产品出口至美国前后，美国轮胎产业的经营状况未发生无明显变化，美国轮胎产业的盈利情况在中国产品出口增幅最大的2007年也表现良好。概括地说，轮胎特保案之前美国国内的轮胎行业销售盈利情况表现良好，但是特保案之后美国国内的轮胎行业开始出现下滑，这种局面的出现无法解释中国的轮胎扰乱了美国市场。第三，通过对中美市场的调查及中方提供的会计信息，得知特保案中的中国出口轮胎主要用于美国汽车维修市场，与主要用于原配和替换市场中的美国自产轮胎并不存在重合，也就没有直接的竞争关系，又怎么能证明中方轮胎给美方轮胎产生威胁。第四，美国关闭数家轮胎工厂是因为他们更看好高端市场而做出的产业结构调整，即关停部分工厂和设备与中国产品的进口无关。即使与中国进口有关，特保案限制了中国轮胎进入美国市场，美

国也不可能开张已经关闭的轮胎工厂，这是不符合成本效益原则的，所以特保案的结局是涉案轮胎将要从其他国家替代进口。

会计信息揭开了中美轮胎特保案的神秘面纱，即奥巴马对中方轮胎进行特保制裁并不是基于正常的贸易制裁程序，更多的是出于政治目的，取悦工会，为自己的政治仕途铺路。美国政府的这一举动违反了世贸组织规则和在 G20 峰会上做出的承诺，其滥用贸易救济措施的行为在世界经济处于危机状态的背景下开启了极坏的先例，在一定程度上也损害了其在国际上的形象。

（二）为 WTO 仲裁委员会提供证据，提高贸易诉讼的胜诉率

出口企业需要应对反倾销等贸易制裁时，会计能够发挥何种作用？反倾销调查当局认为涉案产品出口价格低于产品正常价值之时，涉诉企业需要寻找证据证明反倾销调查当局的论断是错误的，而这需要基于会计信息资料的证据进行证明。不管是对企业是否符合市场经济国家标准进行证明，还是对产品倾销是否成立进行判定抑或是对反倾销税进行计算，不可缺少的一个步骤都是核查会计资料。只有会计及时系统地提供有关会计信息的举证资料，才能支持企业诉讼。不难看出，会计在反倾销调查中的重要作用就是其举证功能。

会计证据在反倾销等贸易诉讼中的重要作用体现在它为进口国反倾销当局的反倾销立案、调查、裁决提供事实支撑，[①] 主要表现在定案、定价、定性和定幅等方面。

定案是会计证据的首要功能，它是指产品进口国的反倾销当局对国内产业的反倾销起诉是否受理并立案。申诉方如果想发起反倾销调查，需要收集充足证据来证明其正常生产经营活动受到了进口产品的影响。即美国对中国轮胎提出特保措施，美国相关企业要有足够证据证明中国轮胎对其行业造成实质损害，而中方要想维护其合法权益，则必须出示足够多的会计证据以证明其贸易的合法性。

定价是会计证据的直接功能，它是指进口国的反倾销调查当局以起诉者提供或实地调查中获取的会计资料作为依据对出口产品进行价格认定，由于要依据会计资料确定是否形成倾销，所以会计资料的作用是不容忽视的。

---

① 严涌：《反倾销应诉会计支持问题研究》，厦门大学硕士学位论文，2008 年。

定性是会计证据的核心功能，它是指进口国的反倾销调查当局以起诉者提供的会计资料为依据作出的是否倾销以及倾销行为是否对相关产业引起损害的判断，在这个环节中，起诉方和抗辩方都会运用大量会计证据攻击对方论点，佐证己方论点。可以说，任何一起成功的反倾销案例都是起诉者提供了大量的、及时的、系统的、有说服力的会计证据的案例。以这次的中美轮胎特保案为例，由于中方未能提供足够的会计证据，致使 WTO 仲裁委员会做出中方败诉的裁决。

定幅是会计证据的重要功能，定幅程序开始与定性程序之后，它是指进口国的反倾销调查当局根据掌握的会计证据来决定反倾销税征收数量的功能。例如美国根据中美两方的会计资料做出以下制裁，美国对中国轮胎在接下来的三年分别征收 35%、30% 和 25% 的惩罚性关税。

2010 年 12 月 13 日，WTO 专家组认为中方举证不足，裁定轮胎特保案中国败诉，并宣布自此裁决之日起 60 天内，中美两国均可提出上诉。仲裁委员会指出，轮胎特保案的举证责任在中方，但遗憾的是中方没有提出足够的证据。那中国应该向仲裁委员会提交什么证据呢？首先需要明确的一点是保障措施实施的条件，根据相关知识得知当中国将产品出口至世界贸易组织成员时，若存在出口产品对这些成员相关产业造成"严重损害"或构成"严重损害威胁"的情形，则这些世界贸易组织成员有权利针对中国产品采取保障措施。[①] 所以中国应该提供两方面的证据，一是中国出口的轮胎数量没有大幅度增加，二是出口至美国的中国轮胎没有给美国的轮胎产业造成严重损害或严重损害威胁。这两方面的证据都与会计信息有密切的关系，都需要企业提供足够的财务数据。因为数量的增加幅度是否过大，要获取企业历年出口数量的财务数据；要证明是否造成严重损害，需获取出口前后该行业的盈利、销售、发展潜力、产业链的发展动态等方面的财务数据。仲裁委员会宣布中国的举证不足，裁决中国败诉，说明中国没有获得足够的财务数据。

（三）在贸易制裁中进行会计抗辩，维护贸易的公平性

由于中国的市场经济地位尚未得到欧盟和美国的认可，在进行中国企业出口产品正常价值确定时会使用"替代国"估价法，这会使得中国涉诉企业陷入

---

① 参见《中华人民共和国加入 WTO 议定书》第 16 条。

被动。中国企业应当通过会计抗辩的方式在这种被动的情况下抢得发言权，尤其是存在调查机关理由不够充足就对中国企业进行倾销行为判定的情形时。企业的反倾销会计抗辩陈述，应当针对申诉方指控的要点，从法律与事实两个方面就会计专业性问题进行申辩与反驳来阐述事实真相。国际反倾销法规定，对应诉方的合理主张和理由可以进行抗辩陈述。因此，应诉企业应该充分把握这一规定，在合适的时机利用会计资料为自己进行有效抗辩，争取赢得诉讼成功。

2010 年 12 月 13 日，WTO 针对中美轮胎特保案宣布中国败诉，但是中国并未妥协，并提出了申诉，在申诉中提出了一些会计资料进行了会计抗辩。

二、中美轮胎特保案的启示

中国商务部 2010 年 12 月 14 日表示，WTO 争端解决机构专家组未裁定美国针对中国输美轮胎所采取的特保措施违反 WTO 规则，商务部在一份公告中称，美国对中国轮胎采取的特保措施是贸易保护主义措施，并不符合 WTO 规则，曾遭到广泛批评。但是，为什么遭到广泛批评的中美轮胎特保案中国却败诉了呢？通过前文的分析可以总结出以下原因。

（一）会计信息的供需矛盾导致中国的会计举证不足

众所周知，诉讼中讲究的是证据，而贸易诉讼中更是需要大量的证据。作为证据的会计信息是否容易取得呢？企业提供会计信息是有成本有代价的，所以大多数企业选择"搭便车"的方式，S 佳通、双钱股份和风神股份尤为严重，这些涉案企业尽量少地提供会计信息，这导致 WTO 上诉机构很难取得对中国胜诉的证据。

会计信息属于公共物品，不同个体需要的信息不同，势必会导致会计信息供需矛盾。虽然企业内部的会计信息需求者需要的信息来源于企业内部管理活动和对外经营活动，所以可以获得本企业内部最原始、最及时的信息。但是对于企业外部的信息需求者只能获得企业对外公布的信息，而企业并不会公布所有的会计信息，一般只会公布对自身比较有利的信息，所以对于企业外部的会计信息需求者与供给者之间就存在矛盾，即需求的无限性与供给的有限性之间的矛盾。

此外，会计信息还存在需求的差异性与供给统一性的矛盾。会计信息具有不同需求方，且基于自身利益考量的信息需求内容也不尽相同。并且他们需要的信息主要来自企业对外披露的财务报告，这些报告是按照会计准则的要求按统一的内容和格式对外发布的，即会计信息的供给具有统一性。以美国对中国发起的中美轮胎特保案为例。美国国际贸易委员会（ITC）和美国商务部（DOC）为了进行产业损害调查，他们需要的信息主要是一些证明性信息，比如价格、成本等方面的信息。中美两国的统计部门、税务机构、市场监管机构等负责维持市场的正常秩序，保持国民经济的健康发展，为此他们需要获得企业间交易资金的流动及其所产生的增量的信息。这些会计信息都主要源于企业提供的报表及其相关附注报告，由于信息提供和使用主体不同，相关的利益也不一致，所以就导致了需求的差异化与供给的统一性之间的矛盾。

在反倾销等贸易诉讼中，涉案行业中各个企业的信息提供是各方互相博弈的结果，并且他们之间的博弈形成了一个囚徒困境博弈[①]。会计信息的使用者希望借助会计信息来认定应诉企业的产品造成了倾销，而会计信息的提供者（应诉企业）则要通过会计信息证明自己的产品没有造成倾销。假设美国对中国 X 行业进行反倾销制裁，该涉案行业中有两个企业 A 和 B。被起诉后 A 和 B 联合起来应诉，裁定机构要求 A、B 提供各方面的会计信息（可能包括核心的内部信息），若提供核心信息的成本是 4，胜诉的收益是 10。在提供诉讼资料时，A、B 都是以胜诉为前提的，则此时会出现如下的博弈结果（见表 10 - 22）。

表 10 - 22　　　　　　　　会计信息供需博弈

A \ B	提供所有的信息	提供部分信息
提供所有的信息	(6, 6)	(6, 10)
提供部分信息	(10, 6)	(10, 10)

在这个诉讼游戏中，双方认为最好的策略是都只提供部分资料，仅提供对公司未来发展有利的所有外部者均可获得的资料，而公司内部对反倾销应诉有

---

① 库恩著，韩松等译：《博弈论经典》，中国人民大学出版社 2004 年版。

利的资料双方均不提供，致使反倾销诉讼的最终结果是中方败诉，该行业中的所有企业都遭受严重损失，影响国家的经济安全。或者应诉企业想提供全部信息，但是由于企业本身账目混乱而无法提供，最终的结果是没有提供应诉足够的会计信息资料，致使应诉失败。

（二）会计信息的可信度较低

WTO 上诉机构上载的中美轮胎特保案报告中显示如下：（1）美国国际贸易委员会对中国进口增幅快速增长的评估是恰当的；（2）美国国际贸易委员会在涉案进口的上行增长趋势与损害趋势之间关联关系的构建支持了其作出的自中国的涉案进口是美国国内产业受到实质损害的一个重要原因；（3）认为中国未能证明美国国际贸易委员会不恰当地将损害归因于其他因素；（4）美国国际贸易委员会作出中国涉案进口是造成美国国内产业实质损害的一个重要原因的认定是恰当的。上诉机构表示，由于中国不能提供足够可靠的会计信息来证明其出口的合法性，即不能证明美国违反了其在世贸组织下的义务，因此认定美国对中国的特保制裁是合理的。由此可见，中国的会计体系不够健全，WTO 需要的证据不能及时提供，即便及时提供了会计信息，但是对这些信息的构成、来源、确认依据等都不能清楚表达，致使中国的会计信息不具有可信性，所以导致中美轮胎特保案的败诉。

会计信息虽然具有证明力，可以保护本国的相关产业，提升中国的国际地位，维护国家的经济安全，但是中国会计信息的证明力没有发挥出它应有的水平，中国会计体系仍存在一些问题，需要进行改善，提升会计信息的证明力作用，进而维护中国的经济安全。有两方面的原因导致会计信息没有发挥出其应有的证明力，一方面是中国的会计信息不能被国外认可，可采纳性较低；另一方面是中国的会计实务不够健全，在应诉时不能及时向仲裁委员会提供足够的会计信息。

自金融危机爆发以来，世界各国领导人均表达了对国际贸易保护主义的反对，中美轮胎特保案的发生证明美方违背国际社会的广泛共识，公然实行贸易保护主义，滥用特保措施。并且通过分析，所有的会计信息都证明美方实行的特保措施是缺乏事实依据的，是向美国国内贸易保护主义政治压力的妥协，即中美轮胎特保案的发生是为了实现奥巴马政府的政治目的而非真正中方违反世贸组织的协定。

现阶段，世界经济正逐步复苏，但前景仍旧曲折。国际贸易保护主义泛滥对经济恢复并无益处。中国相信，只有各国加强磋商、增强合作才能度过国际经济危机，要想在竞争激烈的国际市场上生存必须保持国际贸易渠道畅通，中国清朝时的闭关锁国就是一个教训。贸易保护主义是一条死胡同，并真诚地呼吁各国要真正认识到贸易保护主义的严重危害性，不具公正性与合理性的贸易保护主义行为对自己并无益处。美国作为世界中的贸易大国，应主动承担起维护国际贸易环境公平自由的重大责任。

第十一章
企业成功应对反倾销
调查的会计策略

　　中国企业频繁遭受他国的反倾销调查，但能最终不被裁决为高惩罚性税率的企业却寥寥无几。因此研究成功案例，对于中国出口企业有很强的现实意义。分析这些成功应对反倾销调查的案例公司，发现其成功之处，提炼出可以复制的实际经验也是本章研究目的之所在。在中国的反倾销历史上，有过一些经典的行业案例，而比较新近的一个经典案例，是在 2010 年成功获得美国商务部反倾销税率和反补贴税率均为零裁决的姚明织带饰品有限公司的案例。

第一节　姚明织带的背景简介

　　厦门姚明织带饰品有限公司（Yama Ribbons and Bows Co. , Ltd. ）成立于 2004 年，属于香港独资企业（以下简称"姚明织带"）。公司主要生产品质高的涤纶罗纹丝带、涤纶色丁丝带、尼龙雪纱带、涤纶织边印标丝带、丝带印刷、丝绒带、丝带发饰、丝带花饰和四代小包装。姚明织带由于专注于规模化和专业化的生产，其高品质的产品在短短几年内，已远销海外 100 多个国家和地区，在国内市场的占有率也稳步提升，现在已经是美国和中国国内同行业的第一大生产厂商。公司规模发展迅速，从 2004 年的 2 500 万港币的注册资本增加至 2008 年的 2 亿港币，离不开其正确的经营策略和理念的支持。其注册资本变化情况如图 11 - 1 所示。姚明织带是厦门市重点的招商引资项目之一。2008 年公司在厦门集美总部的基础上，又投资 2 亿元兴建了杏林分厂，并于同年 8 月份投入生产。经由此跨越式发展之后，姚明织带的产量在以前的基础上实现了两倍的增幅。其现有的厂房面积已达 10 万平方米，并有 3 000 余台织带机、百余台染色机和印刷平网机、近千台其他设备，员工人数接近 3 000 人。其专业化和规模化的生产，使姚明织带成为国内织带行业的先进代表。①

---

① 参考姚明织带饰品有限公司的网站简介，http：//cn. yama. cn/introduction. asp。

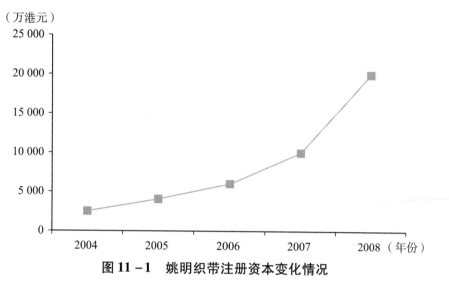

（万港元）

图 11 - 1　姚明织带注册资本变化情况

资料来源：图中姚明织带饰品有限公司的注册资本数据来源于其网站，但由于 2005 年数据的缺失，制图时对 2005 年的注册资本数采用了 2004 年和 2006 年的平均数。

姚明织带建立了与国际接轨的现代化管理体系。正因为如此，企业才能生产出高品质的产品、拥有专业化的服务、交货快捷、符合欧美对生产的技术性标准和环保标准。该公司设有独立的研究开发部门，专业的研发人员调查流行趋势，并以此对产品进行不断的创新开发。正因为如此，姚明织带才能有每月十几款新产品问世的好成绩，始终确保其产品处于潮流时尚的前沿。其产量可达每日 2 000 万码的各类织带、200 万码的印刷丝带、100 万个花饰。并且其存货量能常年保持在丝带 8 亿～10 亿码左右。姚明织带的销售渠道也是同业中一流的，其办事处及销售门市部遍布中国至少 12 个市，包括上海、广州、青岛、义乌、深圳、北京、东莞、汕头、温州、宁波、常熟和石狮等地。姚明织带有过半的产品是销往欧美等地，是国内同行业中的佼佼者，也是全球织带行业公认的领袖企业。

另外，姚明织带的服务在行业间也是口碑极佳的。这要归功于其先进的服务理念。对于品质，其要求是卓尔不凡；对于服务，其追求是永无止境。先进的服务理念指导其拥有完善的客户服务体系。姚明织带非常重视市场，会定期回访客户。在进入公司首页时，可以很明显地看到有关产品质量的问卷调查，其对服务的重视程度可见一斑。巨大的产能，完善的销售渠道以及优质的服务，创立了其行业龙头的地位。

第二节　姚明织带遭受反倾销调查的案情介绍

2009 年 7 月 9 日，应美国宾夕法尼亚州 BERWICKOFFRAY 公司的申请，美国商务部对华织边窄幅织带①发起了反倾销反补贴的合并调查。此次反倾销调查的申请方是美国的 BERWICKOFFRAY 公司及其全资子公司狮子绸带公司，这一织带生产商是美国最大的织带生产商，其中 BERWICKOFFRAY② 拥有近 65 年的生产经营历史。美国的 BERWICKOFFRAY 公司指控中国的企业向美方出口的织带低于正常价值倾销，对其造成了损害，要求美国商务部与国际贸易委员会对产自中国大陆与台湾地区的窄幅织带发起反倾销和反补贴的调查。

2009 年 7 月 23 日，美国商务部对于 BERWICKOFFRAY 的申请做出了准予立案的决定。这是后配额时代美国对华纺织品实行贸易保护措施的第一案，也是中国纺织业首次同时遭受反倾销和反补贴调查。

按照美国商务部的规定，涉案产品海关编码为 58063210.60、58063210.50、58063210.40 和 58063210.30。本案例的涉案产品织边窄幅织带为各种颜色、形状和长度、宽度不长于 12 厘米、含有人造纤维成分的织带。据中国海关统计的数据显示，在 2009 年前 5 个月里，中国出口美国的织带的全部金额已达到了 806 万美元。依照美国现行的法规惯例，涉诉产品进口量最大的两家企业必然会成为反倾销和反补贴的主要调查对象。而姚明织带是目前全球最大的涤纶织带、丝带花饰等的制造商，员工将近 3 000 人，在织带业享有"全球织带业第一品牌"的美称，正所谓枪打出头鸟，姚明织带自然毫无悬念地成为美国对华纺织业首起反倾销调查的重点对象。③

姚明织带在接到通知后迅速做出应对，并成立了应对放倾销和反补贴的反

---

① 织边窄幅织带，也叫窄幅织带，英文全称为 narrow woven ribbons with woven selvedge。织带按宽度规格可分为：10 毫米/12 毫米/15 毫米/20 毫米/25 毫米/30 毫米/32 毫米/38 毫米/50 毫米等，本案例中所指窄幅织带是指宽度在 12 厘米以下的织带，基本包含了所有宽度的织带。

② Berwick Offray 注册地在 Berwick，成立于 1945 年，是全球最大的织带生产商之一，信息来自 Berwick Offray 的网站，http://www.berwickindustries.com/about/。

③ 同时被列为反倾销、反补贴调查应诉对象的除了姚明织带，还有宁波金田贸易有限公司（Ningbo Jintian Import & Export Co., Ltd.）和漳州长泰荣树纺织有限公司（Fujian Rongshu Industry Co., Ltd.）等两家公司。

倾销领导小组，在中国商务部和厦门市贸发局等部门的协助下，开始在应对反倾销的道路上艰难前行。而其他的被诉企业，要么干脆放弃了应对，如宁波金田贸易有限公司，要么就是由于各种原因简单地草草应对，如福建长泰荣树纺织有限公司、天津辰峰织带有限公司、广州如益织造有限公司等。

2010年2月6日，美国商务部的初裁结果予以公布，姚明织带成为15家应诉企业中唯一一家被裁定倾销幅度为零的企业，而放弃应诉的宁波金田贸易有限公司被裁定收取231.4%的惩罚性税率，其余有13家企业获得平均税率资格，被裁定为115.7%的税率。这一裁定等于宣判，只有姚明织带能够继续坐拥美国市场，其他企业被变相挤出了美国织带市场。在初裁之后，美国商务部又派专人进行实地核查，姚明织带从容应对。

2010年7月13日，美国商务部发布公告，宣告历时一年的对华织边窄幅织带作出了反倾销终裁结果出炉。姚明织带成功获取倾销幅度为零的裁定结果，而其他13家企业获得123.83%的惩罚性税率，其他中国大陆企业（包括未应诉的宁波金田贸易有限公司）普遍被裁定247.65%的惩罚性税率。[①] 详细裁定结果如表11-1所示。

表11-1　　　　　美国商务部对华织边窄幅织带的终裁结果

区域	倾销幅度的裁定	惩罚性税率	企业名称
	0倾销幅度	0	姚明织带饰品有限公司（Yama Ribbons and Bows Co.，Ltd.）
中国大陆	单独税率	123.83%	天津辰峰织带有限公司（Tianjin Sun Ribbon Co.，Ltd.）、长泰荣树纺织有限公司（Fujian Rongshu Industry Co. Ltd.）、广州如益织造有限公司（Guangzhou Complacent Weaving Co.，Ltd.）、菱湖佳呈丝绸带业有限公司（Hangzhou City Linghu Jiacheng Silk Ribbon Co.，Ltd.）、宁波萌恒工贸有限公司（Ningbo MH Industry Co.，Ltd.）、宁波鄞州金丰线带有限公司（Ningbo Yinzhou Jinfeng Knitting Factory）、宁波维科联合贸易集团有限公司（Ningbo V. K. Industry & Trading Co.，Ltd.）、鹤山市永叙包装材料有限公司（Stribbons（Guangzhou）Ltd.）、永叙包装材料（南阳）有限公司（Stribbons（Nanyang）MNC Ltd.）、鹤山市永叙包装材料有限公司（Stribbons（Guangzhou）Ltd.）、东莞市益盛饰品有限公司

---

① 本案例中的资料来自姚明织带饰品有限公司网站、中国通关网、新浪财经和网易财经等网站的视频或文字资料。

续表

区域	倾销幅度的裁定	惩罚性税率	企业名称
中国大陆	单独税率	123.83%	（Dongguan Yi Sheng Decoration Co., Ltd.）、Sun Rich（Asia）Limited、天津辰峰织带有限公司（Tianjin Sun Ribbon Co., Ltd.）、潍坊东方织带有限公司（Weifang Dongfang Ribbon Weaving Co., Ltd.）、潍坊裕源纺织有限公司（Weifang Yu Yuan Textile Co., Ltd.）、厦门 Yi He 纺织品有限公司（Xiamen Yi He Textile Co., Ltd.）、扬州市百仕德礼品工艺有限公司（Yangzhou Bestpak Gifts & Crafts Co., Ltd.）
	普遍	247.65%	包括宁波金田贸易有限公司（Ningbo Jintian Import & Export Co., Ltd.）
中国台湾地区	0 倾销幅度	0	Dear Year Brothers Mfg. Co., Ltd./Shienq Huong Enterprise Co., td./Hsien Chan Enterprise Co., Ltd./Novelty Handicrafts Co., Ltd.
	普遍	4.37	台湾地区其他生产此产品的公司

资料来源：国务院发展研究中心信息网，www. edu. drcnet. com. cn。

第三节　姚明织带采取的应对措施

在接到美国商务部的反倾销调查时，姚明织带的董事长在气愤之余，选择了更为理智的方法，坚持应对不放弃最后的希望。在最初接到调查通知的时候，姚明织带同其他任何经历过反倾销或反补贴调查的中国出口企业一样，很无奈——企业本身并不存在倾销或者补贴行为却无端遭受调查，只因为引起了进口国竞争对手的妒忌。

一、拨专款应对调查

姚明织带在接到美国商务部的调查通知之后，其管理层随即进行了会议讨论，权衡利弊之后，姚明织带决定积极应对调查。迅速设置了 200 万元专项经费以应诉调查，并聘请专人评估胜诉率，收集应诉材料，起拟应诉书，为应对反倾销和反补贴做足了准备。

姚明织带是一家成立较晚，但在短时间内就占领了国内外市场的大型香港独资企业。综合其基本情况，姚明织带能迅速积极的应对反倾销有着许多自身的优势。比如其成立较晚，在土地核算问题上，不存在中国计划经济时期就已经无偿或者近乎无偿划拨的土地，这对反倾销核算正常价值以及反补贴中确认核算补贴收入都很有利，没有土地问题的把柄给调查当局抓。再比如其先进的管理理念，使其在成立初期引用了全套的 ERP 管理系统软件，这为企业迅速应对反倾销调查提供了很大的便利。这一系统软件包括了财务、供应链、生产、人力资源、客户关系、电子商务和办公自动化等模块，能有效整合资源并对企业进行规范管理，还为企业财务会计规范化核算奠定了良好的基础。再比如其高出同行业的职工薪酬福利待遇，也无形中为企业应对反倾销、反补贴调查带来了便利。企业在规模化生产的时候，很容易就降低了产品成本，而对于反倾销调查，过低的产品成本对涉诉企业是很不利的。但是如果企业有远见地实行职工高薪酬高福利待遇，就不仅能减少人员的流动性，还能一定程度上合理地增加企业的产品成本。而且，在减少工人流动性的同时，就等于增加了熟练工人的比率，对涉诉企业应对反倾销都是很有利的。对企业职工实行高薪酬待遇，简直就是一箭双雕甚至多雕的美事。

姚明织带的迅速应对是其规范化生产核算的结果，其大手笔划拨应诉经费为最后的成功应对奠定了基础。其他企业应该学习这一点，即使最终没有获得理想的税率，毕竟有过一次应对反倾销或者反补贴的经验，还有机会在复审前再次准备而最终翻盘，从成本效益的角度来讲，积极应对是对涉案企业有力的。

二、向有经验的企业或组织学习

善于"取经"在遭受双反调查时是很可取的一点。姚明织带在向其他企业或组织借鉴应对反倾销调查经验这一点上做得可圈可点。首先，姚明织带积极联系中国商务部和厦门市贸发局等部门，获取到了政府相关部门的协助。其次，企业果断聘请了有过多次胜诉经验的律师来为企业打官司。最后，也是最值得学习的，就是企业紧急造访具有应诉双方调查经验的当地企业，如华夏电子、万里石石材、东林节能灯等企业。这些勇敢应对反倾销以及反补贴调查的企业，给了姚明织带很多行之有效的建议。

填写调查问卷是一项技术性很强的工作，不论是反倾销的调查问卷还是反补贴的调查问卷。这时如果涉诉企业能找到曾参与过反倾销或者反补贴调查的企业，向其学习经验，或者聘请有过胜诉经验的律师协助应对，都将对填写调查问卷有事半功倍的效果。下面以美国的反倾销调查问卷中的几项予以重点分析。

美国的调查问卷由五部分组成，分别为 A、B、C、D、E 部分。各部分为不同的调查方面，其中 D 部分是调查问卷的重点，要求企业填写相关成本信息。这部分要求企业填写能源单耗、原材料名称及单耗、熟练和非熟练人工的直接与间接工作小时、运输里程和包装材料等，以此来推算企业的正常价值。通过与有经验的企业沟通学习，再加上有经验律师的帮助，企业就能较好地了解其中的奥秘所在，最大程度避免踩到调查当局的雷区。并且如果应对得当，还可以申请到延期调查。这些调查问卷填写的原则和方法，都是其他企业成功经验或失败教训的积累所得。

三、研究调查当局的核查方法

正所谓知己知彼，方能百战不殆，研究清楚美国商务部的调查思路，方能克敌制胜。美国调查当局的一贯核查方法，可以用"高压紧迫"四个字来概括。调查当局几乎每一周就要求企业要提供一份不少于万字的报告。不畏惧调查当局的"高压进攻态度"，才有获得胜利的可能。所谓的"高压进攻态度"并不是指美国调查当局的态度不好，而是对方施加给中国涉案企业的一种时间紧任务重的高压力策略。这种压力策略就是为了逼迫涉案企业放弃应对调查，从而达到其保护自己国家相关产业利益的目的。

姚明织带光应诉就花费了 200 多万元，每周都要按时提交美国商务部要求的相关材料。仅基本的反倾销和反补贴的调查问卷就有一堆，还必须按照美国的规定程序来进行填写，填好后要及时送给律师，再翻译成英文进行审核，过关后才能提交给调查当局。填写完基本问卷外，还有 14 份补充问卷，这些补充的问题一个就可能需要提供几百页纸张的材料，同时用三台打印机工作才能每日打印出几万份材料来，整理出的应诉材料可以把一间 10 平方米的屋子给装满。除此之外，美国官员还会到公司进行实地考察，会涉及企业的账务、核算成本等方方面面的信息。应诉材料之琐碎，从订单、商业发票、形式发票、出厂单、提单、装箱单、海关的报关单到公司与客户之间的信函来往，导致应诉团队常常需要加班加点的工作。这其中的压力之大可见一斑。

从美国对华织边窄幅织带反倾销调查的结果来看，不论是初裁还是终裁，对于反补贴幅度的裁定都为零，即调查当局认为涉案企业不存在补贴，或者补贴存在但不在可诉范围内，或者补贴幅度小可以忽略不计。笔者认为对反补贴的这一裁定，一方面是姚明织带应诉得力的结果，另一方面也与企业性质（香港独资企业）和成立时间较晚相关。对于第二条，中国大部分企业是不适用的，他们并不具有这样得天独厚的优势，所以姚明织带顺利通过了美国商务部的反补贴调查，但仍应该引起中国出口企业对反补贴调查保持足够的警惕性。

第四节　姚明织带成功应对反倾销调查的启示

姚明织带在历时近一年的调查中，冷静分析，积极应对，再加上其良好的财务核算基础，最终在美国商务部发起的反倾销调查中赢得了胜利，为自身赢得了巨大的商业利益，[1] 其经验值得我们总结学习。未来的贸易摩擦形势更加严峻，中国出口企业务必提前做好准备，从各个方面做好应对措施。

一、从全面战略管理的角度上克服惧怕心理

在接到进口企业调查当局发出的反补贴或者反倾销的调查通知时，大多数

---

[1] 由于姚明织带在 2010 年美国发起的"双反"调查中完胜，在 2011 年 9 月初美国休斯敦地区贸易和投资代表团出现在厦门姚明织带的集美厂区，主动表示希望姚明织带在美国设立厂区后能首先与其合作。

企业都会充满疑惑而又愤怒，疑惑的是企业本身不存在倾销或者补贴的行为怎么就要被调查了，愤怒的是自己企业处于相对弱势方只能任人宰割。在疑惑和愤怒之后，面对是否要应诉的问题上，"畏难"的心理就成了首只拦路虎。

其实涉案企业应从企业全面战略发展的角度来看待此问题。只要参加应诉，就有机会，而一旦放弃，就等于一点机会都没有了。这归根结底是一个企业管理层决策的问题。从成本效益上来看，积极参与应诉往往是最明智的选择。从正反两个方面来分析，假如放弃，将面临高额的惩罚性税率，基本上在宣布放弃应诉的同时也就宣布放弃了这块企业辛苦开拓的市场；假如不放弃，企业就还有胜诉的机会，即使初裁失败了，被裁定了较高的反倾销或者反补贴的税率，企业至少获得了应诉经验、还能在一定程度上提高优化企业的管理效率，特别是企业的财务管理效率，相当于花费几百万元买了宝贵的经验。而一旦成功了，就将使参与应诉的企业在保住海外市场份额的同时获得巨大的经济利益。不管从哪个方面来看，克服这种"畏难"的惧怕心理都是很重要的。

二、规范核算员工薪酬福利支出

姚明织带成功在反倾销案件中胜诉，带给我们的另一重大启示是企业应充分重视员工薪酬福利这方面的支出。企业应一方面加大对员工的薪酬福利支出，另一方面要规范其核算，应该计入的绝不可漏记，不该计入的也不糊弄。

姚明织带的员工福利待遇处于同行业领先水平。企业为每一位员工都缴纳了各种法定保险。姚明织带还为员工提供免费宿舍，最多为5人间，宿舍内配有热水器空调。员工在公司食堂内还能吃到比外面便宜一半的饭菜。生产车间内还配有空调。这些都是企业给予员工的福利待遇。企业在加大对员工的福利开支时，对于这些比较"隐形"的福利待遇支出，也应严格遵守企业会计准则规范核算。据悉，姚明织带给的工资福利待遇已经追上甚至超过同在厦门的美国企业。这在应对反倾销和反补贴的成本核算时，就拥有了国内其他大部分企业难以获得的"天然"优势。

有远见地实行职工高薪高福利待遇，不仅能减少人员的流动性，还能在一定程度上合理地增加企业的产品成本。而且，在减少工人流动性的同时，就等于增加了熟练工人的比重，使员工工作效率得到尽可能地提高。这两点对涉诉企业应对反倾销都是很有利的。

三、做好财务会计日常基础工作

当央视记者采访姚明织带的董事长，让其总结成功经验时，他说在应对反倾销中给予企业致命一击的，往往就是企业信息的不完善与财务的不规范。[①]

首先应诉企业要做好应诉的相关准备工作，包括各种相关知识和人才的储备工作。在平时就要严格按照规定，备齐所有资料和数据。对于出口产品的数量、原材料、财务报表、工资成本、银行贷款、是否从政府手中征用到了土地以及出口退税等方面，要做到真实完整。这些方面涉及的证明材料在应诉时就是宝贵的证据，企业务必妥善保管，比如原材料的出入库记录、生产订单、工人工资单以及销售方面所有的单据等。

其次企业应采取电算化操作。由于应对反倾销、反补贴的时间紧迫，大量数据如果有电算化处理将会大大减少花在数据收集上的时间。尽管电算化会计如今的应用已非常广泛，但在中国出口企业中，通过发放调查问卷发现，在66家企业中，居然有12家（其中有9家已考虑实行，另外3家尚未考虑过）没有采用电算化操作，比例高达18%（于楠楠，2010）。而案例材料中胜诉的姚明织带就在成立初期与国内一家大型知名软件开发企业签订了企业ERP管理信息系统，并投入使用。这为整合资源、规范管理奠定了良好的基础，更为取得反倾销与反补贴的胜利埋下了伏笔。

姚明织带的反倾销案件带给我们的启示还有很多，上面分析的几点多从财务会计的角度来考虑。从非财务的角度来看，还有一点启示就是即使初裁时应诉不到位或其他原因而被裁定了较高的税率，企业也不应该放弃继续申诉的权利。在有了第一次应对的经验后，接下来的应对就会比较自如。第一次不成功，还可以有两三年的准备时间，再复审就可以有充足准备应对以获得一个较好的税率。这是帮助姚明织带成功应对反倾销的另一经验。

---

① 其董事长姚明还总结了其他两点经验，一是聘请有成功应对过反倾销或反补贴调查的律师，二是积极应对不放弃。

第十二章
结　语

2017 年，全球范围内实现经济增长的经济体超过一百个，全球贸易实际增长速度首次超过 2008 年经济危机以来的 GDP 增长速度，达到 4.9%。然而，在复杂多变的国际局势影响下，世界经济持续增长尚未形成稳健的基础与框架，2018 年全球性经济复苏的势头趋缓。中国作为世界第二大经济体和第一大产品出口国，面临着日益严峻的对外贸易形势。习近平在 2019 年 6 月 28 日召开的二十国集团领导人第十四次峰会上指出，中国愿进一步推出若干重大举措，包括进一步自主降低关税水平、努力消除非关税贸易壁垒、大幅削减进口环节制度性成本等，加快形成对外开放新局面，努力实现高质量发展。然而与中国积极倡导国际合作的决心形成鲜明对比的是，以美国为首的西方国家为达到降低贸易逆差的目的频频挑起贸易争端，试图通过一系列反倾销措施遏制中国产品出口，提高本国产品的竞争力。站在历史角度，这种以提高关税作为主要反倾销措施的"贸易战争"具有强烈的示范与传染效应，将会导致全球性贸易保护主义的抬头，其萌芽以及扩大往往伴随着世界性的经济衰退，不利于世界经济的持续发展，更会对全人类产生不利影响。

提升关税壁垒的单边主义行为阻碍世界经济健康发展，其本质是反倾销的一种手段。随着中国在世界贸易舞台的崛起，20 世纪 90 年代以来，中国对外贸易的发展取得了举世瞩目的成就，而国外产品在中国市场的倾销以及国外政府和组织对华反倾销的调查愈演愈烈，中国遭遇反倾销调查的数量呈逐年加速上升趋势，尤其是在美国次贷危机导致全球经济危机爆发以后，不少国家、地区和经济体将反倾销作为国际贸易保护主义的工具，作为拉动世界经济复苏的金砖国家之一和全球第二大经济体，目前，中国是世界范围内受到反倾销诉讼最多的国家，同时，从诉讼结果来看，中国是最终裁定反倾销数目最多、比重最高的国家。频发的反倾销调查已经成为困扰中国出口企业的顽疾，不仅使中国企业在国际贸易中蒙受巨额经济损失，而且使相关产业处于不利地位，经济发展受到制约。中国已经成为世界上最大的反倾销诉讼受害国。基于各国贸易摩擦的反倾销调查问题，不仅属于经济（会计）问题，同时也是政治和法律问题的经济化表现。反倾销调查应诉不是一项普通的法律诉讼，它将涉及复杂的国际贸易、政治、经济背景下适用特定法律程序的会计纷争等问题。

在倾销预警与反倾销调查应诉中，除政治法律问题之外，会计信息支持系统发挥着重要的作用，这就决定了中国在倾销预警和反倾销调查应诉时，必须做到于法有理，于诉有据。因此，迫切要求进行会计理论、方法创新，为中国政府和企业有效实施倾销预警和成功对应反倾销调查提供决策支持。

一、主要研究结论

通过本书深入细致的研究，可以得出以下结论。

（1）当今反倾销本身的经济理论基础越来越薄弱，已在很大程度上脱离经济学理论而变为纯粹的法律术语，而与之形成鲜明对比的是，会计在应诉反倾销诉讼中的作用越来越重要，出现了会计信息的法理化趋势，反倾销法已经将会计作为应诉举证、抗辩以及规避的必要证据。

会计信息只有在特定的法律背景下才能发挥其应诉反倾销的证据力，反过来，会计制度（具体表现为各国会计准则）的发展又影响着国际反倾销法的制定和修改，因此会计信息的证据力来源于其法律地位，也因此产生了反倾销诉讼中会计准则的适用问题，各国会计准则的国际话语权决定了其法理基础。

（2）会计信息披露的质量决定了会计信息的被采信程度，也决定了会计信息的证据力。在反倾销诉讼中，无时无刻不是诉讼双方的力量和智慧的较量，要想充分发挥会计信息所具有的证据作用，获得调查当局认可是重要的前提条件，因此在会计实务的沟通方面，应诉方应该充分发挥会计信息的举证和抗辩功能，提高会计信息披露的质量，争取调查当局的信任。

在全球经济危机大背景下，中国逐渐在国际政治经济舞台上发挥着举足轻重的作用，随着在国际舞台上的话语权的增加，中国长期作为世界头号反倾销目标国这一历史将被改写。在后经济危机时代，中国政府、企业以及会计界人士能否有力地把握机遇，有效实施各种措施，使中国会计标准能够在国际市场上"喊出"中国的声音，这将会是摆在我们面前的一个严峻的课题。因此研究探讨中国会计信息话语权对中国赢得反倾销诉讼的胜利，建立具有国际影响的会计标准以及国际贸易规则都具有十分重要的意义。

二、研究局限与未来研究方向

由于反倾销本身的经济理论基础越来越薄弱，因此本书在论述时亦缺少相关经济理论的支持，转而从会计和法律相结合的角度探讨应诉反倾销的法理基础和应诉证据实务，由于法律本身的独立性，再加上国际政治、经济、法律及贸易环境的特殊性，探讨会计信息在国际反倾销法中的地位和作用还有待相关实证研究证实。

会计信息在反倾销应诉中的作用已经日益显现，建立并完善反倾销会计的理论框架，建立能够全面为出口企业服务的反倾销会计保护机制和反倾销预警机制将是未来研究发展的趋势。与此同时，要逐步将反倾销会计的研究由理论转向实务，由规范研究方法转向实证研究方法。

参考文献

［1］鲍晓华：《中国是否遭遇了歧视性反倾销？——兼与其他出口国的比较》，载于《管理世界》2011 年第 3 期，第 32～42 页。

［2］曹庆华：《反倾销涉诉产品成本核算的研究》，载于《山东经济》2005 年第 3 期，第 38～40 页。

［3］曹雄风：《对反倾销中会计的作用思考》，载于《现代商业》2012 年第 2 期，第 189～190 页。

［4］产业损害程度理论与计算方法课题组：《中国反倾销》，清华大学出版社 2003 年版。

［5］常亚平：《2000～2005 中国十大反倾销案例解析》，中国经济出版社 2006 年版。

［6］陈林荣：《"三体联动"应对反倾销成效影响因素的实证研究》，载于《国际贸易问题》2010 年第 2 期，第 74～82 页。

［7］陈林荣：《应对反倾销会计防护能力综合评价研究》，载于《商业研究》2011 年第 6 期，第 80～83 页。

［8］迟铮：《反倾销会计研究回顾与展望》，载于《财会通讯》2016 年第 22 期，第 34～38 页。

［9］陈岭燕：《反补贴会计问题研究》，首都经济贸易大学硕士学位论文，2008 年。

［10］陈淑贤：《从反倾销应诉角度看企业成本核算认识误区》，载于《财会月刊》2011 年第 4 期，第 58 页。

［11］陈信元、叶鹏飞、薛建峰：《我国会计信息环境的初步分析》，载于《会计研究》2000 年第 8 期，第 8～16 页。

［12］陈秀霞、陈斌：《反倾销应诉中的会计举证抗辩》，载于《财会通讯（综合版）》2009 年第 1 期，第 149～151 页。

［13］陈振成，谭宇均：《构建我国应对反倾销预警机制的思考》，载于《长江大学学报》2006 年第 1 期，第 84～87 页。

［14］程梦娜：《国际贸易政策变化对反倾销会计的影响》，载于《中国商贸》2012 年第 3 期，第 209 页。

［15］程爽：《会计证据与反倾销侵害的防护》，对外经济贸易大学硕士学位论文，2007 年。

［16］崔恒文：《关于提升企业财务会计信息质量的思考》，载于《中国外贸》2011 年第 23 期，第 138～139 页。

［17］崔英波、朱丽颖：《反倾销会计研究初探》，载于《吉林省经济管理干部学院学报》2010 年第 2 期，第 64～68 页。

［18］丁展志：《中国中小企业反倾销的策略》，载于《商业文化》2011 年第 9 期，第 45～46 页。

［19］杜兴强：《会计信息产权的逻辑及其博弈》，载于《会计研究》2002 年第 2 期，第 52～58 页。

［20］段国蕊：《国外反倾销研究最新发展及特点分析》，载于《国际贸易问题》2009 年第 2 期，第 113～120 页。

［21］范青：《浅论反倾销正常价值的确定》，载于《知识经济》2008 年第 1 期，第 61 页。

［22］方勇、张二震：《出口产品反倾销预警的经济学研究》，载于《经济研究》2004 年第 1 期，第 74～82 页。

［23］冯巨章：《市场环境，商会介入与企业间合作：以反倾销应诉为例》，载于《南开经济评论》2010 年第 1 期，第 140～150 页。

［24］冯巨章：《中国反倾销应诉率影响因素的实证分析》，载于《经济评论》2006 年第 5 期，第 141～146 页。

［25］冯军：《入世与企业反倾销应对》，载于《大经贸》2001 年第 11 期，第 28～32 页。

［26］冯巧根、解媚霞：《反倾销调查的会计问题分析及会计对策构想》，载于《财会通讯》2004 年第 14 期，第 52～54 页。

［27］葛家澍：《市场经济条件下会计基本理论与方法研究》，中国财政经济出版社 1996 年版。

［28］葛家澍、唐予华：《关于会计定义的探讨》，载于《财会通讯》1984年第3期，第11页。

［29］顾海兵、沈继楼：《保障国家经济安全的短期对策》，载于《学习与探索》2010年第1期，第135～138页。

［30］郭春燕：《反倾销：硝烟再起》，载于《证券导刊》2012年第15期，第26～28页。

［31］郭道扬：《郭道扬文集》，经济科学出版社2009年版。

［32］郭海：《贸易摩擦日益加剧，国外对华反倾销现状及原因》，载于《中国对外贸易》2003年第3期，第15～17页。

［33］郭颖：《会计信息质量特征研究》，吉林大学硕士学位论文，2007年。

［34］龚柏华、陈云晓：《美国对源自中国的铜版纸适用反补贴税案评析》，载于《国际商务研究》2007年第3期，第53～60页。

［35］海闻、李清亮：《加入WTO十年来中国对外反倾销实践分析》，载于《国际商务研究》2011年第3期，第37～44页。

［36］郜进兴、林启云、吴溪：《会计信息质量检查：十年回顾》，载于《会计研究》2009年第1期，第27～35页。

［37］韩庆兰：《应诉反倾销的会计资料举证管理平台构建研究》，载于《审计与经济研究》2011年第7期，第54～59页。

［38］胡星辉：《反倾销会计预警模型构建浅析》，载于《财会通讯》2010年第25期，第25～28页。

［39］黄曼行：《出口风险的会计研究》，西南财经大学出版社2009年版。

［40］胡传明、陈标平：《金融资本全球化与中国经济安全》，载于《企业经济》2005年第11期，第177～178页。

［41］胡国平：《对于加强反倾销会计建设的建议》，载于《中国外资》2010年第3期，第96页。

［42］胡晓红：《中国反倾销法理论与实践》，中国社会科学出版社2001年版。

［43］何晓华、唐洋：《基于反倾销角度完善企业内部会计控制》，载于《国际商务财会》2007年第1期，第27～28页。

［44］黄莉萍：《反倾销与研发费用的会计处理》，载于《江西财税与会计》2003年第7期，第36～37页。

[45] 会计信息的质量特征研究课题组：《对建立我国会计信息质量特征体系的认识》，载于《会计研究》2006 年第 1 期，第 16～24 页。

[46] [英国] 霍克曼、考斯泰基：《世界贸易体制的政治经济学》，法律出版社 1999 年版。

[47] 籍丹宁、于淑兰：《应对美国反倾销调查的成本会计》，载于《财会研究》2009 年第 5 期，第 25～40 页。

[48] 金静、汪燕敏：《反倾销会计信息质量的研究》，载于《吉林工商学院学报》2017 年第 2 期，第 29～32 页。

[49] 江剑敏：《中国对进口商品实施反倾销立案调查的统计分析》，载于《对外经贸实务》2012 年第 7 期，第 48～50 页。

[50] 姜文辉、王宗坑：《论农产品进口反倾销预警机制的建立》，载于《云南财贸学院学报》2005 年第 6 期，第 97～101 页。

[51] 蒋文、付竞瑶：《从反倾销的 BIA 条款看企业应诉的必要性》，载于《黑龙江对外经贸》2004 年第 4 期，第 16～17 页。

[52] 焦跃华：《成本会计学》，中国财政经济出版社 2001 年版。

[53] 焦知岳、冯宗宪：《反倾销政策工具下市场均衡价格分析》，载于《经济评论》2006 年第 4 期，第 145～150 页。

[54] 雷家骑：《国家经济安全导论》，陕西人民出版社 2000 年版。

[55] 李保婵：《论反倾销会计概念框架构建的若干问题》，载于《广西财经学院学报》2007 年第 3 期，第 67～70 页。

[56] 李传双：《应对反倾销诉讼会计预警系统构建》，载于《财会通讯》2008 年第 5 期，第 24～25 页。

[57] 乐艳芬等：《成本会计》，清华大学出版社 2005 年版。

[58] 李洪、吴国灿：《应诉反倾销的会计信息支持与会计维权对策》，载于《宏观经济研究》2010 年第 4 期，第 43～47 页。

[59] 李建航：《中外会计准则差异的反倾销透视》，载于《对外经贸财会》2003 年第 9 期，第 38～40 页。

[60] 李炼：《关于我国反倾销对策的法律分析》，载于《中国社会科学》1998 年第 1 期，第 113 页。

[61] 李琳：《防范反倾销的会计体系设计》，载于《对外经贸财会》2004

年第 10 期，第 6 ~ 9 页。

[62] 李毅、李晓峰：《国际贸易救济措施：反倾销、反补贴、保障措施与特保措施》，对外经济贸易大学出版社 2005 年版。

[63] 林钢、龙月娥：《经济学视角下的会计信息外部性问题研究》，载于《经济问题探索》2009 年第 5 期，第 108 ~ 113 页。

[64] 刘爱东、陈林荣：《我国企业应对反倾销的会计联动机制研究》，载于《财务与金融》2010 年第 1 期，第 32 ~ 36 页。

[65] 刘爱东、赵金玲：《我国企业应对反倾销的会计联动机制研究——理论框架与研究思想》，载于《会计研究》2010 年第 12 期，第 24 ~ 28 页。

[66] 刘爱东、蔡建平：《我国机械冶金企业应诉欧盟反倾销案例分析》，载于《国际经贸探索》2007 年第 10 期，第 43 ~ 49 页。

[67] 刘爱东、韩园园：《欧盟对华反倾销与中国的策略选择》，载于《当代经济》2011 年第 3 期，第 80 ~ 81 页。

[68] 刘爱东：《基于中国经验证据的应对反倾销能力测度指标研究》，载于《华东经济管理》2011 年第 10 期，第 53 ~ 57 页。

[69] 刘爱东、梁洁：《1995 ~ 2003 年国外对华反倾销案件统计分析》，载于《中南大学学报》2010 年第 4 期，第 73 ~ 78 页。

[70] 刘爱东：《应诉反倾销视角下的会计准则协调现状调查分析》，载于《国际贸易问题》2009 年第 1 期，第 88 ~ 93 页。

[71] 刘爱东、任莺：《我国反倾销会计研究综述》，载于《财会月刊》2011 年第 9 期，第 63 页。

[72] 刘朝晖、娄权：《反倾销与反补贴中的会计信息揭示》，载于《上海会计》2003 年第 2 期，第 10 ~ 12 页。

[73] 刘航滨：《外国对华反倾销过程中的各类博弈》，载于《世界经济文汇》2001 年第 3 期，第 25 ~ 29 页。

[74] 刘静：《反倾销引发的对我国农业企业成本核算问题的思考》，载于《成人高等学刊》2005 年第 5 期，第 35 ~ 39 页。

[75] 刘静：《反倾销应诉中的会计支持研究》，东北财经大学硕士学位论文，2007 年。

[76] 刘君等：《国外的国家经济安全研究》，载于《科研管理》2001 年第 1

期，第 14～22 页。

[77] 刘凯旋、孙凤英：《反倾销法理规则与会计证据》，中国经济出版社 2009 年版。

[78] 刘琳：《企业财务前沿问题研究》，湖南大学出版社 2005 年版。

[79] 刘舜佳：《基于后向关联分析的跨国并购与国家经济安全研究》，湖南大学博士学位论文，2008 年。

[80] 刘广瑞：《我国出口企业反倾销会计研究》，载于《财会通讯》2010 年第 5 期，第 45～46 页。

[81] 刘重力、曹杰：《欧盟对华反倾销的贸易转移效应——产品角度的经验分析》，载于《国际贸易问题》2011 年第 7 期，第 91～101 页。

[82] 楼超兰：《改善内部控制环境，提高会计信息质量》，载于《工业审计与会计》2011 年第 5 期，第 38～39 页。

[83] 卢庆泉：《我国企业应诉反倾销的会计支持系统构建研究》，西华大学硕士学位论文，2008 年。

[84] 陆子平、张丞、聂鸿飞：《我国企业反倾销诉讼中的会计支持问题研究》，载于《会计之友》2007 年第 5 期，第 18～19 页。

[85] 吕涉芳：《WTO 框架下如何发展我国的法务会计》，载于《WTO 经济导报》2006 年第 10 期，第 36～37 页。

[86] 吕艾维：《后金融危机背景下反倾销的会计应对策略探究》，载于《财会研究》2010 年第 13 期，第 28～30 页。

[87] 罗琪：《广东加工贸易企业应对反倾销之策》，载于《中国经贸导刊》2011 年第 14 期，第 60 页。

[88] 孟祥园：《论市场经济地位认定对我国反倾销的影响》，载于《现代商贸工业》2011 年第 13 期，第 72～73 页。

[89] 马晓维、吴昊、任琳：《会计信息供给与需求博弈分析》，载于《现代商业》2008 年第 15 期，第 203～204 页。

[90] 马巧婧：《应诉反倾销的会计行为选择》，载于《绿色财会》2011 年第 8 期，第 44 页。

[91] 毛定之：《关于维护国家经济安全的思考》，载于《前沿论坛》2008 年第 19 期，第 14～16 页。

［92］苗青：《我国对外反倾销的现状与问题分析》，载于《工业技术经济》2004 年第 3 期，第 50 ~ 51 页。

［93］潘煜双：《反倾销应诉的关键——解读市场经济地位的会计标准》，载于《国际贸易问题》2004 年第 10 期，第 70 ~ 74 页。

［94］潘煜双：《反倾销应诉会计理论与实务》，上海财经大学出版社 2007 年版。

［95］潘煜双：《如何界定反倾销调查中的"生产成本"概念》，载于《嘉兴学院学报》2004 年第 6 期，第 34 ~ 36 页。

［96］皮建才：《忠诚与集体行动的实现：以温州烟具协会的反倾销诉讼为案例》，载于《南开经济研究》2007 年第 4 期，第 51 ~ 57 页。

［97］齐炳忠：《WTO 透明度原则与我国会计信息披露》，载于《会计之友》2003 年第 1 期，第 18 ~ 19 页。

［98］齐炳忠：《反倾销中会计计量公允性的思考》，载于《重庆建筑大学学报》2002 年第 4 期，第 72 ~ 75 页。

［99］邱强：《会计准则制定的博弈研究》，载于《会计之友》2006 年第 8 期，第 49 ~ 50 页。

［100］屈洪飞：《会计信息需求社会化下会计职能的研究》，天津商业大学硕士学位论文，2007 年。

［101］曲如晓：《反补贴：中国出口贸易的潜在威胁》，载于《国际经济合作》2005 年第 3 期，第 3 ~ 38 页。

［102］冉宗荣：《发展中国家对华反倾销的动因及我国的应对之策》，载于《国际贸易问题》2005 年第 4 期，第 122 ~ 126 页。

［103］任景欣：《我国反倾销会计现存问题及应对措施的思考》，载于《会计师》2018 年第 12 期，第 3 ~ 4 页。

［104］商务部进出口公平贸易局：《应对国外贸易救济调查指南》，中国商务出版社 2009 年版。

［105］施海丽：《经济全球化背景下反倾销会计问题研究》，载于《财会通讯》2010 年第 4 期，第 68 ~ 70 页。

［106］沈国兵：《反倾销等贸易壁垒与中美双边贸易问题》，中国财政经济出版社 2009 年版。

[107] 沈国兵：《美国对中国反倾销的贸易效应：基于木制卧室家具的实证分析》，载于《管理世界》2008 年第 4 期，第 48 ~ 57 页。

[108] 宋献中、谭小平：《会计标准国际化的新制度经济学分析及其对我国的启示》，载于《商业研究》2003 年第 23 期，第 102 ~ 105 页。

[109] 宋利芳：《WTO 框架下的国际反倾销政策与实践》，对外经济贸易大学出版社 2010 年版。

[110] 苏君：《反倾销会计研究》，载于《北京工商大学学报（社会科学版）》2004 年第 2 期，第 24 ~ 28 页。

[111] 孙放：《我国会计信息话语权的法律完善路径再思考——以权力的配置为中心》，载于《审计与经济研究》2009 年第 4 期，第 65 ~ 70 页。

[112] 孙芳城、杨兴龙、李红：《反倾销视角下中小企业会计优化之路径选择》，载于《财会月刊》2011 年第 7 期，第 11 ~ 12 页。

[113] 孙芳城、梅波、杨兴龙：《内部控制、会计信息质量与反倾销应对》，载于《会计研究》2011 年第 9 期，第 49 ~ 56 页。

[114] 孙凤英：《反倾销的会计学研究》，湖南教育出版社 2004 年版。

[115] 孙凤英：《反倾销应诉中的会计问题研究》，载于《会计研究》2008 年第 11 期，第 42 ~ 47 页。

[116] 孙凤英：《反倾销语言与会计语言国际化趋势的比较研究》，载于《财经理论与实践》2004 年第 1 期，第 77 ~ 79 页。

[117] 孙凤英：《论出口企业设立反倾销应诉会计的必要性》，载于《时代财会》2002 年第 12 期，第 62 页。

[118] 孙凤英：《在反倾销立法中增加会计证据的作用》，载于《财经界》2005 年第 8 期，第 112 ~ 113 页。

[119] 孙瑞华、刘珊珊：《我国反倾销会计问题研究综述》，载于《国际贸易问题》2006 年第 5 期，第 94 ~ 99 页。

[120] 孙瑞华：《论反补贴加剧形势下我国补贴政策的调整》，载于《特区经济》2006 年第 5 期，第 33 ~ 35 页。

[121] 孙瑞华：《国外反补贴对我国出口贸易的影响及对策》，载于《经济纵横》2006 年第 2 期，第 9 ~ 11 页。

[122] 孙铮、刘浩：《反倾销会计研究中的若干问题辨析》，载于《会计研

究》2005 年第 11 期，第 67～95 页。

[123] 孙铮、刘浩：《贸易救济会计——理论与实务》，经济科学出版社 2004 年版。

[124] 孙德轩：《关于建立反倾销会计预警系统的思考》，载于《商场现代化》2006 年第 2 期，第 10～11 页。

[125] 陶艳娟：《浅论反倾销会计的理论结构》，载于《商业会计》2004 年第 2 期，第 20～21 页。

[126] 唐丽春、陈岭燕：《反补贴会计相关问题探讨》，载于《中国农业会计》2007 年第 12 期，第 30～31 页。

[127] 唐媛：《我国企业应对国际反倾销诉讼的对策研究——基于法务会计的视角》，西南财经大学硕士学位论文，2008 年。

[128] 田丰：《新闻纸行业在反倾销调查中的盈余管理》，载于《财会研究》2000 年第 11 期，第 28～35 页。

[129] 田瑞玲：《关于我国企业应对反倾销的会计联动机制的思考》，载于《现代经济信息》2010 年第 8 期，第 168～169 页。

[130] 万君康、肖文韬、冯艳飞：《国家经济安全理论述评》，载于《学术研究》2001 年第 9 期，第 74～78 页。

[131] 万欣钧：《企业会计的举证核心与应对措施》，载于《对外经贸财会》2006 年第 1 期，第 3～5 页。

[132] 王峰：《西方国家对我国反倾销和倾销的特点及我们的应对》，载于《经济评论》1999 年第 6 期，第 68～71 页。

[133] 王厚双：《国籍贸易摩擦：理论、法理、经验与对策研究》，九州出版社 2008 年版。

[134] 王军：《学习好宣传好贯彻好新会计准则　全面提升会计工作在经济社会发展中的服务效能》，载于《会计研究》2006 年第 8 期，第 3～9 页。

[135] 王世春、王琴华：《名家论坛：反倾销应对之道》，人民出版社 2004 年版。

[136] 王铁燕：《会计信息质量特征研究》，东北财经大学硕士学位论文，2007 年。

[137] 王孝松、谢申祥：《中国究竟为何遭遇反倾销：基于跨国跨行业数据

的经验分析》，载于《管理世界》2009 年第 12 期，第 27~38 页。

[138] 王雪军、王义忠：《中国很受伤》，中国财政经济出版社 2009 年版。

[139] 王荧：《我国反倾销应诉中的成本核算研究》，浙江大学硕士学位论文，2006 年。

[140] 王勇：《反倾销的会计障碍及对策》，载于《会计之友》2008 年第 4 期，第 34~36 页。

[141] 王玉红：《实施新准则对我国对外贸易的影响》，载于《对外经贸财会》2006 年第 6 期，第 46~47 页。

[142] 汪裕足：《关于反倾销会计的探讨》，载于《中国注册会计师》2011 年第 2 期，第 105 页。

[143] 王仲兵：《论应诉反倾销会计的理论框架》，载于《中国注册会计师》2007 年第 5 期，第 24~26 页。

[144] 王仲兵：《应诉反倾销会计——理论框架与运作实务》，经济科学出版社 2006 年版。

[145] 王仲兵：《反倾销应诉会计理论与实务》，上海财经大学出版社 2007 年版。

[146] 王梓薇：《国家经济安全研究回顾与展望》，载于《生产力研究》2008 年第 23 期，第 165~167 页。

[147] 魏拴成：《论国家经济安全问题的实质及影响因素》，载于《河南社会科学》2000 年第 2 期，第 45~48 页。

[148] 文勐珑、刘凯旋：《试论反倾销中会计的应诉职能》，载于《商业会计》2011 年第 4 期，第 5 页。

[149] 吴国灿：《出口企业建立反倾销会计信息系统的设想》，载于《当代财经》2004 年第 7 期，第 127~129 页。

[150] 吴国灿：《应诉国外反倾销要求提升企业会计信息水准》，载于《财会月刊》2004 年第 5 期，第 60~61 页。

[151] 吴金希：《浅议政府在应对国外对华反倾销中的作用》，载于《中国行政管理》2004 年第 8 期，第 35~38 页。

[152] 吴晓明：《谈应对反倾销的会计策略》，载于《财会月刊》2005 年第 22 期，第 18~19 页。

[153] 吴迎康：《谈谈应诉反倾销的会计举证》，载于《对外经贸财会》2006 年第 3 期，第 13 ~ 14 页。

[154] 吴莹：《基于新会计准则的反倾销应诉研究》，江西财经大学硕士学位论文，2008 年。

[155] 吴明军：《我国出口企业应对反倾销的会计探讨》，载于《中国市场》2011 年第 28 期，第 174 ~ 175 页。

[156] 伍中信：《会计制度博弈论》，载于《财会月刊》2000 年第 2 期，第 6 ~ 7 页。

[157] 冼顺英：《反倾销应诉会计系统的构想》，载于《商业会计》2006 年第 5 期，第 58 ~ 60 页。

[158] 许丹：《反倾销会计下中外成本核算差异及对策思考》，载于《财会月刊》2012 年第 1 期，第 49 ~ 50 页。

[159] 谢丹：《关于我国反倾销原因及现状的分析》，载于《统计与决策》2005 年第 3 期，第 61 ~ 62 页。

[160] 谢德仁：《会计规则制定权合约安排的范式与变迁——兼及会计准则性质的研究》，载于《会计研究》1997 年第 9 期，第 23 ~ 29 页。

[161] 谢娟娟、吕越：《中小企业应对反倾销集群化战略的博弈分析》，载于《南开经济评论》2008 年第 5 期，第 124 ~ 135 页。

[162] 谢一粟：《论会计信息的局限性》，载于《山东大学学报》2009 年第 21 期，第 107 ~ 108 页。

[163] 谢增福：《论反倾销措施与保障措施的差异》，载于《管理世界》2006 年第 10 期，第 152 ~ 153 页。

[164] 邢宝华：《中国企业反倾销机制分析》，载于《财经问题研究》2004 年第 3 期，第 64 ~ 67 页。

[165] 邢艳青：《规避国际反补贴的会计途径》，载于《对外经贸财会》2005 年第 12 期，第 9 ~ 11 页。

[166] 徐朝宏：《反倾销应诉中的会计问题与对策》，载于《经济与管理研究》2005 年第 12 期，第 65 ~ 67 页。

[167] 徐柯芝：《会计信息质量特征在反倾销会计举证中的表现》，载于《财会月刊》2005 年第 7 期，第 38 ~ 39 页。

[168] 徐剑锋:《反补贴会计初探》,载于《财会月刊》2006 年第 8 期,第 12～13 页。

[169] 徐雪霞:《反倾销应诉中的会计障碍及对策》,载于《商业时代》2005 年第 18 期,第 68 页。

[170] 徐雪霞:《论我国出口企业反倾销会计信息的质量》,载于《商场现代化》2006 年第 4 期,第 20～21 页。

[171] 薛丽达、张菊香、王敬勇:《会计制度的不完全性:基于博弈的理论分析》,载于《审计与经济研究》2006 年第 3 期,第 51～54 页。

[172] 许瀚文:《2007 我国贸易顺差情况分析》,载于《中国对外贸易》2008 年第 2 期,第 82～85 页。

[173] 雅各布·瓦伊那著,沈瑶译:《倾销:国际贸易中的一个问题》,商务印书馆 2003 年版。

[174] 严涌:《反倾销应诉会计支持问题研究》,厦门大学硕士学位论文,2008 年。

[175] 严涌:《现代会计在反倾销调查应诉中的作用及支持体系研究》,载于《湖北经济学院学报》2009 年第 11 期,第 104～105 页。

[176] 阎明杰:《反倾销会计的会计制度设计》,载于《对外经贸财会》2006 年第 3 期,第 8～10 页。

[177] 颜延:《法律背后的会计理念:从反倾销法涉及的会计问题看会计对法律的影响》,载于《会计研究》2004 年第 2 期,第 64～67 页。

[178] 颜延:《反倾销司法会计:会计学视野下的反倾销》,中信出版社 2003 年版。

[179] 杨德明:《会计信息与经理人激励契约设计》,载于《系统工程理论与实践》2007 年第 4 期,第 62～66 页。

[180] 杨军民:《反倾销正常价值的认定对会计信质量特征的要求》,载于《对外经贸财会》2005 年第 5 期,第 3～6 页。

[181] 杨仕辉、张娟:《不完全信息条件下倾销与反倾销动态博弈》,载于《中国管理科学》2000 年第 1 期,第 43～50 页。

[182] 杨仕辉:《对华反倾销的国际比较》,载于《管理世界》2000 年第 4 期,第 25～32 页。

［183］杨仕辉：《反倾销的国际比较，博弈与我国对策研究》，科学出版社2005年版。

［184］杨仕辉：《外国对华出口商品反倾销比较研究》，载于《统计研究》2000年第1期，第16～22页。

［185］杨福强：《出口企业反倾销会计机制构建》，载于《现代经济信息》2011年第1期，第142～148页。

［186］叶全良：《论国际反倾销及其发展趋势》，载于《中南财经政法大学学报》2005年第1期，第76～82页。

［187］于春艳：《加强会计管理应对反倾销》，载于《商业经济》2009年第10期，第49～50页。

［188］于永达、戴天宇：《反倾销理论与实务》，清华大学出版社2004年版。

［189］于永达：《贸易救济新构想建立国家反倾销委员会》，载于《WTO经济导刊》2004年第9期，第71～73页。

［190］于永达：《全球反倾销：来势汹汹》，载于《WTO经济导刊》2005年第Z1期，第74～76页。

［191］于广涛等：《实用成本会计》，机械工业出版社2005年版。

［192］于楠楠：《企业应对国外反倾销的会计策略研究》，山东农业大学博士学位论文，2010年。

［193］余翔、武兰芬、姜军：《国家经济安全与知识产权危机预警和管理机制的构建》，载于《科学学与科学技术管理》2004年第3期，第65～70页。

［194］余新平：《反倾销与会计管理》，载于《南京财经大学学报》2003年第4期，第92～94页。

［195］袁磊：《反倾销会计》，中国财政经济出版社2004年版。

［196］袁磊：《中国企业应对反倾销会计问题研究——基于调查问卷和案例的会计分析》，复旦大学博士学位论文，2003年。

［197］袁欣：《论国际反倾销规则的法理不适当性》，载于《法学家》2009年第3期，第98页。

［198］袁其刚，刘爱娥：《反倾销预警模型构建思路分析》，载于《对外经贸实务》2005年第8期，第9～12页。

［199］曾昊：《对我国企业应对反倾销的思考》，载于《中国经贸导刊》

2011 年第 14 期，第 62 ~ 63 页。

[200] 张爱萍：《论我国反倾销应诉中的成本信息提供》，北京工商大学硕士学位论文，2006 年。

[201] 张宝均：《倾销与反倾销的博弈论分析》，载于《商业研究》2004 年第 8 期，第 21 ~ 25 页。

[202] 张敦力，汪佑德，刘茜：《反倾销应诉预警体系构建研究》，载于《广西财经学院学报》2006 年第 3 期，第 5 ~ 9 页。

[203] 张敦力、汪佑德、万俊杰：《基于反倾销应诉的成本核算体系研究》，载于《广西财经学院学报》2006 年第 2 期，第 21 ~ 25 页。

[204] 张敦力、黄宝军、魏条妹：《反倾销预警系统模型构建探析》，载于《会计师》2011 年第 1 期，第 4 ~ 7 页。

[205] 张汉林：《反倾销反补贴规则手册》，中国对外经济贸易出版社 2003 年版。

[206] 张为付，武齐：《出口产品反倾销预警指标体系的理论研究》，载于《对外经济贸易大学学报》2005 年第 4 期，第 25 ~ 30 页。

[207] 张维迎：《博弈论与信息经济学》，上海人民出版社 1996 年版。

[208] 张幼文、周建明等：《经济安全——金融全球化的挑战》，上海社会科学院出版社 1999 年版。

[209] 张泽平：《国际反倾销法与我国会计制度》，载于《国际贸易问题》2002 年第 8 期，第 60 ~ 64 页。

[210] 赵旭梅、华晓红：《进口影响国家经济安全的途径和机制分析》，载于《世界经济研究》2005 年第 8 期，第 49 ~ 54 页。

[211] 赵雪梅：《企业在反倾销应诉中如何提供会计信息支持》，载于《对外经贸实务》2012 年第 2 期，第 18 ~ 19 页。

[212] 赵金玲：《基于中国经验证据的应对反倾销能力测度指标研究》，载于《国际贸易问题》2011 年第 7 期，第 80 ~ 90 页。

[213] 赵珂：《新贸易保护主义下我国反倾销会计若干问题探讨》，载于《财政监督》2011 年第 20 期，第 31 ~ 32 页。

[214] 中华人民共和国财政部：《企业会计准则》，经济科学出版社 2006 年版。

[215] 中华人民共和国国务院令第 401 号：《中华人民共和国反倾销条例》，2004 年。

[216] 浙江省总会计师协会：《反倾销财务与会计工作实务指南及案例》，经济科学出版社 2007 年版。

[217] 周建华：《反倾销诉讼案中同业协会（商会）的功能定位》，载于《管理世界》2005 年第 5 期，第 148～149 页。

[218] 周俊卿、温树杰：《美国对华反倾销行业预警系统研究》，载于《财会通讯（综合版）》2010 年第 5 期，第 143～144 页。

[219] 周世俭、许肖冰：《一把有弹性的尺子——论美国对华反倾销的不公平性》，载于《冶金管理》2001 年第 4 期。

[220] 周燕、刘军利：《论会计信息的质量特征》，载于《财会通讯》2009 年第 18 期，第 24～26 页。

[221] 周友梅：《反倾销会计信息平台的构建》，载于《国际商务财会》2007 年第 1 期，第 24～26 页。

[222] 周友梅：《国际反倾销及我国会计所面临的问题》，载于《对外经贸财会》2004 年第 1 期，第 7～10 页。

[223] 周友梅：《反倾销会计人才的需求与培养》，载于《对外经贸财会》2005 年第 10 期，第 3～5 页。

[224] 周友梅：《欧美反倾销调查机构及会计参与》，载于《对外经贸财会》2004 年第 3 期，第 5～7 页。

[225] 周友梅：《如何实施反倾销规避会计》，载于《财会通讯》2003 年第 7 期，第 26～27 页。

[226] 周友梅：《"中国制造"的成本优势与国际反倾销的会计应对》，载于《国际贸易问题》2004 年第 10 期，第 65～69 页。

[227] 周友梅：《试析反倾销对会计的挑战及要求》，载于《财会月刊》2003 年第 14 期，第 18～19 页。

[228] 朱燕敏：《会计视角下对反倾销的本质认识》，载于《财会月刊》2004 年第 21 期，第 21～22 页。

[229] 朱珺：《我国对外贸易企业应对反倾销的策略分析——基于财务视角的讨论》，载于《中国商贸》2011 年第 24 期，第 200～201 页。

［230］朱云：《作业成本法在香港应用的调查分析》，载于《会计研究》2000 年第 8 期，第 60~65 页。

［231］朱钟棣：《中国需要新的贸易模式》，载于《国际商务研究》2006 年第 2 期，第 1~7 页。

［232］卓骏、顾宇：《完善对华反倾销预警信息交流机制的思考》，载于《国际贸易》2008 年第 9 期，第 110~113 页。

［233］卓骏：《发达国家对华反倾销预警系统的警兆指标探讨》，载于《统计研究》2002 年第 12 期，第 39~42 页。

［234］卓骏：《反倾销预警系统研究》，清华大学出版社 2008 年版。

［235］［美］艾尔·L. 希尔曼，彭迪译：《贸易保护的政治经济学》，北京大学出版社 2005 年版。

［236］财政部会计准则委员会网站，http：//www. casc. gov. cn。

［237］国际会计准则委员会网站，http：//www. iasb. org。

［238］中国贸易救济信息网，http：//www. cacs. gov. cn。

［239］中华人民共和国商务部网站，http：//www. mofcom. gov. cn。

［240］A bdul Monem and A1 Mashat. National Security in the Third World. Westview Press，1985.

［241］A G Harryvan，J Vander Harst. Documents on European Union. Macmillan Press，1997.

［242］Ali，M. M. Economic Woes. Security and Political Concerns Continue to Plague Pakistan. Washington Report on Middle East Affairs，2008（9）：46–47.

［243］Anna Pinna. Spectral composition of trade and economic growth：some new robust evidence. Working paper，1996.

［244］Alexandre de Crombrugghe. *Opportunities of Reforming the WTO：Resistance and Potentials of Change.* Public Organization Review，2009（9）：139–156.

［245］Baruah，Nandana. An Analysis of Factors Influencing the Anti-dumping Behaviour in India. World Economy，2007（7）：1170–1191.

［246］Bown. Chad. Anti-dumping Against the Backdrop of Disputes in the AGTT/WTO System. Manuscript，2000.

［247］Brander JA. Reciprocal Dumping Model of international trade. Journal of

International Economies, 1983 (15): 313 – 321.

[248] Brucec. Greenwald and Joseph E. Stigliz. Externalities in economies with imperfect information and incomplete markets. The Quarterly Journal of Economies, 1986 (2): 229 – 264.

[249] Bruee A Blonigen, Chad P Bown. Antidumping and retaliation threats. Journal of International Economics. Amsterdam, 2003 (60): 249 – 273.

[250] Carl Richard Neu, Charles Wolf. The Economic Dimensions of National Security. RAND, 1994.

[251] Ceotge O May. The influence of Accounting on Economic Development. Journal of Accountancy, 1936.

[252] Choi. Frost & Nbek. 2002. Intemational Accounting 4th ed. Pearson Education. Inc.

[253] Corinne, M. K. & Susan. S. , Evidence on the Up Stream and Downstream Impacts of Antidumping Cases. North Amerrean Journal of Eeonomics and Finance, 2002 (13): 15 – 30.

[254] Czinkota, M. R and Kotabe, M. A. Marketing Perspective of the U. S. Intemational Trade Commission's Antidumping Actions: An Empirical Inquiry. Journal of Word Business, 1997 (1): 32 – 40.

[255] Dam K. M. The Rule of the Global Game. Chicago: University of Chicago Press. 2001.

[256] Devault, James. M. Economics and the International Trade Commission. Southern Economic, 1993 (6): 10 – 40.

[257] Dulleck, Uwe. WTO's Anti-dumping Rule and the Protection of Incumbents. Journal of International Trade & Economic Development, 2005 (2): 229 – 239.

[258] Eric Marshall Green. Economic Security and High Technology Competition in an Age of Transition. Economic ET Gestion Des Entreprises, 1996 (2): 216 – 246.

[259] FASB Response to SEC Study on the Adoption of a Principles – Based Accounting System. http: //www. fasb. org, 2005.

[260] Furusawa. Taiji and Prusa. J. Thomas. Antidumping Enforement in a Reciprocal Model of Dumping: Theory and Evidence, Empirical Studies of Commercial Poli-

cy. Chicago and London. University of Chicago Press for National Bureau of Economic Resarch, 1996.

［261］ Gene M. Grossman, Elhanan Helpman. Interest Groups and Trade Policy. 李增刚译. 北京：中国人民大学出版社，2005.

［262］ Gabrielle Marcea. Antidumping and Anti-trust in Free-trade Areas. London：Clarendon Press, 1994.

［263］ Gruenspecht H K. Dumping and dynamic competition. Journal of International Economies, 1988.

［264］ Hansen. Wendy L. and Prusa. J. Thomas. Cumulation and ITC Decision Making：The Sum of the Parts in Greater than Whole, Economic Inquriy, 1996（34）：746 – 769.

［265］ Helen E. S. Nesadurai. Introduction：economic security, globalization and governance. The Pacific Review, 2004（4）：459 – 484.

［266］ Irwin, Douglas. A. The Rise of US Anti-dumping Activity in Historical Perspective. World Economy, 2005（5）：651 – 668.

［267］ James Durling. Anti-dumping, Anti-subsidy and Safeguards Legislation, Practices and Procedures. 北京：社会科学文献出版社，2007.

［268］ James Durling. Business Guide to Trade Remedies in the United States. 北京：社会科学文献出版社，2007.

［269］ Jean – Francois Bellis, Philippe De Baere. Business Guide to Trade Remedies in the European Community. 北京：社会科学文献出版社，2007.

［270］ John H Jackson. The Great Sovereign Debate, United State Acceptance and Implementation of the Uruguay Round Results, Columbia Journal of Translational Law, 1997.

［271］ Kahler Miles. Economic security in an era of globalization：Definition and provision. The Pacific Review, 2004（4）.

［272］ Kaplan. Gilbert B. Kamarck. Lynn G. Parker. Marie. Cost Analysis under The Antidumping Law. The George Washington Journal of International Law and Economics, 1988（3）.

［273］ Karl Brunner and AIlen H. Meltzer, Money and Credit in the Monetary

Transmission Process. American Economic Review, 1988 (78).

[274] Kavoussi, R. M. Export expansion and economic growth: further empirical evidence. Journal of Development Economics, 1984.

[275] Lee D Hamilton. US Antidumping Decisions and the WTO Standard. 2003.

[276] Levitt. Arthur: The importance of high quality accounting standard. Accounting Horizons, 1998.

[277] Management Accounting. Published by The Certified Accountants Educational Trust in collaboration with The Association of Chartered Certified Accountants, 1998 (2).

[278] Miles kahler. Economic security in an era of globalization: definition and provision. The Pacific Review, 2004 (4).

[279] Mingyi Hung. Accounting Standards and Value Relevance of Financial Statements: International Analysis. Journal of Accounting and Economics, 2001 (3).

[280] Nesadurai, Helen E. S, Globalization and economic security in east Asia. London: Routledge Press, 2006.

[281] Patrick. J. Desouza, Economic Strategy and National Security: A Next Generation Approach, Westview Press, 2000.

[282] Ray Ball. S. E etal. The Effect of International Institutional Factors on Properties of Accounting Earnings. Journal of Accounting and Economics, 2000 (9).

[283] Robert M. Chesney. National Security Fact Deference. Virginia Law Review, Vol. 95 2009 (6).

[284] Robert W McGee. Galena G Preobragenskaya. Some Accounting and Technical Problems. with Antidumping Trade Cases involving Transition Economics: A Russian Study. Presented at the 8th International Conference on Global Business and Economic Development. Guadalajara. Mexico, 2004 (1).

[285] Sabry. Faten. An Analysis of the Decision to File. The Dumping Estimates, and the Outcome of Antidumping Petition. International Trade, 2000 (1).

[286] Schumpeter J, the Theory of Economic Development. Harvard university press, 1934.

[287] SFAC No. 1, Objectives of Financial Reporting by Business Enterprises,

1978（11）.

［288］SFAC No. 2，Qualitative Characteristics of Accounting Information，1980（5）.

［289］Staiger R W. Wolak F A. The effect of domestic antidumping law in the presence of foreign monopolist. Journal of International Economics，1992（32）.

［290］Steven P Corley John H Jackson，WTO Dispute Procedures，Standard of Review and Deference to National Governments. The American Journal of International Law，1996.

［291］Verrill. Charles Owen. Nonmarket Economy Dumping：New Directions In Fair Value Analysis. The George Washington Journal of International Law and Economics，1988（3）.